출근길 지하철

* 일러두기

1. 각 장을 시작하는 글은 정창조의 글이며 본문은 박경석의 말입니다. 본문 가운데 정창조가 이해를 돕기 위해 삽입한 내용은 대괄호([ ])로 표시했습니다.
2. 국립국어원의 한글 맞춤법을 원칙으로 했으나 입말을 살리기 위해 사투리와 비표준어를 함께 사용하였습니다.
3. 단행본과 언론사는 겹화살괄호(《 》)로, 작품명과 법명은 홑화살괄호(〈 〉)로 표기했습니다.
4. 이 책 판매 수익의 일부는 전국장애인차별철폐연대와 전국장애인야학협의회의 활동에 쓰입니다.

출근길 지하철

닫힌 문 앞에서 외친 말들

박경석 말하고 정창조 쓰다

위즈덤하우스

차례

출근길 지하철은 왜 안 되는 건가요?

톱니바퀴에 이쑤시개가 하나 끼어버린 거야 • 대표님은 나한테 고마워하셔야 하는 거 아니냐고 • 1퍼센트가 됐건, 5퍼센트가 됐건 어떤 역에서는 여전히 툭하면 추락 사고가 나는 휠체어 리프트를 타고 이동해야 해요 • 이 정도가 어디냐, 있는 거 잘 타고 다니면 되는 거 아니냐고 • 비장애인들한테 그렇게 했다가는 아주 난리가 날걸? • 결국에는 돈 달라는 거였냐고들 하는데요. 맞아요 • 우리는 지금 돈보다 권리가 더 중요하다고 주장하는 거예요 • 이 국가가 장애인들에게 해온 역사는 매 순간 테러였어요 • 그렇게 사는 게 정말로 사는 건가요? • 억압과 차별이란 게 대부분 그래요 • 권리가, 사람의 존엄이 돈 논리를 이겨먹을 때까지 • 이 세상을 바꿀 힘은 우리 자신에게 있어요

우리의 생명은 '비용'보다 소중하다

이제는 국가가 직접 죽일 수가 없으니까, 장애인들이 알아서 죽게 만들어요 • 기재부는 정말로 한국판 T4 본부예요 • 부자들이 예산 좀 더 받으려고 우리처럼 도로 막고, 지하철 막고, 바닥에서 기어대는 거 봤어요? • 우리는 모두가 이 죽음들에 대해서 공범인 거예요 • 슬퍼하지 않는 것들을 제대로 슬퍼하게끔 만들어내는 거예요

7

해방되려면, 원형경기장 바깥으로 나가야 돼요

문명은 일종의 원형경기장 같아요 · 이 문명에서 장애인들도 나름의 역할을 해왔다고 봐야 할 거예요 · 사실은 당장 눈앞에 보이는 검투사들이 진짜 적이 아닌 거지 · 이제는 좀 다르게 싸울 필요도 있다고 봐요 · 우리는 설거지쯤이나 하는 사람들이라고 생각을 했던 거지 · 어쩌면 설거지를 한다는 거가 그렇게나 중요한 거였는지도 몰라요 · 당신의 해방이 나의 해방과 결합되어 있기 때문에 여기 왔다면 함께 일해봅시다

8

지금은 아주 작은 점일 수 있지만, 언젠가는

그 작은 거 하나하나에서 정말로 우주가 보이기도 하더라고 · 비장애인들도 장애인과 맺는 관계의 당사자일 수 있는 거예요 · 살아 있다는 감각요, 타인들과의 관계에서부터 마련이 되더라고요 · 누구든 그 '정상인'의 속도로부터 낙오가 되면은 그렇게 되는 거야 · 우리는 오늘 이 사회에 다른 속도를 가진 사람들의 존재를 아주 확실하게 각인시켜 놨구나 · 이 이야기를 듣고 있으면은 정말로 우리 사회를 보는 것 같아요 · 저는 진보적 장애인운동이 나비처럼 사는 길을 열어주는 운동이 되어야 한다고 봐요 · 여러분과 함께 애벌레의 기둥들을 허물어뜨리고 싶어요

시민이 되고 싶습니다

"시민이 되고 싶습니다. 이제 시민이 될 수 있게 해주십시오."

서울교통공사 보안관들에게 짓눌려 지하철 승강장에 드러누운 채 간절하게 외쳤던 말입니다. 승강장 바닥에서 위를 바라보니 수많은 카메라 렌즈와 사람들이 나를 내려다보고 있었습니다. 짧은 순간 렌즈와 눈빛을 타고 지난날의 시간으로 빨려드는 느낌이었습니다. 숨이 막혀오고, 타는 가슴에 부여안은 선을 따라 과거와 미래가 연결된 여러 장면과 기억 들이 사진처럼 스쳐 지나갔습니다.

'마지막 그 선을 넘을 때 내 사진은 어떻게 찍힐까. 그때 나는 어디에 있을까. 요양원 침대에 있을까. 지하철 승강장에서 그 선을 넘을까.'

저는 출근길에 지하철 타는 행동을 시작할 때부터 어떻게 살지보다 어떻게 죽을지를 더 많이 고민하기 시작했습니다. 죽음으로 향하는 마지막 선은 어디일까. 그때 세상에 남아 있는 다정한 나의 동료들에게 무슨 말과 경험을 남길 수 있을까. 장애문제를 해결하기 위한 많고 다양한 방식 중에 우리가 왜 아래로부터의 물리적 희망을 지향하는지, 그 근거가 무엇인지 남겨둘 수 있을까. 그리고 지속 가능한 운동이라는 것을 남길 수 있을까.

선택할 수 있다면 지하철 승강장에서, 지금처럼 서울교통공사 보안관들에 의해 내팽개쳐져 드러누워서 그 선을 넘고 싶어졌습니다. 그러면 너무 행복할 것 같았습니다. 그것이 장애를 입고 무기력하게 차별에 순응했던 사람에서 장애인 권리를 외치는 저항하는 사람으로 변화된 저에게 주어진 마지막 선물이길 간절히 원하기 때문일 것입니다.

그때가 언제일지는 모르겠지만 그때까지 시민 여러분께서 장애인들을 지하철 승강장에 방치하고 있지야 않겠지요. 설마 대한민국 사회가 그때까지도 그렇게 남을 짓누르며 탑을 기어올라야만 생존할 수 있는 능력주의의 밧줄에 칭칭 묶인 곳은 아니겠지요. 그렇지 않기를 바라는 간절한 마음과 밑바닥 행동으로 지금까지 왔습니다.

그 마음과 행동은 처음부터 만들어진 것이 아니라 겪어오며 관계를 맺으면서 어떤 때는 천둥처럼 들려왔고 어떤 때는 번개처럼 갈라지면서 배운 것입니다. 천둥처럼 다가오고 번개처럼 헤어질 때마다 저는 처음으로 장애인 무브먼트를 경험하며 시작했던 노들장애인야학 학생들에게 부는 변화의 바람을 느꼈답니다. 외로움과 고통의 냄새를 품은 그 바람이 불어올 때마다 "바람이 분다, 살아야겠다"는 시구를 지하철 승강장에 새겼습니다. 갑작스럽게 들려온 천둥소리와 날카롭게 내려쳐 공기를 갈라내는 번개가 언제나 내 휠체어 바퀴에 덕지덕지 붙어 있다가 내 마비된 두 다리, 엉덩이, 배꼽, 젖꼭지, 척수 손상을 짚어내는 몸 군데군데를 타고 넘어 목구멍과 입으로 기어서 눈까지 쳐들어와 어느새 눈물로 머물고 있습니다.

⚡

　살아오면서 천둥소리는 몇 차례 들었습니다. 처음 들은 것은 1983년 8월 7일, 내 나이 스물세 살 때 토함산에서 들었던 소리입니다.

　저는 1979년에 대학교에 입학해서 전형적인 날라리로 시간을 보내다가 전두환 쿠데타를 마주했습니다. 1학년 때 기껏 기른 머리를 다시 빡빡 깎고 군부대에 들어가서 열흘이나 훈련을 받으라길래 그것이 싫어서 훈련을 거부했더니 강제징집 영장이 날라왔답니다. 여자 친구에게 끌려가느니 자원입대한다고 오기 부리며 1980년 6월 해병대에 입대했었습니다. 해병대에서도 수색대에 지원해서 낙하산 타는 걸 배웠고 전역 후에 복학해서도 그게 그리워 행글라이딩 동호회에 가입했습니다.

그리고 천둥소리를 들은 그날, 저는 행글라이더 추락 사고로 하반신이 마비되었습니다. 카프카의 《변신》에서 자고 일어나니 벌레가 되어버린 그레고르 잠자처럼 지체장애1급이라는 장애등급 딱지가 온몸에 붙어 있었지요.

그때 들은 천둥소리는 아마도 제가 다친 날이 주일날이라, 엄마가 교회 가라고 준 헌금을 교통비로 유용해서 토함산에 행글라이딩을 하러 간 나를 하나님께서 괘씸하게 여겨 "네 이놈, 불효한 날라리 놈아" 하고 내려친 천둥이라고, 나와 엄마는 그렇게 생각했습니다.

그런데 그때 들은 천둥소리가 살다 보니 여러 버전으로 바뀌어서 다시 들려왔습니다.

저에게는 천둥처럼 다가온 만남이 있습니다. 1988년 취업해서 첫 월급을 받아 어머니 내복을 사드리는 것이 꿈이었던 시절, 직업재활 훈련을 받기 위해 서울장애자종합복지관 직업훈련반에 입학했던 때 복지관에서 훈련생 동기 태수와 선배인 홍수 형을 만났습니다. 처음에는 그 만남이 천둥인 줄 몰랐지만 2001년, 2002년에 그 둘이 나를 홀로 두고 세상을 떠났을때 뒤늦게 천둥소리가 들리며 번개처럼 인연이 찢어졌습니다.

직업훈련을 받으러 나오기 전 5년 동안은 집구석에 처박혀

지냈습니다. 친구들은 다 떠나고 몇 날 며칠을 눈물로 지새우는 어머니 이외엔 혼자서 무감각하게 시간을 보내고 있었습니다. 그러다 복지관에 다니면서 함께 술 먹고 놀아주는 친구 태수와 홍수 형을 만난 것입니다.

겨우 술 한잔 얻어먹을 때마다 홍수 형은 "장애인의 문제가 말야, 개인의 문제가 아냐. 사회문제야"라며 떠들어댔습니다. 저는 '개뿔, 지가 장애인이 됐으면서 누굴 탓하냐, 이 못난 사람아' 생각하면서 그 말을 했다가는 술친구도 잃을까 봐 안주처럼 입안에서 씹기만 했답니다.

태수는 단순 무식한 친구였습니다. 공부도 지지리 하기 싫어하고 대학도 못 간 열등장애인인 태수는 그래서 그런지 홍수 형과 꿍짝이 잘 맞았답니다. 그들의 친한 모습은 정말 '개뿔'이었습니다. 개뿔테 안경을 끼고 질투처럼 그들과 친해졌습니다. 홍수 형은 나중에 나랑 술을 마셨던 건 약물 치료라고, 그 술이 나를 치료하기 위한 약물이라 하더군요. 그놈의 약물 때문에 홍수 형은 2001년 나를 버리고 떠났지만 그 약물은 그렇게 천둥 치고 번개 칠 때 투쟁을 포기하지 않는 위로가 되고 힘이 되었답니다.

그러고도 술이 깨면 순한 어린양처럼 내 몸을 스스로 불쌍하게 치장해서 살아남기 위한 '장애 극복의 마네킹'으로 돌아갔습니다. 그렇게 하면 평범한 시민인 척 살아갈 수 있을 것 같았습니다. 그 불안한 경계선에서 저는 그래도 비장애중심의 능력주의 땅에서 생존할 수 있을 것 같았습니다.

흥수 형과 태수는 내가 불안해 보였는지 "너는 언제든지 비장애인처럼 살 수 있을 거야" 했습니다. 그 말이 내 휠체어에 밧줄로 걸렸습니다. 그리고 그들을 만날수록 밧줄이 점점 굵어져 갔습니다. 관계라는 밧줄은 아무리 벗어버리려 해도 계속 내 휠체어와 온몸을 감싸버리는 것 같았지요.

⚡

저는 휠체어와 몸을 분리시키고 싶었습니다. 그것은 나의 삶이 아니었고 아니어야 했습니다. 하지만 "아니다" 할 때마다 사람들이 고통스러운 차별의 몸으로 다가오고 죽음의 숫자로 다가왔습니다.

노들장애인야학 학생이었던 이규식은 1999년에 혜화역에서 휠체어 리프트를 타다가 떨어져 전치 4주의 중상을 입었습니다. 그 사고는 "장애인도 안전하고 편리하게 대중교통을 이용하고 싶습니다. 장애인 이동권을 보장해주십시오"라며 장애인 이동권 확보를 위한 백만 인 서명운동으로 이어졌습니다. 어느 날 서명운동을 할 때 지나가던 꼬마 아이가 저에게 "아저씨 이름이 이동권이에요?"라고 물었답니다. 농담처럼 던져진 그 한마디가 저에게는 시각을 바꿔준 충격적인 말이었습니다.

저는 이동권 문제를 스스로 해결할 수 있었습니다. 굳이 나 같은 장애인까지 나서야 할 이유는 별로 없었습니다. 건물에 대한 접근이나 거리 곳곳의 턱은 일상에서 너무 힘든 문제였지만 대중 교통까지는 별로 문제의식을 느끼지 못했을 때였었지요.

저는 대학에 재도전해서 1991년에 숭실대 사회사업학과에 입학할 수 있었습니다. 등하교가 가장 큰 문제였는데 기도하는 마음으로 어머니께 차에 다는 인형 하나를 선물로 드리면서 "어머님, 차량 한 대만 구입해주시면 차에 이 인형을 붙일 수 있습니다" 하고 말씀드렸더니 어머니는 온 식구들을 압박하고 땡빚을 내어서 엑셀 차 한 대를 사주었답니다. 저는 어머니가 구입해준 차량으로 자가 운전 하며 등하교 문제를 해결했습니다.

장애인들이 대충 그렇게 살 수 있을 줄 알았습니다. 그런데 내가 노들장애인야학에서 만난 장애인들은 도저히 그렇게 살 수 있는 견적이 나오지 않더라고요. 장애로 인해 차별받은 무게가 너무 무겁더라고요. "아저씨 이름이 이동권이에요?" 그 말처럼 어떤 사람들의 이동은 비장애인들에게 권리라는 말로 설명해내기조차 어려운 거였습니다. 읽지도 쓰지도 못하는 것은 기본이었고, 말은 알아듣기 힘들었고, 신변 처리부터 시작해서 모든 것을 지원하지 않으면 안 되는 학생들을 보면서 그래도 내가 그들보다는 좀 불행 중 다행이라는 선민의식으로 다가갔습니다.

그런데 그 견적도 제대로 나오지 않았던 중증장애인들을 만나고 그들의 삶을 알아가는 과정에서 스쳐 지나는 바람이 머물더니 천둥이 되고 소나비를 몰고 와버렸습니다.

⚡

1993년 대학 3학년 때 노들장애인야학을 만났습니다. 그 만남은 나보다 더 불쌍한 장애인들에게 사랑과 봉사의 마음으로 자원봉사 교사 1년만 딱 하고 도망가자는 생각으로 시작되었습니다.

언젠가는 떳떳한 직장을 얻어 후원금을 더 내겠다며 대학에서 공부도 뼈 빠지게 했고 좋은 성적으로 졸업했지만, 취업을 할수 없어 대학원에 갔고 그러고도 받아주는 곳이 없었습니다. 시장에서 버려진 나를 위로하고 힘을 주는 조그마한 땅 노들장애인야학이 배고프고 전망이 없어서, 저는 언제나 그곳에서 도망치고 싶었습니다.

그러다 마침내 떠날 기회가 생겼지요. 성남시에 장애인복지관이 새로 생겼는데 서울장애인종합복지관에서 친했던 선생님 빽으로 졸지에 총무과장급으로 취직을 하게 되었습니다.

입사하던 시기에 삼성에서 '작은나눔 큰사랑'이라고, 삼성전자 제품을 산 고객들에게 선물로 주는 상품권을 사회복지기관에 보내는 행사를 했었습니다. 저는 복지관 후원개발 업무도 맡고 있어서 전국을 돌며 대리점 직원들에게 애걸복걸해서 고객들이 대리점에 남기고 간 상품권을 걷어 왔습니다. 나의 애마 엑셀을 타고 전국에서 얻어 온 상품권 액수가 1억 원을 넘길 정도로 열심히 일을 했답니다.

1년이 지나던 시점에 낮에는 직장에서 일하고 퇴근 시간 땡 하면 야학으로 달려가는 모습을 본 관장이 야학을 그만두고 직장에 좀 더 충실해줄 것을 요구했습니다.

평소처럼 직장을 나와 야학으로 운전해서 이동하다가 남한산성 도롯가에 차를 세워놓고 하늘을 올려다봤습니다. 그리고 내가 지금부터 직장을 다니며 평생 벌 월급을 생각했답니다. 내가 한 푼도 쓰지 않고 모을 수 있는 돈이 20억은 될까. 그것 때문에 흥수 형과 태수 그리고 내가 버림받았을 때 나를 받아준 노들장애인야학을 떠날 수 있을까.

그 생각이 천둥소리가 되었습니다. 그래서 직장을 그만두고 노들장애인야학이라는 공간에서 전망을 그리며 새로운 마음으로 시작하기로 했습니다. 노들장애인야학과의 만남은 결국 2021년 교장으로 활동을 마칠 때까지 계속되었습니다.

⚡

내가 남기로 한 노들장애인야학이라는 공간은 현미경으로 그곳에 찾아온 사람들의 삶과 관계를 자세히 보지 않으면 그 삶을 수용하고 받아들이기가 매우 어렵답니다. 비장애인으로 살았던 경험과 기준으로는 도저히 이해되지 않는 시간들이 길었습니다. 깨어지고 넘어질 때 시체가 된 그 시간들을 밟고 전진할 수 있을 것이라는 마음으로 세월을 견뎠습니다.

장애인 권리가 드러나고 확장되는 시간에 따라 지체장애인, 뇌병변장애인, 발달장애인 들이 노들야학에 찾아왔습니다. 경쟁시장에서 튕겨져 나온 사람들, 집구석에서 처박혀 숨어 있던 사람들, 장애인 거주시설에서 격리되고 배제된 채 살아온 중증장애인들이었습니다. 마침내 지금은 장애인 거주시설에서 탈시설한 중증장애인이 다수가 되어 최대 실세로 등극했습니다.

도망치다가 다시 돌아와 마주한 그 공간에서 저는 노들야학 학생에게 또 한 번 천둥 같은 소리를 듣게 되었습니다.

"나는 개새끼입니다."

이 말은 서른 살을 넘겨 처음으로 집에서 탈출해 노들장애인 야학에서 초등과정 검정고시를 준비하던 중증 뇌병변장애인 학생에게 들었습니다. '개새끼'라는 욕지거리를 그에게 직접 들었을 때는 천둥소리 같았고 그가 바람과 파도를 느끼지 못하고 사람을 만나지 못하고 보낸 세월을 생각하니 하염없는 쓸쓸함과 슬픔과 분노가 소나기처럼 내렸습니다.

"아냐, 아냐……. 너는 존귀한 사람이야" 하고 목사처럼 말했습니다. "당신은 사랑받기 위해 태어난 사람"이라는 찬송가 구절이 나는 당연한 진리인 줄 알았는데, 그것은 사실 치열한 투쟁으로 만들어내야 하는 것이었습니다. 그래도 학생이 교장에게 그런 말을 던졌으니 명색이 교장인데 궁금했답니다. "근데 왜 개새끼라 생각해?" "제가요, 야학에 나오기 전까지 집에만 있었는데요. 아침에 부모님이 아침밥 차려주며 밥 먹어라 하고 출근하고, 점심이면 기어가서 혼자 밥 먹고, 저녁에 집에 돌아온 부모님이 밥 먹자 하면 그 말만 듣고 살았걸랑요. 초등학교 가는 건 생각도 못 해보고 집구석에 처박혀 살았으니 집 지키는 개라고 생각했지요. 근데 야학에 나와서 사람을 만나니 내가 개인가 사람인가 고민이 돼서 해본 말입니다."

천둥이 울리고 번개가 내리치면서 내 생각을 완전히 칼질해 버렸습니다. "그래 개새끼 맞네, 맞아. 집 지키는 개새끼가 바로 너 같은 친구였군." 칼에 베인 생각들이 널브러졌습니다.

개새끼 취급 받는 학생들이 사람답게 살 수 있도록 검정고시 합격시켜서 대학이라도 보내보자는 마음으로 열심히 자기 계발을 위한 교육에 몰두했습니다. 학생들은 노들야학에서 사람들과 관계를 맺고 대화하고 혼자서 감당해야 했던 외로움을 나누었습니다. 저와 교사들의 노력에 그들이 변화하는 모습을 보면서 자부심도 느꼈답니다.

그럼에도 불구하고 어떤 절벽이 앞을 가로막고 있는 듯한 허망함도 점점 쌓여갔습니다. 시설과 집구석에 갇혀 있다가 이미 늦은 나이에 빠르게 지나는 속도를 감당해야 하니 차이는 갈수록 커져만 갔습니다.

고통은 깊어가고 차이는 차별이 되어가는데 우리들은 매우 파편적이고 일시적으로 허겁지겁 일상을 메꾸며 우리에게 허락된 테두리 안에만 머물러 있었습니다. 시혜와 동정이라는 그 테두리는 이 사회의 온정으로 치장되어 있지만 사실은 우리를 더욱 개새끼 같은 하찮은 존재로 구분 짓고 사회가 규정한 반경을 벗어나지 못하게 하는 테두리였습니다. 테두리를 벗어나 다른 땅으로 떠나고 싶었습니다. 우리가 왜 우리를 배제하고 격리하는 그들만의 단단한 능력주의 세상에 들어가야 하지. 내 모습 이대로 내 삶을 인정받으면 되지 않을까.

테두리를 끊어내고 다른 땅을 찾아 떠나기 시작했습니다. '우리를 규정하는 비장애중심의 세상을 벗어나자. 이탈하자. 그래서 우리 삶이 존중되는, 권리가 실현되는 영토를 만들자. 그 영토를 단단하게 구축해서 비장애중심의 체제랑 부닥치며 경계를 뜯어내자' 생각했지요.

"개새끼. 그래 개새끼라 해라. 동물의 권리도 외치는 세상에서 내 존재로 세상을 콱, 바꿔버리자."

⚡

2001년 오이도역에서 휠체어 리프트 추락 참사를 겪으며 처음으로 서울역 지하철 선로에 내려갔습니다. 그리고 그 후로 우리는 한 해도 지하철 승강장을 떠나지 않았습니다. 우리는 지하철 승강장에서 장애인도 이동하고 교육받고 노동하며 감옥 같은 시설이 아니라 지역에서 함께 살자고 외쳤습니다. 그 목소리는 장애인도 시민으로 살고 싶다는 것이었습니다.

2021년 12월 3일, 세계 장애인의 날을 기념해 1박 2일 투쟁을 마친 동지들과 마포 공덕로터리 근처에 있는 홍남기 기획재정부 장관 집에 찾아가기 위해 새벽에 국회의사당역과 여의도역으로 나뉘어서 공덕역으로 이동했습니다. 그것이 감히 출근길에 장애인들이 집단으로 지하철을 타게 된 망극한 사건의 시작이었습니다.

윤석열 정부와 오세훈 서울시장은 망극한 사건을 저지른 역적을 지구 끝까지 찾아와 책임을 묻겠다 합니다. 전국장애인차별철폐연대 조직을 민주노총과 함께 불법 폭력 시위 단체로 낙인찍고 갈라치고 혐오를 조장하고 있습니다. 경찰과 서울교통공사에 지침을 내려 장애인 권리를 요구하는 목소리를 틀어막고자 강제 퇴거와 불법 연행을 반복하고 있습니다.

저는 전장연이 매일매일 지하철 승강장에서 쏟아지는 무시와 조롱과 폭력을 견딜 수 있기를 바랄 뿐입니다. 전장연이 대한민국 사회에서 장애인도 시민으로 이동하는 시대를 열어가는 조직으로 살아남기를 바랍니다.

저의 바람이 나만의 바람이 아니라 모두의 바람이길 또한 간절히 원하기도 합니다. 이 책은 그 간절한 바람으로 행동한 기록과 생각입니다. 무도하고 불의한 권력자들, 혐오하고 미워하는 자들과 싸워 승리하겠다는 마음으로 기록을 남기려 한 것은 아닙니다. '바람이 분다. 살아야겠다'는 마음으로, 함께 싸우는 동지들이 지하철 승강장과 같은 현장에서 살아남기를 바라는 마음으로 기록해두고 싶었습니다. 그들이 살아남아 지금의 사회를 떠날 수 있는 힘을 더욱 단단하게 만들면 좋겠습니다.

시민이 되게 해주십시오.

여전히 대한민국 사회에서 중증장애인들은 가장 밑바닥 침전물로 살아가고 있습니다. 그들은 대한민국 사회에서 여전히 불가촉천민입니다. 구조적 차별과 불평등을 "사랑합니다" 말 한마디로 치유하려는 정치인들의 세 치 혀에 마취되어 살아가고 있습니다.

저희가 시민이 되기를 원한다는 것은 단순히 장애인만이 불가촉천민을 벗어나겠다는 말이 아닙니다. 원형경기장에 갇혀서 아귀다툼하는 현실에서 벗어나 새로운 관계를 만들어가는 나비의 꿈을 함께 꾸고 싶습니다.

전장연이 하고 있는 장애인운동이 모두에게 선물을 주는 운동이라는 확신이 있습니다. 저의 확신과 짧지 않은 세월 그리고 지금도 여전히 현장에 남아 있을 수 있는 행복을 선물로 전하고 싶었습니다.

"호랑이는 죽어서 가죽을 남기고, 사람은 죽어서 이름을 남긴다. 장애인은 죽어서 사진을 남긴다." 시설에서 숫자로만 남고 잊히지 않도록 차별의 역사를 사진으로 남기고 싶었습니다. 그래서 현장에서 핸드폰으로 열심히 사진 찍는 것이 좋았습니다. 그런데 이제 정창조와 이야기 나누며 책으로 남길 수 있는 기회를 가지니 이 또한 천둥처럼 다가온 설렘입니다. 그 설렘을 선물해준 분들께 잊혀지지 않는 감사를 남기고 싶습니다.

"믿음, 소망, 사랑, 그중에 제일은 투쟁이라."

2024년 6월
박경석

출근길 지하철은
왜 안 되는 건가요?

출근길 지하철, 어김없이 '그들'이 나타났다. 여기저기 구부러지고 찌그러진 피켓을 내건 휠체어들이 열차 안으로 줄지어 밀려들고, 어떤 이는 닫히려는 열차 문을 온몸으로 막아선다. 휠체어 대오 선두에 자리해 있던 박경석은 이내 휠체어 밑으로 내려와 지하철 바닥을 기기 시작했다. 중요한 날이면 으레 그랬듯, 그는 오늘도 21년 전 장애인 이동권 투쟁 때 입은 검은 점퍼를 입었다. 곳곳이 다 해져 색까지 바래버린 점퍼의 등짝에는 "버스 타고 싶다! 장애인이동권연대"란 글자가 여태껏 흐릿하게 박혀 있다.

박경석은 그 글자에 스며 있는 시간의 무게를 짊어지듯 한 뼘씩 나아갔다. 최대한 앞으로 뻗은 팔꿈치와 손바닥에 힘을 주어 상체를 앞으로 끌어당기면 마비된 그의 하체가 간신히 이끌려 왔다.

"21년입니다. 시민 여러분. 21년을 외쳤습니다. 왜 우리는 지금껏 21년 전과 똑같은 구호를 외쳐야 합니까." 절벽을 기어오르는 사람처럼 거칠어진 호흡에 마디마다 말이 끊어졌지만, 그럼에도 그가 전하고자 하는 메시지는 한 글자 한 글자 또렷하게 들려왔다. 그리고 그 목소리에 응답하듯, 그가 지난 자리마다 발자국처럼 스티커들이 남았다. "장애인평생교육시설 국비 지원하라", "탈시설 권리 예산 보장하라", "장애인 이동권 예산 보장하라".

이내 카메라 플래시가 연이어 터지고, 셔터 소리가 경쟁하듯 요란하게 울려댄다.

경찰과 서울교통공사 노동자들은 이 광경을 가만히 두고 보지만은 않았다. 이들은 신경질적으로 카메라들의 렌즈를 가리고서, 박경석 손에 들린 스티커를 빼앗으려 안간힘을 쓴다. 그러나 아무리 그래봐야 박경석 뒤로 열차 문밖까지 쭉 이어진 유달리 느리게 기어가고 있는 몸뚱이들의 행렬을 모조리 막아낼 수는 없다. 어느덧 익숙해져 버린 이 '낯선 시간'이 또다시 1분, 2분, 3분, 5분…… 하염없이 그 장소에 새겨지고, 이 역동적인 광경 앞에서 세상은 다시 한번 잠시나마 멈춰 선다.

"이기적인 새끼들." 조금 지나자 목구멍까지 차올라 있던 욕설과 고성이 한꺼번에 뿜어져 나오기 시작한다. 간헐적으로 "지지합니다!", "함께하겠습니다"라는 말들이 들려오기도 하지만, 승객들 상당수의 얼굴은 이미 한껏 일그러져 있다. 전국장애인차별철폐연대의 요구가 담긴 전단지를 건네봐야 그걸 받아 읽는 이들은 많지 않다. 대개는 눈길 한 번 주지 않은 채 핸드폰 화면만 들여다보고 있고, 몇몇은 전단지를 든 활동가가 근처에 나타나자마자 신경질적으로 문을 여닫고는 다른 칸으로 떠나버린다. 전장연의 '지하철행동'이 이어지면 이어질수록 지연되는 시간만큼이나 시민들의 분노도 열차 안에 차곡차곡 쌓여가는 듯하다.

이 사회에서는 당연한 이야기인지도 모르지만, 전장연의 등장으로 열차 안에 쌓여가는 '시민'들의 정체된 시간은 여태껏 '그들'로 취급받아온 장애인들이 빼앗겨온 시간과 절대로 동일한 무게감을 갖지 않는다. '그들'이 한평생 시간을 빼앗기는 건 익숙한 일이지만, 출근길에 오른 '시민'의 시간 1분이 지연되는 것은 이 사회 전체의 '재난'이자 '비상사태'다. 실제로 어떤 정치인들은 지하철행동을 계속 용인하면 나라가 망할 것처럼 몇 달에 걸쳐 호들갑을 떨어댔다. 그럼에도 지하철행동이 1년 넘게 이어지자, 22년 12월 14일 서울교통공사는 대통령실 제안에 따라 '전장연 시위 지하철역 무정차 통과'를 강행했고, 해가 바뀐 직후 1월 2일 서울시는 이에 질세라 무정차 통과를 알리는 재난문자를 모든 시민들에게 발송해버렸다. 정부 여당과 서울시의 탄압은 지하철에서만 이어진 게 아니다. 지하철 바깥에서도 이들은 할 수 있는 모든 수단을 동원해 전장연을 탄압하기 시작했다. 그리고 결국, 23년 말부터는 지하철 역사 내 선전전, 심지어 침묵시위마저 원천적으로 봉쇄되어 버렸다.

그럼에도 출근길 지하철에는 여전히 '그들'이 출몰한다. 3년에 걸친 싸움에도 딱히 얻어낸 것도 없어 잔뜩 지친 표정을 하고서도, 매일같이 지하철 역사 바깥으로 강제 퇴거를 당하고 연행을 당하더라도, 그다음 날에는 또다시 그들이 보인다. 22년 1년간의 엄청난 취재 열기가 무색하게 지금은 이들을 둘러싼 카메라도 별로 없다. 시민들은 그들의 소음이 들려올 기미가 보이면 별다른 표정 변화도 없이 반자동적으로 에어팟을 귀에 꽂는다. 이들 곁을 배회하는 욕설과 고성에도 이제는 황당함과 분노보다는 지겨움이 서려 있는 듯하다. 그리고 그러는

동안, 정부도, 정치인들도 '그들'을 경찰과 서교공 일선 노동자들에게
위임한 채 차근차근 잊어간다.

그런데도 전장연은 왜 계속해서 이곳에 모습을 드러내는 것일까?

우리는 도대체 이곳에서 무엇을 꿈꾸고 있는가?

왜 하필 출근길 지하철이냐고들 하죠. 대통령 있는 데로, 국회로 가지, 왜 여기서 난리냐고. 저는 반대로 물어보고 싶어요. 왜 출근길 지하철은 안 되는 건가요?

그 전까지 우리는 어마어마하게 다양한 방식으로 싸워왔어요. 청와대나 국회는 당연히 수도 없이 갔고, 사람들이 상상할 수 있는 거 이상으로 할 수 있는 모든 건 다 해봤죠. 그런데 그렇게 싸워봐야 신경 쓰는 사람이 있기나 했나? 맨날 두들겨 맞아서 대가리 깨지고, 머리 밀고, 바닥에 기고, 며칠을 굶으면서 싸워도 보고. 그렇게 우리 존엄성까지 다 포기해가며 싸웠는데 관심은 무슨. 우리 같은 사람들 투쟁 현장에는요, 웬만해선 기자 하나 오질 않아요. 장애인들 비참하게 죽어나가 봐야, 그냥 "아이고 불쌍하다" 해주면 끝인 게 지금 현실이잖아.

그런데 우리가 출근길에 딱 하고 나타나니까, 이제 와서 갑자기 사회 전체가 난리가 난 거야. 신문이랑 뉴스에 맨날 우리가 뜨고. 1년 좀 넘는 사이에[21년 말부터 23년 3월] 전장연 기사가

9000건이 넘게 나왔어요. 정말 어마어마한 숫자죠. 이것뿐이 아니지. 사람들이 학교는 당연하고, 카페나 식당에서도 전장연을 두고서 토론을 벌이더라고. 정부 여당도 마침 우리가 대중들에게 보이기 시작하니까, 우릴 콕 찍어다가 공격을 퍼부었던 거잖아. 졸지에 조합원이 100만 명이 넘는 민주노총이랑 같이 '3대 불법 폭력 시위 단체'로까지 등극했고. 이야! 세상에서 제일 관심도 못 받던 장애인들이 이 정도면 진짜로 출세를 했죠. 우리가 그냥 테러범인 줄로만 알아서 문제긴 하지만, 하하.

도대체 이렇게 된 이유가 뭘까? 저는요, 이 질문이 정말로 중요하다고 봐요. 이 질문에 답을 하다 보면은 이 사회의 본질이란 게 아주 정확하게 드러나거든.

사실 뻔하지, 뭐. 지하철에서 이렇게 싸우는 게 그만큼 영향력이 크기 때문인 거거든요. 이 투쟁이 이 사회의 당연한 일상들을 뒤흔들어 놓으니까. 노동자들이 돈 벌러 직장에 가야 하는데 늦으면 안 되잖아요. 학생들도 지각을 하면 성적이 깎이잖아요. 이 세상에 뭔 일이 벌어지건, 시민들은 1분이라도 늦으면 다들 큰일이 나는 거야.

그 광경을 보고 있으니까 언제부턴가 딱 이런 생각이 들더라고요. 이야! 지하철이란 곳이 진짜로 노동력을 실어 나르는 컨베이어 벨트구나. 그렇게 정시성에 맞춰 컨베이어 벨트가 잘 굴러가야 노동자들도 공장에 가고, 학생들도 쓸모 있는 노동력으로 성장을 해가지고 자본도 계속 돈을 벌겠구나. 그래야 이 나라도 계속 성장을 할 테고.

서울교통공사 봐봐요. 우리가 그렇게 하니까, 1년쯤 지나서 지하철행동[지하철 승하차 시위와 탑승하지 않고 승강장에서 장애인의 권리를 알리는 선전전을 합쳐 '지하철행동'이라 부른다] 이 이 나라 생산성을 얼마나 갉아먹었는지 돈 액수로 환산해서 발표를 해버렸잖아. 보수 언론들은 이때다 싶어서 죄다 그거 받아쓰느라 정신이 없고. 하긴 그 전부터도 이런 이야기는 사회적으로 계속 나왔었거든. 상황이 이러니께네 오세훈이나 이준석 같은 사람들도 우리보고 "시민들 볼모로 삼는다", "시민들 발목을 잡는다" 같은 말을 아주 당당하게 할 수 있었던 걸 테고.

저도 알아요. 시간에 맞춰서 출근하고 학교 가고 하는 거, 그런 일상들이 사람들에게는 정말로 다 중요할 거예요. 평소엔 다들 시간에 치여 사는 걸 그렇게도 싫어하는 것 같지만, 그래도 나도 그게 이 사람들한테 절실하다는 걸 모르는 게 아니거든. 그러니께네 지하철 지연시키게 되면은 내 입장에서도 눈 마주치는 한 명한 명한테 정말로 미안해지는 것도 사실이에요. 내가 지하철 탈 때마다 시민들한테 일단 꼭 사과부터 하는 것도 진심으로 죄송해서 그러는 거야. 누구는 내가 사과하는 것도 다 쇼라고 우기던데, 그건 진짜 아닌 거거든.

그런데 미안한 건 미안한 거고요, 이건 꼭 물어봐야죠. 그렇게 당신들 일상이 소중하다면서, 이 사회를 함께 살고 있는 어떤 사람들이 그 일상을 전혀 누리지 못하고 있는 거는 왜 전혀 문제가 되질 않을까요? 나는 1분이라도 막으면 시민들한테 그렇게나 미안해하는데, 왜 장애인들 그렇게 사는 거에 대해서 미안해하는 사람은 이렇게나 없는 건가.

어떤 장애인들은요, 말 그대로 이동을 할 수가 없어서 학교에 가지 못해왔어요. 학교에 갈 수가 없어서 교육을 받지 못해왔죠. 교육을 받지 못했으니까 노동도 할 수가 없지. 누가 이 무능한 사람들을 고용해서 데려다 쓰겠어. 그러니께네 이 장애인들은 출근길 지하철을 애초에 탈 수도 없고, 탈 일도 없는 거야. 그렇게 사회적 관계가 완전히 단절된 채로 시설에, 방구석에 처박혀 있는 거죠.

출근길 지하철이 1분만 지연돼도 그게 그렇게 문제라면서요. 당신들 일상 전체가 1분 늦어지는 거니까. 그런데 장애인들은 1분이 뭐야, 한평생 그 일상을 누릴 수가 없어요. 23년을 외쳐도 그 가장 기본적인 시민의 권리조차 계속 지연이 되고 있는 거야. 고놈의 "좀만 기다려라", "좀만 기다려라"란 말만 맨날 들어가면서.

정말이지, 이 사회에서 장애인들 평생의 시간은 비장애인들 1분의 시간만큼도 가치가 없는 거예요. 진짜 심각하게 불평등한 상황인 거지. 그런데도 시민들에게 이런 상황이 전혀 심각한 문제로 받아들여지지 않는다는 건, 그만큼 장애인들이 이 사회에서 전혀 쓸모없는 존재로 취급받고 있다는 걸 잘 보여주는 거라고 봐요. 언제나 그랬듯, 있으나 마나한 존재로 여겨지니까 그렇게 살거나 말거나 목숨만 부지하게 해주면 다행이라고 보는 거지. 그런데 평소에는 보이지도 않던 사람들이 이렇게 나타나서 대놓고 부딪혀대니까 얼마나 귀찮고 열이 받겠어. "저 쓸모도 없고 일도 못하는 사람들이 왜 돈 벌어먹고 사느라 정신없는 사람들 앞에 와서 난리를 치는 거냐", "저 사람들 하도 무능력하니까 결국 다 우리가 먹여 살리는 건데 저러면 쓰냐"란 말들도 그러니께네 툭툭 튀어나오는 거잖아. 비장애인 시민들 입장에서도 그렇고, 정부 입장에서도 그렇고, 이런 사람들 따위는 계속 신경 끄고 사는 게 제일 편한 거거든.

이게 지하철행동을 통해서 드러난 이 사회의 본질이에요. 쓸모 있는 사람만 시민권 열차에 태워가지고 열심히 운반하고, 쓸모 없는 사람들 앞에서는 아예 무정차하고서 내버려두고 떠나는 거. 그리고 출근길 지하철은 이 사회의 본질을 아주 압축적으로 담아놓은 곳이죠. 누가 사회 바깥으로 쫓겨나건 말건, 쓸모 있는 사람들끼리만 지지고 볶으면서 무슨 일이 있어도 정시에 맞춰 운행되어야 하는 장소니까. 그런 신성한 걸 우리같이 사회에서 쓸모도 없다고 여겨지는 인간들이 흩트려 놓으려고 한다? 그럼 이제 온갖 탄압이 시작되는 거야. 심하면 나치 때 수용소나 전두환 때 삼청교육대처럼 잡아다 족쳐야 한다는 말까지 나오기도 하지. 동정과 시혜로 감춰져 있던 장애인에 대한 혐오가 이제 막 대놓고 표출되기 시작하는 거예요.

톱니바퀴에 이쑤시개가 하나 끼어버린 거야

저는 우리 투쟁이 사회의 이런 진실을 조금 더 명확하게 드러낸 것만으로도 이미 중요한 역할을 했다고 봐요. 고작 그 정도 성과를 내기 위해 이렇게까지 하다니 너무 힘들지 않느냐고? 당연히 힘든 것도 많지. 혐오에 시달리고 욕먹는 거 좋아하는 사람이 어딨겠어. 난 하도 오랫동안 욕을 먹으면서 살아와서 이런 거에 많이 무뎌져 있긴 한데, 모든 활동가가 그런 건 분명 아니거든요. 정신적으로다가, 육체적으로다가 어마어마하게 힘들어하는 활동가들도 정말 많아. 새벽부터 욕먹고 두들겨 맞을 각오 하고서 맨날 출근길 지하철 오르는 게 얼마나 고역인데.

그런데요, 그까짓 거는 차라리 괜찮아요. 아예 무관심한 거보다는 이렇게 욕이라도 먹는 게 훨씬 낫거든. 자기 목소리를 아무도 들으려 하지 않는 사람들한테는요, 세상 죽일 놈 취급을 받아도 목소리 한 번 제대로 내볼 기회 자체가 엄청 소중한 거예요. 그러고 보면 우리같이 밑바닥에 있는 사람들한테 안 힘든 투쟁이란 건 없었잖아. 너무 쉽게 쟁취한 권리들은 또 쉽게 무너져 버리는 것 같기도 하더라고. 치열한 싸움의 역사가 있어야, 우리의 절박함이 사회적으로 알려지고 논쟁이 되는 과정이 있어야 새로 쟁취한 권리들도 토대가 탄탄해지는 거거든. 그래야만이 아무리 법과 제도를 이상하게 바꿔내려는 사람이 있어도, 이후에 쉽게 무너뜨릴 수가 없게 되는 거니까.

오히려 피곤하고 욕먹는 거보다도 진짜로 안타까운 거는 이런 거예요. 이렇게 외쳐봐야 여전히 많은 사람들한테 지하철행동이 장애인들이 지독하게 차별받고 있는 현실에 대한 문제 제기로는 다가오지도 않는다는 거. 그러거나 말거나 그냥 자기들 평범한 일상을 방해받는 문제로만 여겨질 뿐인 거지. 장애인들이 지하철을 막아서 불편할 뿐이지, 장애인들이 어떻게 살고 있나, 장애인들이 어떻게 하면 차별을 안 당할까는 여전히 남 이야기인 거야.

아마 그렇게 생각하는 사람들한테는 지하철행동이란 게 고작해야 이런 상황일 거거든요. 컨베이어 벨트가 열심히 굴러가고 있는데, 그 톱니바퀴에 이쑤시개가 하나 끼어버린 거야. 아니, 고작 이딴 이쑤시개 하나 때문에 전체 벨트가 멈춰야 한다니 얼마나 기가 차겠어. 그럼 다른 거 신경 쓸 것도 없이 이쑤시개를 그냥 빨리 빼버리는 게 제일 중요할 거잖아요. 그래서 이쑤시개 억지로 빼버리기만 하면은 뭐, 이쑤시개가 거기 왜 떨어졌는지, 이쑤시개는 안 부서졌는지 열심히 고민할 필요가 있나. 그 하찮은 거한테 뭐 하러 그러겠어.

지하철 지연만 안 되면은 전장연이 뭘 하고 싸우건, 그냥 관심이 쭉 떨어져 버리는 것도 그러니께네 당연한 거예요. 사람들이 잘 몰라서 그런데, 우리도 지하철행동을 지하철 지연시키는 방식으로만 한 게 아니었어요. 2022년에 지하철 역사 안에서 141일간 177명의 동지들이 결의문을 낭독하고 삭발을 하기도 했죠. 노래를 부르기도 하고, 사진들 깔아놓고 전시도 하고, 책 한 구절씩 낭독하기도 하고. 그런데 아무리 해봐야 그런 건 하나도 관심이 없잖아. 지하철만 안 막히면 기껏해야 그냥 신기한 광경이네 하고 지나가거나, 에이 꼴 보기 싫은 새끼들 이러고서 욕 한 번 퍼부어주고 지나가면 끝인 거거든.

"그렇게 너무 과격하게 하지만 말고, 시민들 지지부터 받아야 너네도 성과가 날 거다"란 말도 하도 나오고, 우리 활동가들도 욕 많이 먹고 경찰이랑 서울교통공사 직원들한테 맨날 두들겨 맞아서 너무 힘드니까, 23년에는 정말로 지하철 지연 시도도 거의 안 하고 선전전만 열심히 해봤거든. 국회의원들 몇 명이랑 종교지도자들 찾아가 가지고 같이 해결 좀 해달라고 읍소해보기도 하고. 그렇게 얌전하게 했는데도 작년[2023년] 후반기부터는 서울교통공사가 지하철 역사에서 아주 말도 못 하게 하니까, 아예 침묵시위를 진행하기도 했지.

이야! 그랬더니 문제가 해결이 되긴 뭐가 돼. 이제 사회적으로다가 관심은 싹 잦아들고 현장 찾아오는 기자 수도 확 줄어버렸어요. 그리고 상황이 이렇게 되니까 사람들이 우리 계속 싸우고 있는지도 잘 모르더라고. 오죽했으면 제가 작년에 라디오에 나갔는데, 진행자가 "요새 전장연 소식이 잘 안 들려오던데, 지하철 시위는 이제 안 하고 있는 건가요?" 이렇게 물어봤을까.

심지어 지금은요, 지하철역에서 매일같이 어마어마한 폭력이 벌어지고 있거든요. 지하철 승강장에 가만히 있기만 해도 서울교통공사 직원들이랑 경찰들이 와서 일부러 시비를 걸어대. 심할 때는 빈정거리고, 폭언하고, 밀치고, 몰래 때리기도 하고 그러죠. 아주 바퀴벌레 보듯이 경멸적인 눈빛을 하고서. 입 꾹 닫고 피켓만 들고 있는데도 지금 퇴거하지 않으면 들어내 버리겠다 하고서 맨날 쓰레기마냥 폭력적으로 역사 밖으로 내쫓기도 하고. 지하철 밖으로 나가라고 협박해서, 내가 왜 퇴거해야 하냐고 물어보기라도 하면은 "그래? 그럼 잡아갈게" 하고서 툭하면 강제 연행 해가기도 하고. 23년 11월부터 지금[24년 4월 20일]까지 연행된 사람이 스물네 명이나 돼.

나만 해도요, 몇 번이나 폭력적으로 진압당하고 연행이 되어가지고 몸이 다 상해버렸어요. 휠체어에서 떨어뜨리고 질질 끌어서 욕창도 더 심해지고, 안 끌려가려고 쇠사슬로 동지들이랑 몸 묶어서 버티는데, 서울교통공사 직원들이 확 잡아당기는 바람에 목 졸려 죽을 뻔도 했지. 요새는 아주 그냥 우리 취재하러 온 기자들도 막 들어내 버리더라고. 이제 지하철에서는 언론의 자유 따위도 통하질 않는 거야.

이런 말도 안 되는 일이 매일 벌어져도 이 사회는 별로 관심도 없어요. 왜? 아까 말했잖아. 이 사회에서는 이런 폭력적인 일이 벌어지건 말건 컨베이어 벨트가 굴러가기만 하면 그만인 거야.

대표님은 나한테 고마워하셔야 하는 거 아니냐고

상황이 이러니께네 정작 이 투쟁이 왜 벌어지고 있는지, 우리가 요구하고 있는 것들이 대체 무엇인지 사회적으로 널리 알려지지 않는 것도 당연한 거라고 봐요. 그러고 보면 한창 지하철 지연 많이 되었을 때도 그랬거든. 우리는 맨날 기사에 나오는데 우리 요구 제대로 담은 기사는 잘 나오지도 않는 거야.

그런데 그 와중에 존재감이 어마어마한 사람까지 갑자기 등장을 해버리네? 당시 국민의힘 당 대표였던 이준석이 대선 끝나고서[2022년 3월] 페이스북에다가 전장연을 공격하기 시작한 거야. 이야! 이런 스피커 큰 사람이 딱 나와가지고 장애인이 차별받는 현실을 본질적으로 해결할 생각은 하나도 없으면서 대중들이 그냥 시위 방식에만 초점을 맞추도록 부추겨버리면 어떻게 하나.

당연히 이준석 덕에 지하철행동이 어마어마하게 알려지기는 했죠. 이준석이 참전한 이후에 우리 관련된 기사가 엄청나게 급증하기도 했고. 심지어 이준석이랑 JTBC에서 일대일 공개 토론까지 했잖아. 그때 토론 끝나고 그 사람이 그러더라고. 대표님은 나한테 고마워하셔야 하는 거 아니냐고. 너희는 내 덕분에 유명해져서 좋은 거 아니냐, 서로 윈윈하자는 조로 말이야. 하하. 이 말 직접 들어봐요. 엄청나게 모멸적이야. 그런데 그건 그렇다 치고, 진짜 중요한 건 이준석 말처럼 그렇게 그 사람이랑 붙어서 우리 이름이 좀 더 유명해진다고 해서 우리 요구가 더 잘 알려지는 건 아니라는 거죠. 우리가 이준석 덕분에 더 유명해지긴 했는데, 역설적으로 정작 우리들 목소리를 제대로 들으려는 사람들은 더 없어져 버리는 거야.

이준석은 이런 방식을 통해서 이 사회에 자기를 어필할 수 있다는 걸 아주 잘 알고 있었던 거 같아요. 참 머리가 좋은 거지. 이 사람, 말은 진짜 잘하거든요. 장애문제 건드리면 공격받으니까 정치인들이 잘 안 건든다, 그런데 나는 용기 있게 이런 문제를 치고 나가겠다 그런 거거든. 그러면서 도리어 이렇게 하는 자기야말로 장애인들을 평등하게 보는 거라고. 나 참. 그러니까 또 어떤 사람들은 이야! 이 사람 정말 새로운 정치를 한다, 한국 정치의 미래를 잘 만들고 있다 이렇게까지 평가를 하지. 그런데요, 이 사람이 말하는 '평등한 정치'란 건 본질적인 문제 해결로는 잘 연결도 안 되고, 결국 남긴 거라곤 '약자도 잘못한 게 있으면 똑같이 비판을 받아야 한다'는 거뿐이더라고. 평등한 척하고서 백날 논쟁을 하면 뭐 하나. 그 논쟁들 거쳐봐야, 우리 요구에 대해서는 자기 입맛에 맞게 아주 쪼금 겉핥기 식으로만 다뤄주고, '언더도그마'니 뭐니,

미국에서 소수자 혐오 잘해대는 극우 인사나 쓰는 어려운 말 가져다가 소수자 공격만 부추기면서 자기 지지도나 올리면 땡인데.

그전부터도 우리 요구에 관심들이 많지 않긴 했지만, 이준석이 이렇게 나오고부터는 진짜로 사람들이 '시위 방식'밖에 보지를 않으려 하는 것 같더라고요. 논쟁이라고 해봤자 맨날 그거만 두고서 이뤄졌지, 뭐. 이 사회가 기껏해야 주목하는 게 박경석이랑 이준석이가 TV 토론회나 SNS에서 한판 붙었단다, 이 정도 아닌가? 하긴 그런 게 지금 장애인 정책이 뭐가 문제다, 뭐를 개선해야 한다 이런 것보다 훨씬 자극적이고 재밌겠죠. 그러니께네 언론부터 해가지고 사회 전체가 자꾸 달은 안 보고 손가락만 보고 있는 거예요. 지하철행동을 하는 이유나 우리 요구는 아무도 잘 모르고, 장애인들 차별받는 문제에도 여전히 관심도 없고, 그냥 지하철 막는 행위가 끼친 불편들 그리고 대중들이 그걸로 우리에게 손가락질하는 장면만 계속해서 보고 있는 거죠.

**1퍼센트가 됐건, 5퍼센트가 됐건
어떤 역에서는 여전히 툭하면 추락 사고가 나는
휠체어 리프트를 타고 이동해야 해요**

이준석 같은 사람은요, '내용'을 파편적으로나마 좀 다루더라도 결국에는 이걸 활용해서 자기가 유리한 고지를 차지하는 걸 가장 중요하게 생각하는 것 같더라고요. 자기 정치 놀음에 이런 소수자 이슈를 먹잇감으로 삼는 잔재주가 엄청나게 능한 사람인 거야. 그러니 사실들 몇 개를 아주 교묘하게 편집을 해가지고 그 냥 막 퍼뜨려 버릴 수도 있는 거지. 이 사람은 자신감이 있을 거거 든요. 이준석이랑 우리랑은 영향력 차이가 어마어마하니까, 사람 들이 사실 확인 할 기회도 갖지 못하고 그냥 자기가 말하는 대로 믿어버릴 거라는 자신감 말이야.

이준석이 우리 비판한다면서 제일 먼저 했던 말 중 하나가 이거였잖아요. 서울 지하철 역사에 엘리베이터 90퍼센트 이상 설 치되어 있다면서 이 정도로 이동권이 보장되었는데도 저렇게 시 위를 해대는 건, 박원순 시장 때는 가만히 있다가 오세훈이 시장 되니까 그거 흔들려고 그러는 거라는 둥, 문재인 정권 때는 가만 히 있다가 국민의힘이 정권 잡으니까 고거 공격하려고 하는 거라 는 둥.

박원순 시장 때도 우리가 지하철 시위 한 거는 아는지 모르 는지 어쨌든 언급도 안 해요. 2017년에 신길역에서 리프트를 타 려던 장애인 한 분이 계단 밑으로 추락해서 98일 동안 혼수상태 에 있다가 사망을 해가지고, 우리가 박원순 서울시에 사과랑 대책 요구하면서 빡세게 지하철에서 싸웠었거든. 지하철 역사 엘리베 이터 설치랑 저상버스 도입 걸고서 2001년 이후 몇 년간이나 힘 들게 싸운 이동권 투쟁도 김대중 정권이랑 노무현 정권 때 한 거잖아. 이번 지하철행동도 문재인 정권 때 처음 시작한 거고. 그런데 우리가 무슨 국민의힘만 흔들려고 한다는 걸까.

1퍼센트가 됐건, 5퍼센트가 됐건 엘리베이터 설치가 안 되어 있으면, 어떤 역에서는 여전히 장애인들이 툭하면 추락 사고가 나는 휠체어 리프트를 타고서 이동해야 하고, 그래서 장애인들에게는 휠체어 리프트를 이용하는 게 그 자체만으로 엄청 목숨을 위협받는 일이라는 사실도 이 사람한테는 하나도 안 중요할 거예요. 지하철 역사에 깔려 있는 휠체어 리프트가 우리한테는 정말로 '살인기계'라고 외쳐봐야 이 사람한테는 전혀 다가오지도 않겠지. 그러니께네 그렇게 리프트 타고 이동하다 죽어봐야 서울시는 지금까지 사과 한 번 하지 않았다는 사실도 당연히 언급할 필요가 없는 거야. 그냥 야! 서울 지하철 정도면 진짜 잘 되어 있는데, 전장연이 억지 쓰면서 저 난리 치는 거다 그런 말만 하면은 그렇잖아도 우리 맘에 안 들어 하는 대중들한테 아주 쉽게 잘 먹히고 땡인 거거든.

하긴 뭐, 리프트 추락 참사 벌어지면, 그동안 서울시는 맨날 그냥 유감이다, 유감이다, 그런데 딱히 우리 책임은 아니니 사과는 못 한다 정도로만 이야기를 해왔잖아. 진짜로 하찮은 존재 하나 죽은 게 뭐가 그리 대수냐, 이게 장애인 본인 과실이지 어떻게 지하철의 구조적인 문제냐는 식으로 말이야. 당연한 것처럼, 그런 서울시 태도가 이 사회에서는 별로 문제가 되지 않아오기도 했고.

상황이 이러니 이준석 같은 사람도 저런 말을 당당하게 할 수가 있는 거고, 그렇게 하면 도리어 지지도가 올라가 버리기도 하는 거야. 장애인들이 그동안 이 사회에서 무시받고 살아가게끔 만들어온 바로 그 대중적 정서를 엄청 효과적으로 잘 활용해먹는 거죠.

이 정도가 어디냐,
있는 거 잘 타고 다니면 되는 거 아니냐고

더 중요한 건요, 당시엔 정부 여당 대표였던 사람이 장애인 이동권 문제를 정말로 해결할 맘이 있는 거라면, 지하철 엘리베이터 설치 현황만 보고서 저렇게 단순하게 이야기를 하면 안 된다는 거죠. 이건 정말이지, 지하철행동을 둘러싼 논의를 어마어마하게 축소해버리는 거거든. 지하철 역사 엘리베이터 100퍼센트 설치 약속마저도 이명박, 박원순, 오세훈 시장 거치면서도 내내 이행되지 않고 있지만은, 우리가 지금 지하철에서 투쟁을 한다고 해서 이 문제만 이야기하고 있는 건 아닌 거잖아.

2001년 이후 몇 년 동안이나 철로도 내려가 점거를 하고, 버스도 점거를 하고 하면서 이동권 투쟁 빡세게 해가지고 2005년에 〈교통약자의 이동편의 증진법〉이 제정되긴 했는데요. 그 이후에도 휠체어를 탄 장애인들이 이용할 수 있는 저상버스는 계속 잘 도입이 되지를 않았어요. 제일 저상버스 도입률이 높다는 서울시도 우리가 맨날 싸워가지고 이제 겨우 저상버스 비율이 63퍼센트 정도가 된 거야. 저상버스 도입 비율이란 게 보통 마을버스를 원천적으로 빼고서 계산되는 거니까, 실질적으로는 더 떨어지지.

서울 말고 다른 지역은 훨씬 더 심하죠. 웬만한 광역시에서조차도 저상버스 도입률이 30퍼센트대고, 인천 같은 데는 고작 16퍼센트야. 이건 국가나 지방자치단체가 공식적으로 약속한 저상버스 도입 계획도 전혀 지켜지지가 않고 있는 거거든. 법에 따라 국가가 해야 하는 '교통약자 이동편의 실태조사'와 공식적인 저상버스 도입 계획이란 게 있는데, 이것도 다 휴지 조각처럼 취급되고 있어요.

많은 비장애인들은 이 정도가 어디냐, 있는 거 잘 타고 다니면 되는 거 아니냐고 생각을 할 텐데요. 이렇게 저상버스가 100퍼센트 안 되어 있으면, 몇 대 저상버스로 되어 있더라도 장애인 입장에서는 오는 버스 중에 몇 대는 그냥 보내버려야 돼요. 시내버스에서 저상버스가 제일 많은 서울에서도 고작 63퍼센트니까 버스 기다리는 시간이 비장애인하고 엄청 차이가 날 수밖에 없는 거야. 비장애인 친구랑 같이 있잖아? 그럼 비장애인 친구까지 나 때문에 어마어마하게 늦어버려. 아니면 지 혼자 먼저 떠나버려야지 뭐. 출퇴근 시간같이 사람들 많이 차 있을 때는 또 버스가 휠체어 탄 사람 안 태우고 그냥 가버리기까지 하지. 기사들이 휠체어는 자리 많이 차지한다고, 당신들은 어차피 못 태운다면서 당연히 그래야 하는 것처럼 그냥 떠나버리는 거야.

한번 생각해보세요. 상황이 이러면 장애인들 입장에서 버스를 제대로 탈 수나 있겠어요? 아니죠. 아주 조금 타볼까 하는 마음이 생겼다가도 사라져 버려요. 그런데 서울시는 또 저상버스 도입을 꾸준히 못 하는 이유로다가 장애인들이 버스를 잘 이용하지 않는다고 핑계를 대더라고. 나 참. 사실은 나도 과거에는 '장애인이 저상버스를 더 열심히 이용해야지만 저상버스 도입이 좀 더 되는 건가'라고 잠깐 생각해봤거든? 그래서 저상버스 잘 안 와도 열심히 기다리면서 막 억지로라도 타고 다닌 적도 있어. 그런데 나중에 가만히 고민을 하다 보니까는 공무원이 한 이 말이 진짜 이상한 거야. 아니, 장애인이 몇 시간을 기다려가면서 버스 이용률을 높여야지만 저상버스 도입률을 높일 명분이 생긴다는 게 알고 보면 얼마나 괘씸한 소리야.

비장애인들이 이용하는 대중교통 서비스들은 이용률 떨어지면 잘하든 못하든 어쨌거나 국가나 지자체에서 알아서 서비스 개선책을 내놓으려 하잖아요. 또 선거기간에 봐봐. 정치인들 자기 지역구 주민들이 지하철이 없어 매우 이동권을 침해받는다, 내가 당선되면 경전철이라도 유치해서 주민들 이동권을 책임지겠다, 이러면서 입에 거품을 물고 떠들어대잖아. 비장애인 이동권은 하다못해 선거기간에라도 그렇게 자기네들이 앞장서서 보장해야

045

한다고 하는 거야. 그런데 왜 장애인들은 지금보다 더 나은 조건을 만들려면, 앞장서서 그렇게 타기도 힘든 버스를 매일같이 타려고 노력을 해야 하나?

비장애인들한테 그렇게 했다가는
아주 난리가 날걸?

말이 나왔으니까 하는 이야기인데, 교통약자 특별교통수단, 그러니께네 흔히 사람들이 장애인콜택시라 부르는 것도 마찬가지로 문제가 많죠. 이렇게 버스를 제대로 타지를 못하니까 장애인들 중 상당수가 장애인콜택시를 선호하거든요. 많은 장애인들에겐 장애인콜택시가 그래서 정말로 대중교통의 역할을 하는 거지.

그런데요, 장애인콜택시도 전국적으로다가 지금 제대로 운영이 안 되고 있어요. 비교적 시스템 잘 갖춰져 있다고 우겨대는 대도시들에서도 장애인콜택시 한 번 타려면 엄청나게 오래 기다려야 돼. 한두 시간은 기본이고요, 어떤 때는 세 시간 이상도 기다려요. 차로 20~30분 거리 이동하려는 건데도 KTX 타고 서울서 부산 가는 시간보다 더 걸리는 거야.

평소에 너무 오래 걸리니까, 좀 미리 신청해놓으면 어떤 때는 또 너무 일찍 와서 문제가 되기도 하지. 그러면은 하던 거 다 멈추고 장애인콜택시를 타러 가야 하는 거거든. 너무 늦게 오건 너무 일찍 오건, 어쨌거나 장애인콜택시 때문에 일정이 다 개판이 되는 거야. 그 덕에 나 같은 장애인들은 어차피 시간 약속도 안 지키는 사람들이라는 사회적 편견만 더 심해져 버리고.

한마디로 장애인콜택시에는 정시성이란 게 아예 없는 거예요. 오세훈이가 우리 지하철행동 비난하면서 대중교통의 핵심이라고 그렇게나 강조를 해대는 게 정시성이잖아요? 그런데 오세훈이는 장애인들한테 대중교통인 장애인콜택시가 이 모양 이 꼴인 거에 대해서는 아예 문제 제기할 생각도 안 하더라고. 하긴, 오세훈만 그랬나. 역대 서울시장들 다 그랬고, 전국 지자체들도 다 그러고 있는데.

심지어 어떤 지역에서는요, 장애인이 친구 좀 만나려고 하면은 며칠 전에 예약을 해야지만 겨우 한 번 장애인콜택시를 탈 수가 있어요. 비장애인 시민 여러분들에게 꼭 묻고 싶어요, 당신은 친구 만나려고 며칠 전에 대중교통 예약하는 게 상상이 가요? 그게 용납이 되긴 합니까? 시외버스 중에는 저상버스도 없으니까 장애인이 다른 도시로 이동하려면 유일한 수단이 장애인콜택시이기도 한데, 대한민국 거의 모든 지역에서 장애인콜택시가 또 광역 이동을 제대로 하질 않기도 하지. 비장애인 당신들께서는 인근 도시 나가는 것조차 이 정도로 불가능한 상황이라면, 정말로 그걸 그대로 내버려둬야 한다고 생각을 해요? 아마 아닐 거야. 비장애인들한테 그렇게 했다가는 아주 난리가 날걸?

상황이 이런데도, 사람들이 말하는 것처럼 장애인 이동권이 정말 잘 보장되고 있긴 한 건가요?

결국에는 돈 달라는 거였냐고들 하는데요. 맞아요

가장 기본 중의 기본인 이동권도 이렇게 제대로 보장이 안 되어 있는데, 장애인들 교육권, 노동권이 제대로 보장되어 있을 리가 없잖아. 얼마나 심각한 상황이냐면요, 장애인 중 37.5퍼센트의 최종 학력이 여전히 초등학교 이하[2020년 기준]예요. 기본적인 문해 교육도 받지 못한 장애인들이 실제로 얼마나 많은데. 국민 중에 글자 못 읽는 사람 비율 엄청 낮다고만 맨날 자랑해대는 나라에서 이런 사람들한테는 가장 기본적인 교육의 기회도 안 주면 어떻게 하나.

제가 예전에는 아주 오랫동안 노들장애인야학 교장을 했고 지금은 김포장애인야학 교장을 하고 있기도 한데요, 우리 야학 학생들 보면은 숫자 세는 교육도 받아본 적 없는 학생들 엄청 많아. 이런 장애인들이 지금 같은 능력주의 사회에서 일자리를 제대로 가질 수 있을 리가 없잖아요. 공식 통계를 보면은 전체 장애인 중에서 경제활동인구가 37.4퍼센트밖에 되지를 않아요. 특히 중증 장애인들 경제활동참가율은 22.9퍼센트밖에 안 되지. 뇌병변장애인들은 고용률이 13.6퍼센트 밖에 안 되고.

중증장애인들이 제대로 좀 일상을 살려면, 심지어 말 그대로 '생존'을 하려면 활동지원서비스도 적절한 시간만큼 제공해야만 하는 거거든요. 그런데 이놈의 나라는 중증장애인들한테 활동지원서비스도 공적으로다가 제대로 안 해주고 있고. 이렇게 지역사회에서 살 조건을 마련해주지를 않으니께네, 장애인 거주시설에 갇힌 채 살아가고 있는 장애인이 지금 3만 명이나 되는 거고. 방구석에 그냥 처박혀서 사는 장애인들은 또 얼마나 많을 거야.

왜 이런 일이 벌어지냐고요? 제가 아주 정확하게 말을 할 수가 있어요. 이거 사실 일차적으로 볼 때는 다 돈 문제예요. 니네 지하철 와서까지 한다는 말이 결국에는 돈 달라는 거였냐고 하는 사람들이 있는데요. 맞아요. 아주 정확하게 본 거예요. 이런 말이 지하철 엘리베이터 90퍼센트 이상 설치됐는데 왜 난리냐, 이렇게 우겨대는 거보다는 훨씬 나아. 장애인들이 이렇게 비참하게 사는 건 돈 문제가 확실한 거고, 실제로 돈이 제대로 투입이 안 되면 해결이 안 되는 것들이니까요.

돈을 투입을 안 하니까 저상버스도 계속 마련을 할 수가 없고, 장애인콜택시 정시성 좀 지켜지고 광역 이동도 가능하게끔 차량도 충분히 못 사고, 운전기사도 충분히 고용을 못 하는 거잖아. 그러면 운영이 제대로 될 리가 있나. 또 돈을 충분히 투입을 하질 않으니까 장애인들이 교육받을 곳도, 일할 곳도 없는 거잖아. 활동지원서비스도 제대로 제공을 하려면은 결국 활동지원사 월급

줄 돈을 마련해놔야 하는 거거든. 활동지원서비스 원활하게 제공되게끔 지원하는 활동지원서비스 중개 기관 운영비도 필요한 거고. 시설에 갇혀 사는 장애인이 탈시설해서 지역사회에서 살려면 집도 필요하지, 지역사회에 잘 적응할 수 있게끔 또 온갖 지원이 필요하지, 이것도 다 기본적으로 돈이 드는 것들이야.

여기가 사회적 자원이란 걸 다 돈으로 환산할 수밖에 없는 자본주의 사회니까는 권리를 보장받으려면 이건 어쩔 수가 없는 거예요. 실제로 비장애인들도 이미 그렇게 권리를 보장받고 있는 거잖아. 자기들한테 어렸을 때부터 당연하게 주어져온 국가가 보장해준 것들도 다 그만큼 예산이 투입되었으니까 가능한 거였거든요. 너무 당연하게 누려왔으니까, 그 과정이 어떻게 이뤄져 왔는지 생각을 안 해봤을 뿐인 거야. 정말로요, 우리가 매일 외치는 구호처럼, 장애인이건 누구건, 지금 상황에서는 예산 없이는 권리도 보장받을 수가 없는 거예요.

우리는 지금 돈보다 권리가 더 중요하다고 주장하는 거예요

그런데 이 나라는 장애인들의 기본적인 권리들에다가 정말로 어떤 강한 의지를 가지고서 예산을 제대로 투입해본 적이 진짜로 없거든. 아무리 그래도 경제 규모 10위권에 드는 경제 대국에 1년 국가 예산이 600조가 넘는 나라에서 이래도 되냐고 따지면은 한다는 말이, 맨날 경제 사정이 안 좋으니까 어쩔 수가 없대.

아니, 경제 상황 이 꼴로 만든 게 장애인 책임이 아니잖아. 이게 장애인들 희생시키는 거를 정당화할 수가 있기는 한 건가? 그럼 경제 사정 좀 괜찮을 때는 뭐, 장애인 예산 늘리는 거 신경 쓸 건가? 지금까지도 안 그래왔고, 앞으로도 안 그럴 거 같은데.

국가 전체 예산 규모가 엄청 늘어난 해에도 관료들은 맨날 똑같이 말을 하거든요. "지금 챙길 게 너무 많으니 장애인 관련 문제들은 좀 나중에 해결하자." 이거 까놓고 이야기하면 이런 말이야. "생산성 높이는 데 돈 쓸 일도 많은데, 투자해봐야 생산성도 못 올리는 너희한테 줄 돈은 좀 나중에 생각하자." 하긴, 장애인들한테 쓰는 돈이 얼마나 아깝겠어. 이 사람들에게 자원 투입하면 배보다 배꼽이 더 큰데. 아무리 투자를 해봐야 나오는 게 없는 거잖아. 그럼 권리고 나발이고 최대한 비용을 아껴야죠. 권리 중심으로 생각을 하는 게 아니라, 경제적으로 투자 대비 뭐가 더 나와야 한다는 발상 가진 사람들(이 사람들, 이거라도 잘하는 건 맞나? 아닐 때도 많은 거 같아)한테는 이게 당연한 거거든. 특히 돈 액수 가지고서 계산할 줄밖에 모르는 기획재정부 관료들한테는 말이야. 문제는 나랏돈 쓰는 거에서 이런 생각 가진 기재부 사람들이 거의 독재적인 권한을 가지고 있다는 거지. 우리가 빡세게 싸워서 겨우 관계 부처 장관이나 대통령한테 약속을 받아내면 뭐 하나. 상황이 이러니 기획재정부가 "돈 없다. 좀만 기다려라" 한마디만 하면 하나도 제대로 이행이 안 되는데.

2021년 12월 3일, 그러니까네 문재인 정권 말기에 지하철행동이 처음 이뤄졌는데요. 우씨, 그런데 그날은 진짜 지하철 막을 생각 없었거든요. 홍남기 기획재정부 장관한테 예산 내놓으라 요구하려고 이동만 하고 있었는데 출근길 지하철이 복잡하니까 열차가 좀 지연됐어요. 또 그 와중에 경찰들이 쓸데없이 강경 진압하면서 대혼돈이 찾아온 거였는데 다 우리 탓이라고만 해. 애초에 장애인들이 조금 많이 타기만 해도 대혼돈이 찾아올 정도라면 이건 지하철, 대중교통 시스템 자체에 문제가 있는 거고, 그런 상황에서 우리들한테 그런 태도를 취한 경찰이 문제인 건데, 그 이야기 아무도 안 하지. 아무튼 그때 우리가 〈교통약자법〉 개정을 요구했었거든? 그 개정 내용 중 핵심이 노후화된 버스 교체할 때 저상버스 도입하는 걸 의무화해라, 장애인콜택시에 국비 지원을 적절히 해가지고 조금 더 공공성 있게 운영하게끔 하라는 거였어요. 그리고 실제로 12월 31일에 우리 내용이 조금 반영되어서 〈교통약자법〉이 부족하나마 개정되기도 했죠.

그런데 그럼 뭐 해. 나라가 예산을 적절히 투입을 안 하니까, 법이 개정되건 말건 나아지는 게 없는 거야. 과거부터 언제나 그랬어요. 법이란 것도 말이에요, 돈 논리가 더 중요한 사람들한테는 아무런 소용이 없어요. 예산 논리만 들먹이면 당연히 안 지켜도 되는 거가 법인 거야. 우리 때려잡을 때 쓰는 법은 그렇게 어거지로라도 근거를 만들어 와서 아주 엄격하게 잘만 써먹으면서, 사회적 소수자들, 제일 핍박받고 억압받는 사람들 권리 좀 챙기려는 법은 하나도 지키질 않는 거죠. 상황이 이런데, 우리가 그놈의 돈에 목숨을 안 걸 수가 있나.

그런데 그렇다고 우리가 누구들처럼 '돈만 아는 저질'인 거는 아니거든. 그렇잖아요. 내가 국가 예산 유용해가지고 나만 부자가 되겠다는 게 아니잖아. 우리는 지금 돈보다 권리가 더 중요하다는 걸 주장하기 위해서 장애인 권리 예산을 내놓으라는 것뿐이에요. 정부가 앞장서 가지고 부자 감세 열심히 하고, 나랏돈 애먼 데다 쓰고 그러지 말고 사회적 자원이란 거를 불평등을 없애는 데 좀, 가장 기본적인 시민권을 보장하는 데에다가 좀 쓰라고 요구를 하는 거죠. 이거, 사실은 국가가 해야 되는 가장 기본적인 의무 아닌가?

이 국가가 장애인들에게 해온 역사는
매 순간 테러였어요

오죽 장애인 권리 예산이 적었으면, 지난 대선 정국 때 윤석열 후보 캠프에서도 공약집에다가 한국 장애인 예산이 엄청 적은 게 문제라고 딱 지적을 해놨을까[2019년 기준 한국의 장애인 예산은 GDP 대비 0.71퍼센트로 OECD 평균인 1.98퍼센트의 3분의 1 수준이다]. 그래놓고선 대통령 되고 정권 잡더니만은 정말 필요한 장애인 예산 증액은 전혀 안 하고 있잖아. 애먼 데다가 예산 쪼끔 올려놓고는 '우리가 불쌍한 장애인들 이렇게나 잘 돌봅니데이' 이러면서 생색이나 잘 내지.

우리가 22년에 지하철행동 통해서 요구한 장애인 이동권, 활동지원서비스, 교육권, 노동권, 탈시설 등 증액안이 1.3조였는데요. 1.3조라고 하니까 엄청난 액수 같죠? 그런데 사실 이 정도 금액은 다른 거 할 때는 금방 책정되거든. 굳이 안 지어도 되는 가덕도 신공항 같은 거 짓는다고 하거나 할 때 봐봐. 거기 하나에만 5000억 원이 넘는 국가 예산이 투입이 돼요. 청와대 이전 비용도 말인데, 간접 비용까지 다 합하면 1조 넘는단 이야기도 나왔었잖아.

이런 데다가도 저렇게 돈 막 써대는데, 맘먹고 하면은 이 사회 가장 약자인 사람들한테 우리가 요구하는 1.3조 투입하는 거는 나라 입장에선 정말로 충분히 할 수 있는 거예요. 사실 이만큼 올린다고 해봐야 한국 장애인 예산은 여전히 OECD 평균에 못 미치기도 하고 말이야.

그래서 우리가 지하철까지 내려와서 열심히 싸운 건데, 그 이후에 어떻게 됐을 거 같아요? 이놈의 정부는 23년도 예산에 장애인 권리 예산을 고작 106억밖에 증액을 안 해놨네? 하하. 106억이면은요, 우리가 요구했던 1.3조의 고작 0.8퍼센트예요. 이건 좀 너무 심하지 않나?

자꾸 우리보고 무리한 요구 한다, 비현실적이다 이러길래, 도대체 뭐가 무리하다는 건지 하나도 모르겠지만 그래도 진짜 많이 양보해왔거든요? 대선 기간에 대통령 후보들한테 우리 요구 100퍼센트 다 들어달라는 것도 아니다, 언제까지만 답을 달라, 라고 해봤지. 윤석열 대통령이 당선되고서도 똑같이, 대통령직 인수위원회에 있었을 때는 인수위한테, 이후에는 계속 기획재정부에 대화를 요구했었고. 오세훈이는 우리한테 '휴전' 운운하니까 그때도 그래, 휴전이란 표현이 애초에 우리를 서울시의 적으로 상정하고 있는 거라 매우 불편하지만 그래도 기다리겠다, 답을 달라 해보기도 했지. 심지어 23년도에는 24년도 예산에 이동권 예산[특별교통수단]만이라도 271억 반영해주면 지하철행동을 멈추겠다고도 해봤죠. 1.3조 요구하다가 이 정도면 진짜 어마어마하게 축소한 거잖아. 그런데 이것마저도 그냥 완전히 다 쌩까버리더라고.

진짜 '돈만 아는 저질'이 누구인가요? 정말로 우리인가요? 사실은 기재부가 맘대로 굴리고 있는 이 나라 아닌가?

오세훈 시장이 그렇게 표현을 했는데요, 전장연은 '사회적 테러'를 저지르고 있는데도 장애인이라는 약자 지위를 이용해서 처벌도 제대로 안 받는다고요. 오세훈 시장에게 분명하게 말을 하고 싶어요. 누군가의 일상을 방해하고 그러는 게 테러라면요, 여태껏 이 국가가 장애인들에게 해온 역사는 그럼 장애인들한테 매 순간 테러였어요. 정말로요, 장애인들에게는 이 사회가 테러 그 자체예요. 우리가 불법을 저질렀으니 처벌해야 한다고요? 그럼 이 국가가, 이 사회가 장애인들에게 가해온 테러는 왜 아무도 처벌하려 하지를 않나?

그렇게 사는 게 정말로 사는 건가요?

저는 지하철에서 자주 '꿈'에 대해 생각을 해요. 저희가 매일같이 지하철에 내려와서 싸우는 이유도 꿈을 꾸고 싶기 때문이에요. 꿈을 꿀 수 있다는 건 제가 보기에 인간한테 생명보다도 더 소중해요. 꿈을 꿀 수 있어야 사람답게 살 수 있는 거니까. 어떤 장애인들은 정말로 그냥 말 그대로 목숨 부지하고 싶어서 지하철로 내려오기도 하지. 이명박, 박근혜 때는 당연하고, 문재인 정권 때부터 윤석열 정권까지 쭉 활동지원 예산을 제대로 보장을 안 해줬는데, 이거 끊기면 정말로 죽어버릴 수도 있으니까. 실제로 가난해서 죽고, 자기 부양하느라 지친 부모한테 맞아 죽고, 자식한테 목 졸려 죽고, 활동지원사가 없으니까 화재 나면 가만히 누운 채로 불타 죽고, 보일러 망가지면 얼어 죽고 하면서 죽어나가고 있고.

그런데 이런 사람들이 말 그대로 '생존'할 수 있는 길이 아예 없는 건 아니거든. 국가는 지역사회에서 살고 있는 장애인이 죽겠다고 하면 장애인 거주시설로 보내서 "그래. 목숨은 살려줄게"

라고 말을 하니까. 바깥에다는 쓸모없는 사람들 국가가 잘 돌본다 이러면서 대강 아름다워 보이기 딱 좋기도 하죠. 그러니께네 이게 얼마나 위험한 건지를 사람들이 잘 모르더라고. 이거는요, 아주 돈이 적게 드는 방식으로 장애인들을 통제하는 거예요. 장애인들을 거주시설에 가둬놓으면 국가 입장에서는 활동지원서비스는 당연하고, 이동권, 교육권, 노동권에 들어갈 돈 다 절약할 수 있는 거니까. 다른 권리는 싹 다 무시하고 목숨만 대강 살려주면서 명목은 챙길 수 있는 거지.

그런데요, 그렇게 사는 게 정말로 사는 건가요? 그렇게 되면 지역사회에서 어떻게 살아갈 것인지 절대 꿈을 꿀 수가 없어요. 다른 사람들 사이에서 관계를 맺어가야 꿈도 꿀 텐데 그렇게 살면은 관계도 싹 다 가로막혀요. 그리고 사실은 그렇게 살려준다고 해놓고서 또 잘 보면은 시설 가서 갇혀 살다가 죽어나가는 사람이 아주 한둘이 아니거든. 학대로 죽고, 방임으로 죽고, 시설에서 코로나 한 명 걸리면 같이 갇혀 살다가 자기도 결국 코로나 걸려서 죽고.

헌법에 떡하니 온갖 권리들이 명시가 되어 있는데, 이런 심각한 권리 침해 상태가 지속되어서는 안 되는 거잖아요. 어떤 사람들이 이 사회에서 아무런 꿈도 없이 살아가야만 하는 상태가. 저희가 "예산 없이 권리 없다"고 외쳐대는 건, 정말로 돈을 너무 사랑해서 그런 게 아니라, 이 꿈도 꿀 수가 없는 사회를 좀 바꾸자는 거거든요. 꿈을 꾸려면 최소한 이동을 하고, 교육을 받고, 지역 사회에서 제대로 살 수는 있어야지.

억압과 차별이란 게 대부분 그래요

우리 같은 사람들이 앞으로 꿈 좀 꾸면서 살려면요, 단순히 권력을 휘두르는 몇 사람만 심판한다고 될 일이 아니에요. 사람들이 누리고 있는 아주 평범한 이 일상 자체가 바뀌어야 하는 거죠. 장애인들이 이렇게 살고 있는 데에는 당연히 국가, 특히 기재부의 책임이 엄청 많은 게 사실이긴 해요. 그런데 그렇다고 해서 일반 시민들에게는 책임이 없나 생각을 해보면은 또 그건 절대로 아니거든.

이 나라가 어떤 나라인가요? 민주공화국이잖아요. 대한민국 헌법 제1조에 당장 "대한민국의 모든 권력은 국민으로부터 나온다"고 되어 있어요. 이 말은 또 많은 사람들이 아주 잘 알고 있는 것 같더라고. 그런데 정작 장애문제 해결에 함께해달라고 하면은 그건 자기들이 어떻게 할 수 없는 거 아니냐는 말만 해. 권한이 없으니까 책임도 없다, 이런 식으로 나오는 거지. 정말 그럴까?

노들장애학궁리소라는 데서 활동하는 고병권 선생님께서 지하철행동 50일 차쯤 됐을 때, 한 칼럼에서 이런 말을 했어요. "과연 장애인들이 죄 없는 시민의 발목을 잡았는가. 오히려 시민들이야말로 장애인들의 발목을 잡아온 건 아닌가." 저는 이 말이 정말 맞는 말이라고 생각을 해요. 이렇게 사람 기본권마저 침해해가면서 나라가 운영되어 왔는데, 사람들은 그걸 방치만 해왔잖아.

아마 저희가 지하철 타고 나서부터 제일 많이 듣는 얘기가 "당신들의 권리를 주장하기 위해 남의 권리를 침해하는 게 정당하냐"는 말일 텐데요. 맥락 없이 들으면 아주 맞는 말 같아 보일 거야. 그런데 이 말이 맞는 거라면요, 당신들이 누리는 당연한 권리들이 행사되기 위해서 지금까지 누군가들이 희생되어온 건 아닌지를 함께 살펴봐야죠. 사실은요, 비장애중심사회에서 장애인들이 일상적으로 어떻게 살건 그냥 살아가고 있는 거가 그 자체로 이미 장애인들에 대한 이 사회의 테러에 동조하고 있는 걸 수도 있는 거거든.

이런 태도는 자기가 살고 있는 나라에서 어떤 폭력이 벌어지건 말건, 자기는 그거를 계속 용납하면서 살아가겠다는 거잖아요. 누구는 출근길 지하철에 오르지도 못하고 있는데, 그 폭력을 묵인하고서 자기 혼자 그냥 꾸역꾸역 올라타서 출근을 하는 게 정말로 그렇게나 마냥 당당하면 안 되는 거 아닌가요?

억압과 차별이란 게 대부분 그래요. 딱 마음을 나쁘게 먹고서 저놈의 자식들 쓸모도 없고, 꼴 보기도 싫으니까 혐오하고 차별해야지! 이러는 경우도 물론 있긴 하죠. 그런데 대부분은요, 그냥 옆에서 벌어지는 폭력들을 방치하면서, 자기도 모르게 거기에 동조해버리면서 억압과 차별을 재생산하는 데 복무하는 경우가 많아요. 자기가 이 사회의 차별을 묵인하고서, 큰 관심 안 두고 그냥 살아가는 게 별일이 아닌 거 같죠? 절대 그렇지 않아요. 나쁜 의도를 가지고 그렇게 하지 않았더라도 그런 태도가 다 누구한테는 엄청난 재앙이 되어버리는 거야. 그리고 그런 태도들이 지속되면서 세상은 계속 나아지지가 않는 거지.

권리가, 사람의 존엄이 돈 논리를 이겨먹을 때까지

시민들이 계속 그렇게 우리에게 동조하지 않아도 상관없어요. 저희는 1퍼센트의 시민들만 우리와 손을 잡아줘도 계속 싸울 거예요. 아니, 사실은 누구도 지지하지 않더라도 한 명만 남아서 모가지 하나라도 움직일 수만 있다면 계속해서 싸울 거야. 권리가, 사람의 존엄이 돈 논리를 이겨먹을 때까지.

이렇게 버티면서 싸우는 거, 당연히 많이 외롭지요. 차별받는 사람들이 저항하는 존재가 된다는 변화의 과정은 숙명처럼 외로울 수밖에 없는 거더라고. 외로움이 뼈에 사무칠 정도야. 그런데요, 이 외로움이란 거가 싸우는 과정에서는 점점 옅어지기도 하더라고요. 언론들이 우리 욕먹는 모습만 잔뜩 알려서 그런데, 용기 내서 우리 응원해주고 지지해주고 하는 사람들도 사실 이 사회에는 이미 어마어마하게 많거든.

22년에 한창 지하철 제일 자주 연착됐을 때 통계로도 나왔잖아. 적어도 전장연의 요구 사항들이 개선되어야 한다는 데 동의하는 사람이 생각보다 엄청 많다는 거야[한국리서치 주간리포트(제187-3호), 88퍼센트]. 시위 방식 때문에 우리가 아무리 욕을 들어먹어도요, 우리 시위에 공감한다는 응답[61퍼센트]마저도 윤석열 대통령 지지율보다는 한참 높아요, 하하.

지하철행동할 때는 당연하고, 그냥 길 가다 보면은 "함께하겠습니다!"라고 해주고 가는 사람들도 꽤 있죠. 어떤 청소년은 핸드폰에다가 딱 "전장연 투쟁을 지지합니다!"라고 적어서 우리 투쟁하는 동안 들고 있어 주기도 하고. 어떤 청년은 나 지하철 안에서 오체투지하고 기어가고 있는데, 펑펑 울면서 초콜릿 하나를 딱 손에 쥐여주고 내리기도 하더라고.

어떤 수녀님은요, 우리 보자마자 다른 칸으로 가길래 우리가 불편해서 그런가 보다 했더니 아니더라고. 나중에 찾아와서 "제가 수행 중이라, 얼굴이 언론에 공개되는 게 부적절한 상황입니다. 당신들이 불편해서 피한 게 아니에요. 지지합니다"라고 편지를 건네주고 가기도 했어요. 어떤 시민들은 심지어 우리 욕하는 시민들하고 대신 싸워주기까지 하지. 우리 투쟁 현장에 일부러 매일 아침마다 찾아와 가지고 함께 지하철행동을 해주시는 시민들도 있고. 프랑스에서, 캐나다나 미국에서 와서까지 그러시는 분들도 있다니까? 우리 욕하는 사람이 많은 것도 사실이지만요, 우리는 지하철행동 현장에서 너무 감사하게도 매일같이 지지를 받기도 한 거예요.

저는 이 지지들이 단순히 자기랑 남인 장애인들을 돕는다, 그러니께네 그냥 단순히 인간적인 마음으로다가 연대한다는 차원에만 그치지는 않는다고 생각을 해요. 이 투쟁이 자기 자신의 해방과 연결되어 있다고 생각을 하니까 이렇게 하시는 분들도 많거든요. 지금 지하철행동하고 2001년 때 지하철행동하고 중요한 차이가 이거야. 그때는 노인분들이 우리를 가장 앞장서서 욕을 했었어. 젊은 분들은 거의 공격도 안 하고 그랬지. 그런데 지금은 젊은 분들이 훨씬 더 강력하게 우리한테 쌍욕을 하고 소리를 지르고 그러고 있어요.

물론 이렇게 된 데에는 여러 사회적 요인들이 있겠지. 그런데 아마 노인분들은 우리를 욕하고 싶어도 조금씩은 참는 게 있을 거라고 봐요. 우리가 2001년부터 이동권 투쟁을 열심히 해가지고, 지하철 역사에 엘리베이터들 설치되고, 저상버스도 만들어졌잖아. 그거 만들어지니까 누가 혜택을 봤나? 장애인들만? 절대로 아니죠. 지금 지하철에서 엘리베이터 타봐요. 그때 우리 욕하던 연령대의 할아버지, 할머니 들이 가득 차 있어요. 지금은 많은 분들이 엘리베이터 앞에 장애인들 있거나 말거나 새치기라도 해서 먼저 타려고 하시잖아. 저상버스도 노인분들이 차별버스[박경석은 계단버스를 차별버스라고 부른다] 보다 훨씬 더 편해하거든.

062

그러니께네 사실은 우리가 그렇게 싸우니까 자기들도 혜택을 보게 된 거야. 우리를 아무리 욕해봐야, 그게 그 사람들한테는 선물이 된 거죠.

지금 지하철행동도 그때랑 똑같아요. 지금 우리가 투쟁하는 것도 결국 비장애인 모두에게 선물이 될 거예요. 당장은 이 말이 잘 안 다가올 수도 있는데요. 특히 우리에게 공감할 생각 전혀 없는 분들께는. 그런데 공감을 못 한다고 해봐야 사실은 사실인 거야. 사람이 언제 어떻게 사회에서 쓸모없는 사람이 될지 모르거든요. 지금처럼 불안한 조건 속에서는 누구든지 나락에 빠질 수밖에 없기도 하고. 이 능력주의 사회에선 경쟁에서 탈락하는 순간 사실은 지금 평범하게 살아가고 있는 모두가 그렇게 될 수 있는 거예요. 공적으로 당연히 보장되어야 하는 권리들이 돈 논리로 다 무시를 당하게 되면은 그런 것들을 다 개인이 알아서 마련해야 하는 거거든. 완전 각자도생이 지배하는 사회인 거지.

그런데 이런 상황에서 인간 존엄이 돈 논리보다 소중하다는 패러다임이 우리 싸움을 통해 조금이라도 확장이 되면은 그거는 곧 이 나라 전체의 공공성 확보에, 모든 이들의 권리 확보에 큰 도움이 될 거잖아요. 맨날 가난하고 힘없는 사람들한테 "기다려라", "기다려라" 말만 반복하지 않도록 하고, 누군가만 배불려 주는 성장을 위한 컨베이어 벨트 같은 이 시스템을 바꿔낼 기회가 되는 거지. 이게 전장연한테만 좋은 게 아닌 거잖아.

우리가 단기적으로는 우리 요구를 관철시키지 못할지도 몰라요. 아주 처절하게 패배를 할지도 모르죠. 그런데요, 이런 생각이 발아할 수 있는 씨앗을 이 사회 컨베이어 벨트 한복판에 심어둔 것만으로도 저희는 이미 이 사회에 희망을 심는 데 성공한 거라고 봐요. 그리고 그 희망이란 거는 정말로 모두에게 선물이 될 거야. 장애인들의 존엄이 인정되는 세상은요, 결국 모두의 존엄을 위한 토대가 될 거니까요.

이 세상을 바꿀 힘은 우리 자신에게 있어요

저는 모든 시민들이 지하철행동에 함께하는 그날을 꿈꿔요. 저는 지금 단순히 우리가 공감을 많이 받는 걸 이야기하는 게 아니에요. 지금까지 비장애인들이 장애인들 처지에 공감을 할 기회도 별로 없긴 했지만, 그래도 '장애인도 권리를 보장받아야 한다'는 말 자체에 반대하는 사람은 이미 별로 없거든. 어떻게 바꿔나가야 하는지에 대해서는 잘 몰라도, 그 말 자체에는 이미 많이들 공감을 하고 있는 거야. 그런데 그렇게 다 공감하고 있는데, 지금까지 장애인들 삶이 근본적으로 바뀌어왔나? 절대로 그렇지 않잖아.

지금은요, 이 시스템 자체에, 지금 이 사회에서 통용되는 패러다임 자체에 경종을 울리는 사건들이 정말로 필요하다고 봐요.

단순히 공감 차원을 넘어서서 지금 시스템이 얼마나 폭력적인지를 드러내고, 그 시스템을 잠시라도 중지시켜보는 실천들이 필요한 거죠. 전장연처럼 지하철이라는 컨베이어 벨트를 멈춰 세우는 것 같은 실천이 그래서 저는 정말 중요한 거라고 생각을 해요.

당장 주변을 둘러봐. 기재부가 막강한 권한을 휘둘러 대는 통에 삶이 엉망이 된 사람들이 얼마나 많나? 사회적 자원의 분배권을 한 정부 부처가 독점하고 있다는 게 이렇게나 위험한 거야. 또 이 사회가 돈 논리로 노동자나 학생들 포함해서 다양한 평범한 사람들을 얼마나 억압하고 있나? 하다못해 맨날 우리 제일 앞장서 가지고 탄압해대는 서울교통공사 노동자들도 지하철 운영에 예산 적절하게 투입 안 해가지고 지금 잘리네 마네부터 노동강도가 엄청 세질 거라고들 하면서 난리가 났잖아(우리 동지들도 서교공 노동자들한테 탄압을 엄청 받아와서 그렇게 얄미워하고 있지만, 우리는 이 노동자들 파업할 때 지지 성명도 발표하고, 기자회견도 열고 그랬거든).

이 사회를 잘 보면은 진짜로 웬만한 사람들은 다 이 돈 논리의 피해자 같아요. 그걸 스스로 깨닫지 못하고서 그 돈 논리로 움직이는 시스템에 자기도 모르게 그냥 매일 복무하고 있어서 그렇지. 지금 우리 힘들게 만드는 건 이놈의 시스템인데, 정작 고 시스템은 전혀 공격도 안 받고 우리끼리 각자 권리를 두고서 서로 피터지게 싸우기만 하고.

진짜 사회가 바뀌려면요, 이런 시스템을 멈춰 세워야죠. 특히 지하철은요, 이 폭력적인 사회를 움직이는 컨베이어 벨트니까, 여기를 멈추는 건 우리에게만 중요한 게 아닐지도 몰라요. 우리를 지지해서 지하철에 나와줘도 참 고맙고 좋은데요, 그렇다고 거기에만 그치지 않았으면 좋겠어요. 모두가 각자의 의제를 가지고서 이 시스템과 싸우기 위해 지하철에 모였으면 좋겠어요. 거기서 우리의 억압들이 어떻게 연결되어 있는지, 우리가 어떻게 싸워야 함께 해방될 수 있는지를 함께 고민해봤으면 좋겠어요. 그렇게 이미 이 체제의 피해자가 된 모든 사람들이 단 하루만 이 시스템을 다 같이 멈춰 세울 수가 있다면, 그렇게 할 수만 있다면 정말로 이 세상을 바꿀 수 있는 어마어마한 힘이 생기게 될 거야.

다시 한번 말을 할게요. 이 세상을 바꿀 힘은 우리 자신에게 있어요. 지하철에서 단 하루라도 우리의 목소리를 제대로 들어주세요. 그리고 당신이 당하고 있는 억압에 대해서, 이 공간에 와서 함께 이야기해주세요. 저는 이게 출발이 될 거라고 봐요. 인간의 존엄과 권리가 돈 논리보다도, 소수만의 성장 논리보다도 중요하다는 걸 깨닫는 사회로 나아가는 희망의 물리적 기반을 위한. 억압의 컨베이어 벨트를 멈추고 누구나 꿈을 꾸고서 살아갈 수 있는 세상을 위한.

우리의 생명은
'비용'보다 소중하다

2022년 7월 1일 정오 삼각지역 앞, 익명의 영정 사진 너머로 상복을
입은 박경석이 단상에 올라 노래를 부른다. "우릴 죽이지 마십시오.
우릴 가두지 마십시오. 우리 목소리 들으십시오. 39년 T4 사회
대한민국." 폭우와 폭염이 이어지던 1박 2일간의 격렬한 투쟁 끝에
결국 쉬어버린 목소리는 그렇잖아도 구슬픈 가락을 더더욱 뒤틀어
버린다. 장애인 부모들도 그 장면 앞에서 함께 눈물을 닦는다.
저 영정 안에 담긴 얼굴들은 아무래도 남 일이 아니다. 나도 언제
자식을 죽이게 될지 모른다. 그런 짓거리를 저지르고 나만 살아남을 수
없으니 나도 바로 목숨을 끊어야 할 게다. 그러나 그렇게 자식과 함께
죽어봐야, 아무도 우리를 기억하지 않을 것이다. 우리는 어차피 이
사회에서 '비용'일 뿐이니까.
그로부터 반년이 지나고, 박경석과 오세훈 서울시장이 만났다. 1년
넘게 이어진 지하철행동에 두어 달가량 맹공을 퍼붓던 오 시장에게
전장연이 끈질기게 공개 면담을 요구한 결과 겨우 성사된 자리였다.
오 시장은 판사라도 된 양 중립적인(?) 표정으로 박경석의 호소를
들었다. 그러나 대답은 언제나처럼 한결같았다. "(지하철을 지연시키는
행위는)철도안전법에 분명히 엄청나게 위반되는 중범죄입니다",
"우리 사회에 이 정도 사회적 강자는 없습니다. 어떻게 이렇게 대놓고
법을 무시하십니까?" 이 말을 할 때만큼은 그의 눈빛이 유난히

단호해졌다.

박경석이 다시 간절하게 "우리가 사회적 강자라고 말하기 전에 진짜 사회적 강자인 기획재정부에 장애인 권리 예산의 책임을 물어주시기를 부탁드립니다. 지하철 1분 늦으면 큰일 난다고 하시는데, 장애인들의 지연된 시간에 대해 시장님께서는 어떤 답을 주시겠습니까?" 물었지만, 그는 즉답을 피했다. 그저 시위 방식에 대한 훈계만을 쳇바퀴 돌듯 몇 번이고 반복했을 뿐이다.

50여 분간의 짧은 면담이 마무리될 때쯤, 오 시장은 "재원이 부족하다"고 덧붙였다. 그 자리에 동석한 김상한 서울시 복지실장도 마침 오 시장을 거들며 이런 논리를 반복해온 터였다. "과연 24시간 활동지원이 필요해서 혼자 생활하시기 어려운 분이 자립생활을 얼마나 잘할 수 있으며 지역사회에 얼마나 잘 정착할 수 있을지 어려움이 있을 것 같고요. 국가 재정적으로도 한 분당 1억 5000만 원씩 엄청난 예산이 들어갑니다." 박경석의 언성이 조금 높아졌다. "바로 그 비용 문제 때문에 지금까지 기본적인 권리조차도 보장되지 않았습니다. 자꾸 조금씩 좋아지고 있다는 말만 하는데, 국가 스스로의 계획도 안 지키지 않았습니까?"

박경석이 면담 장소 바깥으로 나오자, 기자들이 앞다퉈 그를 둘러쌌다. 기자들은 출근길 지하철 시위를 지속할 것인지 연이어 물어왔다. '비용 때문에 기본적인 권리를 보장할 수 없다'는 말을 공식적으로 내놓은 오 시장과 서울시 복지실장의 말에 주목하는 이는 단 한 명도 없었다. 기자들이 떠난 자리, 박경석이 조금은 긴장이 풀린 표정으로 담배를 입에 물고 말했다. "이 사회가 T4 사회인 걸 오늘 아주 정확하게 보여주지 않았나? 장애인들이야 죽어나가건 말건, 권리를 빼앗기건 말건, 다 돈 문제랑 지하철 막히는 거에만 관심 있지."

"한 명의 장애인에게 매일 국가가 쓰는 돈 5.5라이히스마르크, 5.5라이히스마르크로 4인 가족이 살 수 있다." "6만 라이히스마르크! 한 사람의 장애인이 죽을 때까지 국가에서 쓰는 돈. 그것은 당신의 돈이고 우리 공동체의 희생입니다."

사람들에게 이 말이 어떻게 다가올지 모르겠어요. 뭐 심각한 말이라고 생각이나 할까요? 오히려 당연한 말이라고 생각할 사람도 많을 거 같은데. 이 사회에서는 돈이 제일 중요하고, 성장이 제일 중요하잖아요. 사회적 자원을 쓸모없는 사람들한테 '낭비'하면 안 되는 게 지금 상식으로는 맞는 거지. 그러니 정부나 정치인들, 지자체 관료들도 이런 비슷한 말들을 너무 쉽게 내놓을 수 있는 거고.

그런데요, 이건 사실 나치가 선전 문구로 사용했던 말이에요. 나치는 이 논리로 장애인들 엄청 많이 죽이기도 했죠. 사람들이 나치 하면 보통 유대인 학살을 많이 떠올리는데요, 나치는 유대인만 죽인 게 아니에요. 장애인도 죽이고, 집시도 죽이고, 사회주의자도 죽이고, 성소수자도 죽이고, 폴란드인도 죽이고, 슬라브인도 죽이고……. 그때 살해당한 사람들 상당수가 인종주의, 우생학적 근거를 명목으로 죽었잖아. 그렇잖아도 오랫동안 열등한 존재로 취급받던 장애인들이 거기서 빠질 리가 없지.

더군다나 장애인들은 많이 죽이면 죽일수록 나치 입장에서야 비용도 절감되니까 더 좋잖아. 일석이조지 뭐, 전쟁도 해야 되는데. 평소에도 그렇지만, 전쟁 같은 극한의 상황이 닥치면 이런 사람들 가치가 유난히 현저하게 저하되는 거야. 국가 단위로 너 죽네 나 죽네 하는 상황에서 이 사람들이 어디에 쓸모가 있겠어.

나치는 비용 논리 열심히 홍보하면서 1939년부터 1941년까지 '안락사'라는 명목으로 장애인 대량 학살을 자행하기도 했어요. 이걸 'T4 작전'이라고 부르거든요. 'T4'라고 하니까 뭐 대단한 게 있는 것 같지만, 사실 그렇게 심오한 이름은 아니에요. 히틀러가 장애인들 죽이라고 지시하면서 만들어진 기관의 본부가 베를린 티어가르텐 4가에 있어서 거리 이름을 따와 암호명으로 T4라 부른 거죠. 이 작전으로만 장애인이 7만 명 죽었어요. 나치가 장애인을 죽인 게 이게 다가 아니기도 하죠. T4 몇 년 전부터 시설에다가 장애아동들 모아다 가둬놓고 굶겨 죽여보기도 하고, 약물 주입해서 죽여보기도 하고. 전쟁 시작하고 나서부터는 점령지 장애인들은 그냥 총기 난사해 죽여버리기도 하고. 계속 죽이다 보니까 이제는 어떻게 죽이는 게 제일 효율적인지, 어떤 게 제일 돈이 적게 드는지 공부도 해보고.

그렇게 나치 지배기 동안 죽은 장애인들이 T4 희생자들 포함해서 뉘른베르크 전범 재판에서 공식적으로 언급된 것만 30만 명이나 돼요. 비공식적으로 얼마나 되는지는 가늠도 안 되지. 1930년대부터 독일에서는 장애인 단종수술도 당연한 것처럼 이뤄졌는데, 이거까지 치면은 뭐, 정말 나치의 장애인 말살 작전은 어마어마한 규모였던 거야.

그런데 이 엄청난 범죄는 왜 오늘날 이렇게 잘 알려져 있지 않을까요? 특히 유대인 학살이랑은 기억되는 수준이 완전 다르잖아요. '나치가 장애인들 죽였다더라. 아! 그렇구나' 하고서 잠깐 안타까워해 주고 또 금방 잊어먹는 거지. 장애인들 죽이면서 사람 효율적으로 잘 죽이는 기술 배워다가 수용소 가스실에서 유대인들 학살할 때 써먹었다고도 하는데, 이것도 사람들에게는 한 개도 안 중요할 거야. 단순히 유대인이 장애인들보다 훨씬 더 많이 죽어서? 그럼 30만 명은 기억되기엔 너무 적은 건가?

사람 목숨은요, 단순히 숫자로 비교할 문제가 아니에요. 사회에서 존재감이 없는 사람일수록 피해자 개개인의 서사는 사라지고, 단순히 숫자로만 기억되곤 하는데요. 사실은 한 사람만 저렇게 죽어도 얼마나 비극적인 건데요. 한 사람이 맺고 있는 관계 모두가, 한 사람의 세계 자체가 단숨에 아무런 의미도 없이 사라져 버리는 건데.

유대인 학살은 물론 역사적으로 심각하게 반성해봐야 하는 문제가 맞죠. 이런 일이 다시는 일어나서는 안 되지. 그런데 저는 유대인들의 죽음만 역사적으로 부각되는 건 문제가 있다고 봐요. 나치 폭력이나 인종주의, 우생학의 피해자성을 어떤 사람들만이 역사적으로 독점해서는 안 되는 거잖아요. 그렇게 누군가가 구조적, 역사적 폭력의 피해자성을 독점할 수 있다는 건 역사 해석에도 권력이 반영된다는 걸 분명하게 보여주는 거기도 하고요. 실제로 지금 시오니스트들이 행사하고 있는 권력이랑 이런 상황이 무관한 게 아니잖아. 완전히 중립적이고 객관적인 역사란 게 어딨겠어. 역사란 건 결국 그걸 해석하는 사회 내 힘들 사이의 역학 관계 속에서 쓰이는 거지.

중증장애인들 봐봐요. 지금도 이 사회에서 완전히 변방에 내몰려 있어요. 사실은 아예 보이지도 않지. 나만 해도 비장애인일 때는 장애인들 지역사회에서 본 적도 없어요. 그러니 나도 그때는 아예 관심도 없었지. 사람들도 많이들 그럴 거 아녜요. 이렇게 어차피 보이지도 않는 사람들인데, 비참하게 죽어나가도 딱히 심각한 문제가 될 것도 없죠. 죽는 게 너무 일상적이라 죽어봐야 딱히 참사 축에도 못 들고. 상황이 이런데, 역사 속에서 이런 사람들 선조들이 죽은 게 뭐가 그리 중요하겠어요. 이 사람들이 겪어온 비극적 역사도 어차피 주류 역사에서는 그냥 쬐끄만 부산물일 뿐인 거지.

애초에 지금 사회에서 존재감이 없는 사람들의 과거 비극들은요, 그 사람들의 존재감이 이 사회에서 작은 만큼, 역사에서도 기억될 가치가 없는 거예요. 모든 유대인들이 다 나쁜 거야 당연히 아니죠. 그런데 지금도 선민의식 가지고서 팔레스타인 사람들 죽여대는 시오니스트들, 경제적, 문화적, 정치적으로 잘나가는 유대인들과 장애인들 한번 비교해봐요. 이 사람들이 가진 힘 자체가 장애인 따위와는 게임이 안 되잖아. 심지어 이런 비판을 하면은 그냥 반유대주의자, 나치 인종주의자로 몰아버릴 수 있을 정도로 걔네는 힘이 있는 거야. 그냥 쬐끄만 한 부문 문제로 여겨지는 장애문제보다 민족, 인종 문제가 훨씬 더 '보편적'인 문제로 흔히 여겨지기도 한다지만(사실은 이런 발상도 큰 문제죠), 힘없는 민족, 인종 들이 이 사람들한테 학살당하고 있는 거 보면은 그것도 정작 나치의 유대인 학살만큼 역사에서 그다지 조명받지 못하고 있기도 하고.

넷플릭스에 나치 때 T4를 다룬 〈우리 죄를 사하여 주옵소서 Forgive Us Our Trespasses〉라는 짧은 영화가 있거든요. 이 영화 끝날 때쯤 보면은 이런 문구가 나와요. "장애인들의 역사는 그렇게 서서히 잊혀 갔다." 이 영화를 딱 보는데, 이야! 이 말이 제게는 엄청 와닿는 거예요.

그리고 이렇게 힘없는 사람들의 과거가 망각되는 동안, 과거와 유사한 일들은 미래에도 계속해서 반복돼요. 악순환인 거지.

지금 힘이 없으니까 과거가 기억이 안 되고. 과거가 기억이 안 되니까 또 사회에서 힘이 없어지고. 그러니께네 지금도 계속 죽어나가건 말건 사회에서 별 관심도 못 받고. 나치 때처럼 지금도 똑같이 비용 논리로 국가가, 사회가 장애인들의 권리를 빼앗고, 심지어 죽여버릴 수 있는 것도 그래서라고 봐요. 충분한 애도와 반성이 이뤄지지 않는 역사적 비극의 결과란 게 결국 이런 거죠.

이제는 국가가 직접 죽일 수가 없으니까, 장애인들이 알아서 죽게 만들어요

어떤 사람들은 제가 나치 때 T4랑 지금 한국 사회에서 장애인들이 죽어가고 있는 거를 연결시키면 많이 불편해하더라고요. 지하철행동하면서 T4가 지금도 이어지고 있다고 이야기하면 비웃는 사람들도 있고. "지금 그런 일이 벌어지고 있을 리가 있냐. 장애인들 국가에서 다 먹여 살려 주고 얼마나 좋냐"라는 거지.

이게 따지고 보면 다 뻥이지만, 그래도 시대가 많이 바뀐 것도 사실이긴 하거든. 보건복지부도 맨날 장애인들보고 "사랑합니데이" 말해대고. 윤석열도 오세훈도 '약자와의 동행' 이야기해 가면서 겉으로는 장애인 챙기는 것 같은 이벤트들 열어대고. '우영우 열풍' 때도 그랬는데, 사람들도 이제는 어쨌거나 이 사람들 따뜻하게 잘 보살피자 정도의 생각은 가지고 있기도 한 것 같고. 그런데요, 지금 이 사회에도 나치 때랑 뭔가 비슷한 메커니즘이 관통하고 있지는 않나요?

1925년, 그러니께네 나치가 집권하기도 훨씬 전에 바이마르 공화국 독일에서 장애인 부모들 대상으로 설문 조사를 하면서 이렇게 물었대요. 치료될 수 없는 지적장애로 고통받는 이라면 생명을 단축해도 좋으냐고. 부모들이 뭐라고 답했는지 아세요? 70퍼센트가 넘는 부모가 장애인 생명 단축해도 좋다고 답을 했어요. 장애인 부모들도 그렇게 생각을 하는데, 장애인 가족 안 둔 비장애인 대중들은 어땠겠어요?

지금 한국에서는 어떨 것 같아요? UN장애인권리위원회 위원들에게 이 말 해주니까 아주 경악을 하던데요. 아버지가 장애인 아들을 망치로 머리를 때려 죽이는 일이 이 문명사회라 자부하는 곳에서 버젓이 일어나고 있어요. 죽이는 방법도 다양하죠. 스카프로 목 졸라 죽이고, 옥상에서 던져버리고. 공적 지원도 얼마 없는 상황에서 혼자 부양하기가 너무 힘드니까 장애인 자식 죽이고서 자기도 죽어버리는 부모들은 또 얼마나 많은데. 뭐, 이뿐인가? 폭우 참사로도 죽어나가고, 가난한데 활동지원도 제대로 제공 못 받아가지고 보일러 고장나면 그대로 얼어 죽고, 불나면 그대로 불타 죽고, 돈 없어가지고 굶어 죽고.

언론에 공개된 사례만 해도 정말이지 수두룩해요. 언론에 공개 안 된 거까지 더하면 또 얼마나 많을까? 우리가 지하철 막을 때의 반의반만큼이라도 사회에서 주목을 안 하니까 잘 알려지지 않을 뿐이지. 하긴 뭐 이 사람들 죽어봐야 사회적으로 무슨 의미가 있겠어요. 애초에 존재감도 없었던 사람들인데. 그렇게 태어났으면 이런 비극이 벌어지는 게 당연하다고 생각하는 사람들도 많잖아.

지금은 물론 국가가 장애인들 대놓고 직접 죽이지는 않죠. 히틀러가 또 "이런 가치 없는 생명들은 죽여주는 게 더 인도적인 것이다" 이렇게 말하기도 했다는데, 지금은 아무리 악질적인 정권이 들어서 있어도 국가가 대놓고 그렇게 이야기하긴 힘들 거 아냐.

그런데요, 이제는 국가가 대놓고 직접 죽일 수가 없으니까 장애인들이 알아서 죽게 만들어요. 자살을 하게 만들거나, 가족들이 죽이게 하거나, 아니면 조금 위험한 상황이 닥쳤을 때 그냥 대책 없이 죽게 두거나. 이젠 우리가 죽일 수 없으니까 너네가 알아서 죽이고 죽으라는 거지. 장애인을 죽이는 권력이란 게 이제는 철저히 개인화된 거예요. 그러니 국가 입장에서야 당연히 장애인의 죽음에 대해서 책임을 회피하기엔 더 좋을 테고.

나치가 죽이는 방식이 잔인하다고는 다들 인정하는데, 그럼 부모가 자식 때려 죽이는 방식은 안 잔인해요? 나치처럼 수백, 수천 명을 한꺼번에 죽이지 않고, 그냥 이렇게 부모가 알아서 한 명 두 명씩 자식 죽이도록 내버려두는 건 안 잔인한가? 그냥 얼어 죽거나 불타 죽는 건? 어떤 면에서는 이게 더 잔인한 거 아닌가? 보다 보면 이 사회는 아주 모순적이에요. 나치가 그렇게 사람 죽이는 건 용납이 안 되고, 지금처럼 장애인들이 이렇게 죽임을 당하는 건 용납이 되는 건가요?

장애인 친족 살해 사건들 재판 결과에 대한 반응을 보면은요, 정말로 이 사회가 장애인들을 어떻게 취급하고 있는지가 분명하게 드러나요. 이 가족들 대부분 집행유예로 풀려나거든. 살인치고는, 특히 친족 살인치고는 처벌 수위가 엄청나게 약한 거지. 그런데 이런 사건 이야기 들으면, 대부분의 사람들은 또 이렇게 반응을 해요. "아이고. 장애인 가족 보살피느라 얼마나 힘들었겠어. 집행유예라니 그래도 한국 사법부는 아직 온정이 넘치는구나."

심지어 정치적으로 진보적인 입장을 가진 분들조차 그런 반응을 많이들 보이는데요. 이 말들 얼핏 보면 그럴싸해 보이기도 해요. 이 살인의 책임을 부모에게 몽땅 덧씌워서는 당연히 안 되는 거니까. 그런데요, 적어도 이런 이야기를 하려면 그때 맞아 죽은 장애인 입장도 좀 생각을 해봐야 하는 거 아니에요? 자다가 갑자기 부모한테 망치로 맞아 죽었는데, 그렇게 맞아 죽은 사람 목소리는 이 사건에 대한 해석들 그 어디에도 없어. 이 사람들한테도 장애인의 존재는 그냥 철저하게 보호의 대상이자 돌봄의 부담 외에는 아무것도 아닌 거야.

그러니 비장애인들은 이 사건에 감정이입을 하더라도 그저 살인을 한 비장애인 가족들 입장에만 감정이입을 할 수밖에 없는 거예요. 상황이야 어찌 되었건 살인은 분명 살인인데, 자식 죽인 장애인 부모 옹호한다면서 이걸 살인이라 부르지 말자고까지 하기도 하고. 범죄 피해자는 있는데, 정작 죄를 저지른 가해자는 어디에도 없는 거야. 지금도 많은 비장애인들에게는 장애인들 고통받고 죽는 거랑 비장애인 고통받고 죽는 게 같은 무게로 다가오지 않으니까, 이런 이야기도 쉽게 할 수 있는 거겠죠.

그렇다고 이렇게 말하는 사람들이 이런 사건이 일어나게 만든 구조에 대해서 진지하게 문제 제기를 하냐 보면은 안 그런 경우가 또 대부분이야. 이런 장애인 친족 살해는 굉장히 특별한 케이스로만 보는 경우가 많으니까. 사건 자체의 자극성에만 주목할 게 아니라 그런 사건이 자꾸 발생하는 원인을 물어야 하는 건데, 사회적으로 존재감이 없는 사람일수록 그들이 어떻게 죽어나가도 그 비극에 대한 구조적 원인 같은 거는 잘 밝혀지지도 않는 거거든. 그러니 이 사태에 대해서는 사람들도 안타깝다는 말밖에는 할 말이 없겠죠. 그놈의 유감이다, 유감이다, 이런 태도 속에서 국가나 사회 시스템 전체의 문제는 그냥 무시되는 거죠.

목소리가 없는 사람, 존재 자체가 삭제된 사람, 사람 취급도 받지 못하는 사람이 처해 있는 상황이란 게 딱 이런 거예요. 아무리 비극적인 일을 당해봐야, 아무리 비참하게 죽어봐야 이 희생자 당사자들 입장에서 생각을 해보려 하는 사람들이 여전히 없다는 거.

그거에 대한 구조적 해결책도 진지하게 논의되지 않는다는 거.

차라리 장애인 이동권 이야기를 하면요, 대중들이 그래도 쉽게 공감을 해. 우리 시위하는 거 싫어하는 사람들도 속으로는 인정하는 부분이 있을걸? "그렇지. 사람이 이동을 못 하면 큰일인 건 맞지"라고. 자기들에게 이동이란 게 굉장히 소중하고, 장애인 이동권 보장되면 사실 자기들도 편하거든.

그런데 부모한테 맞아 죽는 장애인들 처지 같은 거는 평범하게 사는 비장애인들 입장에서는 이동 문제랑 다르게 도무지가 공감을 할 수가 없는 거야. 저런 처지 자체를 상상해보지도 못했을 테니까. 대부분의 사람들은 어차피 장애인들이 겪는 일들은 내게는 절대 벌어지지 않을 일이라고 생각할 테니까. 제가 강의를 할 때 가끔 이런 질문을 해봐요. "만약 내게 죽을 방법이 얼어 죽거나 불타 죽거나, 두 가지밖에 주어지지 않았다면, 어떻게 죽고 싶어요?" 그러면 사람들은 "에이, 참" 하고 웃으면서 농담처럼 받아넘기더라고. 진짜 자기랑 완전히 상관없는 일로 많이들 생각을 하시는 거죠. 난 현실에서 벌어지고 있는 일을 말한 건데 말이야.

하긴, 어딘가에 핵폭탄이 떨어져도 자기에게는 그 피해가 오지 않을 거라고 생각하는 게 사람들 마음이잖아. 지금 같은 각자도생 사회에서 살아가는 사람일수록 더 그러겠지. 핵폭탄이 떨어진대도 그런데, 애초에 자기랑 아예 다른 세상에 사는 것 같은 장애인들의 죽음이 어디 보이기나 하겠어요?

기재부는 정말로 한국판 T4 본부예요

22년에 어떤 날에는 고작 하루 사이에 장애인 가족 살해 사건이 두 번씩 일어나고 그랬거든요. 그 시기를 즈음해서 집회를 하는데, 발달장애인들이 이 장애인 가족 살해 사건을 두고서 막 발언을 하는 거야. 엄청 공들여 가지고 글도 써오고. 그러면서 "우리를 죽이지 마십시오" 이렇게, 정말이지 절절하게 호소를 하더라고요. 장애인 가족 살해 사건은 사실 그전부터 계속 있었던 일이고 그래서 저는 이걸 T4랑 연결시켜서 종종 생각을 하긴 했거든요. 그런데 그때 그 발언들 들으면서 유난히 이 감각이 강해지더라고요. 그때 딱 나의 동물적 감각이 발동되면서, "야! 진짜로 지금 한국 사회가 딱 T4 사회다!"라고 확신을 하게 된 거지.

나치 때건 지금이건 장애인들이 이렇게 죽어나가는 데는요, 앞에서도 말했지만, 정말이지 기획재정부가 아주 결정적인 역할을 하고 있어요. 결국 장애인들하고 장애인 가족들한테 '니가 알아서 살아라. 죽든가 말든가 니네 책임이다'라는 거는 국가의 자원을 제공하지 않겠다는 거잖아요. 그리고 그 자원에 대한 통제 권한이 가장 많은 건 당연히 기재부고요. 기재부는 정말로 한국판 T4 본부예요.

그러고 보면 전장연의 주 투쟁 타깃은 몇 년 전까지만 해도 대부분 보건복지부였어요. 복지부 장관 집 앞에서 부자 아파트 경비원들에게 엄청 시달려가면서 몇 날 며칠 농성도 해보기도 하고, 복지부 건물이 과천에 있을 때나 안국동에 있을 때나 세종시로 갔을 때나 진짜 하루가 멀다 하고 그 앞에서 기자회견하고 집회하고 싸우기도 했었지. 어떤 복지부 공무원들은 그래서 지금도 전장연에 아주 이를 갈고 있을 거야. 우리가 그렇게 할 수밖에 없었던 건, 장애인 관련 법과 제도들이 복지부 소관으로 많이 몰려 있으니까, 그렇게 하는 게 당연하다고 생각을 했던 거거든.

그런데 복지부랑 그렇게 열심히 싸워서 협상 테이블에서 뭔가를 얻어내더라도 결국에는 되는 게 없더라고. 그래서 왜 우리 요구가 관철이 안 되나 더 고민을 해보니까, 결국 국가가 예산을 짜는 방식이 제일 문제더라고요. 복지부가 문제 해결 의지를 가지면 뭐 해. 기재부가 돈 안 주면 다 꽝인데.

예산에서는 기획재정부가 그만큼 절대적인 권한을 가지고 있어요. 거의 독재 수준이죠. 완전 왕 중의 왕이야. 정부 부처 중에서도 갑 중의 갑이고. 국회도 기재부 앞에서는 예산 문제를 제대로 건드리지도 못하는데요, 뭐. 헌법 57조에도 나와 있듯이, 국회는 정부 동의 없이 특정 부문의 예산 증액이나 새 비목을 설치할 권한이 없고 정부 예산안을 심의할 권한만 가지고 있으니까, 이건 당연한 거야. 예산에서는 그나마 국민들의 의사를 대변한다는 국회의 권한마저도 매우 제한적인 거지.

그럼 각 정권은 국민들 권리 충실히 보장할 수 있게 적절히 기재부 통제해가면서 잘하나 보면은, 그것도 아니거든. 문재인 정권이 촛불로, 역사적인 민중 저항으로 들어섰다고들 하는데, 그럼 뭐 해. 이 정권도 기재부에 전혀 영향력을 행사하지 못하던데. 정말이지 심하게 무능해 보일 정도로.

실제로 저희가 박근혜 정권 내내 1842일 동안 광화문 지하도에서 장애등급제, 부양의무자 기준, 장애인 거주시설 폐지를 걸고 농성을 해가지고, 촛불 이후에 문재인 정권 복지부가 장애등급제랑 부양의무자 기준 폐지하고 탈시설 정책 적극 추진하겠다고 약속해서 농성도 접었거든요. 이것들은 문재인 전 대통령도 후보 시절부터 약속을 했던 거기도 하지. 그런데 대통령이 말하고 복지부가 약속을 하면 뭐 해. 각 정부 부처랑 약속한 것도 기재부가 예산 반영을 제대로 안 하니까 그냥 다 휴지 조각이 되어버리던데.

문재인 정권은요, 명목상 우리 약속 지킨다고 정부 각 부처들이랑 이런저런 TF도 꾸리고 이것저것 많이 하기도 했어요. 그런데도 결국에는 기재부가 짜놓은 예산에 맞춰가지고 이 정책들을 다 진행하다 보니까 제대로 되는 게 하나도 없는 거야. 문재인 정권이 맨날 민주주의 강조해댔는데, 어차피 통과도, 시행도 안 될 의견 가지고서 공무원들 만나서 이야기만 하면 그게 정말로 민주주의인가? 거기 앉아 있는 사람들 전부 다 어차피 기재부한테는 찍소리도 못할 사람들인데 말이야.

오죽했으면 문재인 정권 때, 우리가 맨날 "여기가 기재부 나라냐?" 외쳐대며 싸웠겠어요? 그때는 진짜로 기재부랑 제대로 싸우려면, 광화문 지하도 농성을 풀지 말았어야 했나 싶기도 하더라고.

그래도 윤석열 정권 되고서는 우리가 문재인 정권 말기부터 열심히 지하철행동을 해오기도 했고, 국회의원들 따라다니면서 만나고 해가지고, 22년 국회 상임위에서도 결국에는 부족하나마 장애인 권리 예산 증액이 필요하다고 합의를 했거든? 우리 권리 예산 증액 요구안 1.3조 중 절반 정도는 국회에서도 결국 증액하자고 한 거지. 그런데 이게 기재부한테 또 바로 까인 거야. 그러고서 결국 기재부 맘대로 23년도 예산이 집행이 되어버리데? 그때 다시 한번 깨달았어요. 아! 국민이 뽑은 대표들이 합의한 결정조차 단숨에 거부할 수 있는 힘이 정부의 한 부처에 있는 게 확실하구나. 이야! 기재부는 정말이지 힘이 막강하구나. 그런데 사회적 자원 분배권을 이렇게 정부 한 부처가 독점하고 있는 게 도대체가 말이 되긴 하는 건가? 이게 도대체가 민주주의 사회이긴 한 건가?

심지어 국회의원이나 대통령 같은 선출직, 그러니께네 '어공'['어쩌다 공무원이 된 사람들'. 보통은 선거로 당선된 선출직 공직자나 기한이 정해져 있는 임명직 공직자를 의미한다] 들과 다르게 기획재정부 관료들은 '늘공'['늘 공무원인 사람들'을 의미한다] 이잖아. 이 집단이 마피아 집단같이 '모피아'가 되어가지고, 자기들 권력 계속 유지하는 게 제일 중요한 어마어마한 권력이 되어버린 거야. 대통령이건 뭐건 아무리 이야기해봐야, 이 모피아들이 재정전략회의에서 올해 전체 예산을 '실링'의 방식으로 제한해 버리면 답이 안 나와요. 지금은 윤석열이랑 기재부랑 죽이 잘 맞는 거 같으니까 뭐, 그 힘이 더 강력하게 행사되고 있는 거고.

상황이 이러니 복지부도 딱 한정된 예산을 두고서 우리한테 맨날 이 말만 쳇바퀴처럼 반복을 하는 거지. '예산이 이렇게 편성되어 가지고 이거밖에 쓸 수 없다.' '장애인 예산 늘려주면 좋은데 그럼 또 다른 중요한 예산 줄여야 된다.' '그런데 너네만 힘든 게 아니지 않느냐.' '다 힘들다. 그러니 거기에도 예산 투입해야 된다. 그래서 돈이 부족하다. 우리도 열심히 노력했지만 어쩔 수가 없었다.'

부자들이 예산 좀 더 받으려고
우리처럼 도로 막고, 지하철 막고,
바닥에서 기어대는 거 봤어요?

그 결과가 뭐겠어요? 어떤 정권이 들어서건 중요한 곳에 쓰일 각 예산들이 결국 그 실링 안에서 서로 자기 거 더 달라고 싸울 수밖에 없게 되어버리는 거예요. 안 죽으려면, 자기 인생이 바닥을 안 치려면 결국 약한 사람들끼리 서로 내가 너희보다 더 급하다, 나한테 먼저 예산 좀 내놔라 하면서 싸워가야 하는 거죠.

제가 그런 말을 종종 하는데요. 이이제이以夷制夷도 이런 이이제이가 없어요. 우리같이 못사는 사람들은 기재부 입장에서 보면

다 그냥 오랑캐인 거지. 쪼끄만 이익들 두고서 서로 야만적으로 싸우는. 진짜 문제는 기재부에 있는데 애먼 사람들끼리 니가 더 절박하니, 내가 더 절박하니 서로 싸우면서 기재부가 정해준 파이 놓고서 전투를 벌이는 상황이 반복되는 거야. 그러니께네 아무리 장애인들에게도 시민권 보장하는 게 중요하다, 차별을 없애야 하지 않겠냐 외쳐봐야, 결국 기재부의 비용 논리 한 방이면 다 끝나버리는 거지.

특히 경제 논리에 빠진 관료들은 아주 그러한 태도가 고착화되어 있거든요. 권리에 따라, 누가 당장 죽느냐 마냐 가지고 예산 짜는 기준 같은 게 어딨겠어요. 그냥 딱 효율성, 생산성 기준만 있지. 나라가 회사도 아닌데 투자에 따른 경제적 효과나 운운해대고, 맨날 재정 건전성 어쩌고저쩌고하면서 사회적 약자들에게 자원 배분 잘 해주면 나라 망할 것이라고나 해대고. 이 나라한테는요, 정말로 권리나 생명보다 돈이 더 소중해요. 기재부 관료들, 우리 잘 만나주지도 않지만, 겨우 만나가지고 사람이 죽어가고 있다, 부모한테 맞아 죽고 있다, 제발 장애인의 삶을 더 이상 가족이나 장애인들 개개인만이 아니라 국가가 책임질 수 있게끔 예산 좀 투입해라 말해봐야, 이 사람들 눈썹 하나 까딱 안 해. 이 사람들에게는 장애인들 파리 목숨 따위 숫자 놀음에 비하면 하나도 소중한 게 아닌 거죠.

그런데 기재부가 정말로 신기한 게요, 실제로 분배하는 방식

보면 결국 경제적 효과도 증명된 것도 아닌 것 같고, 불평등만 심화시키는 방향으로 사용될 예산들은 아주 금방 다 짜버리더라고. 부자 감세, 부동산 감세, 재벌들 예산 지원 같은 거 그렇게나 쉽게 하는 것 보세요. 부자들이 예산 좀 더 받으려고 뭐 우리처럼 도로 막고, 지하철 막고, 바닥에서 기어대는 거 봤어요? 그냥 우아하게 앉아서 관료들이나 정치인들에게 말 몇 마디 하거나, 가만히 기다리기만 해도 다 끝나는 걸 가지고.

장혜영 전 의원이 언젠가[23년 3월 22일, 국회 기획재정위원회 전체회의] 이렇게 지적을 했더라고요. "전장연이 지난해 장애인 권리 예산이라는 이름으로 1조 3000억 정도를 2023년 예산에 증액해달라고 했습니다. 실제로 기재부가 반영했던 예산은 106억 원이었어요. 요구된 것의 1퍼센트도 되지 않는 0.8퍼센트를 반영하셨는데요. (…) 그런데 이번에 통과시키려는 반도체법은 [세액공제 규모가] 5년간 7.3조 원이고요, 연간으로 따지면 1.4조 원이고 거의 대부분 두 개 기업에 몰아서 깎아주게 되잖아요. (…) 왜 부자에게 돈을 주면 투자이고, 빈자나 장애인에게 주면 비용이라는 논리를 대한민국이 벗어나지 못하는 것인지 저는 이해가 되지 않습니다. (…) 저는 그 1조 3000억을 반영시키지 못하는 대한민국 정부와 국회가 대기업 반도체 세금 깎아주고 효과도 불확실한 정책을 하는 데에는 1.4조 원을 펑펑 쓰고 있는 상황을 도저히, 용납할 수가 없어요."

난 솔직히 기재부가 이렇게 하는 게 더 나라 망하게 할 것 같은데? 하하, 안 그런가? 국가의 가장 기본적인 역할이란 건 권리를 보장하는 거잖아요. 그러니 불평등을 없애려고 조금이라도 노력을 해야 하고, 사회적으로 가장 자원이 조금 배분되고 있는 사람들이 누구고 그래서 이 사회에서 가장 취약한 사람들이 누구인지 파악을 해봐야죠. 그런데 그런 거에는 하나도 관심이 없고, 이렇게 잘사는 사람들에게만 사회적 자원을 몰아줄 생각만 해대면, 그게 정말로 나라 역할을 제대로 하는 거예요?

지금은요, 정말로 기재부를 해체해가야 하는 시기예요. 모피아들의 기득권을 사수하는 꼴을 더 이상 내버려둬서는 안 되는 거야. 그러니께네 우리뿐 아니라 사회운동 진영이 모두 힘을 합쳐가지고 기재부를 타격하는 투쟁이 정말로 절실하게 필요한 거지. 사회적 자원의 분배권을 기재부로부터 빼앗아 가지고, 민주적인 분배 방식과 권한을 어떻게 만들어갈 것인지, 진짜 진지하게 새로운 대안을 고민해야 하는 시기인 거야.

우리는 모두가 이 죽음들에 대해서 공범인 거예요

그렇다고 한국판 T4의 책임이 기획재정부에게만 있는 건 절대 아니지. 그럼 범위를 조금 넓혀서 대통령에게만? 국회에게만? 아니죠. 몇 번 강조해도 부족함이 없을 것 같은데, 이 사람들도 책임이 크지만, 이 비극의 책임은 사실 우리 모두에게, 이 사회 전체에 있어요. 장애인들 비참한 죽음의 가해자는 철저히 이 사회 구조고 시스템의 문제인 거지. 그걸 누가 유지해가나요? 모든 사람들이 그렇게 하고 있잖아요. 장애인 당사자들도 마찬가지예요. 자기 권리 빼앗아 대는 이 시스템에 반발도 안 하고 그냥 자기 힘든 건 모두 "내 탓이오. 내 탓이오. 내 큰 탓이오!" 하면서 살았잖아. 굴종적인 삶을 자기 자신이 유지를 해온 거지.

이렇게 살아온 이상 우리는 모두가 이 죽음들에 대해서 공범인 거예요. 나하고 전장연한테는 책임이 없을까? 절대로 아니야. 우리에게도 분명히 책임이 있어요. 우리도 그걸 끝장내게끔 더 빨리, 더 열심히 싸우질 못했잖아. 우리가 진작에 더 열심히 싸워서, 진작에 투쟁을 더 잘 조직해가지고 조금이라도 사회를 바꿔냈다면, 안 죽었어도 될 사람들을 몇이나 더 살릴 수 있었을 텐데. 그래선지 요즘엔 이준석이가 지하철행동은 국민의힘 흔들려고 하는 거다라고 갈라치기 전에, 촛불 끝나고 문재인 정권 때 지하철행동을 제대로 시작했어야 했던 건 아닐까 싶기도 하더라고. 아니지, 2001년 이동권 투쟁에 이어서 계속 지하철에서 뻐팅기면서 이 시스템에 제대로 맞서 싸워야 했던 건 아닐까.

나치 때도요, T4의 책임은 단순히 T4 본부에만 있지 않았어요. 장애인들을 죽인 건 그런 사태가 일어나게끔 만들어낸 사회 시스템 자체였죠. 나치 전체주의가 히틀러 혼자만 카리스마가 있어서 성공한 게 아니잖아. 나치를 지지하고 장애인 학살을 암묵적으로 용인한 독일 국민들의 책임도 분명히 있고. 나치가 선전 선동을 잘한 것도 있지만, 거기에 휩쓸려 가게 한 어떤 역사적 조건도 있었겠죠.

그렇다고 이 책임을 또 독일 국민에게만 돌릴 수도 없어. T4의 책임을 물을 범위는 더 넓어져야 돼요. 역사를 잘 살펴보면요. 장애인 단종수술 제일 먼저 합법화한 게 지금은 복지 시스템 그렇게나 잘 갖춰져 있다고 하는 북유럽이었거든. 그 시대에는 미국에서도 대자본가들이 우생학 엄청 지원하고, 사회주의자였던 사람들도 우생학 지지하고 그랬는데 뭐. 독일 우생학도 미국 우생학에 엄청나게 영향을 받았고요.

심지어 당시에는 헬렌 켈러조차 그런 말을 했대요. '정신적 손상을 가진 아동'은 제거해도 된다고. 장애인 인권 향상에 크게 기여했다고 알려진 사람인데도, 지적장애인들은 자기랑 애초에 같은 범주의 사람이 아니었고 그러니 죽여도 된다고 했던 거지. 그만큼이나 생산성 없는 사람들은 죽여도 된다는 인식이 전 세계적으로 이미 일반화되어 있었던 거예요. 나치는 단지 그러한 우생학적 조건들을 아주 효과적으로 잘 활용해먹었을 뿐이지. 뭐, 전략 전술적으로 유난히 훌륭하기도 했을 테고.

지금은 어떨까요? 비용 논리로 장애인들 기본적인 권리 보장이 힘들겠다고 말하는 관료들 논리가 지금도 대중들에게 엄청 잘 먹히잖아요. 서울시장이나 기획재정부장관 같은 국정 책임자란 사람들이 '비용이 많이 드니까 기본권을 침해해도 된다'라는 저런 심각한 발언을 해도 이 사회에서는 실제로 크게 문제가 안 되고요. 지하철행동하다 보면 어찌나 똑똑하신 분인지는 몰라도, "돈만 많으면 너희 요구 들어주지. 한국 경제가 얼마나 힘든 줄 아냐. 그러니 너희에게만 예산 쓸 수 없다"는 말들 참 거창하게 해대죠. 한술 더 떠가지고 "지금 힘든 건 너네같이 쓸모없는 사람들 먹여 살리느라 바쁘게 사는 비장애인들이지"라고 말하는 사람들도 있어. 그런데 이런 말들, 사실은 나치가 했던 말하고 진짜 너무 비슷하고, 맥락도 직접적으로 닿아 있는 거야. 나치도 대놓고서 이런 선전 문구를 떠들고 다녔거든. "장애인들은 건강한 노동자들의 부담일 뿐"이라고. 어째 80년도 더 된 이야기인데, 지금도 너무 익숙하지 않나요?

그런데도 지금 이 대한민국 사회가 T4 사회가 아니라고? 비극적 사건들이 일어날 때는요, 당연히 다들 다른 맥락이 있죠. 서로 다른 사회적 조건이 있을 테고. 하지만 기본 메커니즘이 똑같은데 형태만 다르다고 그 둘이 같지 않다고 이야기하는 건 이어지는 비극적 사태들의 본질을 피하고 싶은 심리일 수 있어요. 그냥 자기 불편하니까 피하고 싶은 거지.

지금은요, 나치도 해대는 말들이 도리어 너무나 합리적인 것으로 여겨지는 사회예요. 지금도 100년 전에 바이마르공화국 독

092

일에서 장애인 부모 대상으로 했던 것처럼 설문 조사 해보면 아마 비슷한 결과가 나올걸? 기껏해야 내용이 조금 다르겠죠. 더 따뜻한 방식으로야 답하겠지. "치료받을 수 없는 장애로 고통을 받는 사람들이라면, 생산성이 떨어져서 자립할 수 없는 사람이라면 죽이기는 좀 그러니까 시설에 넣어놓고 보호하자(까놓고 말해서 사실은 '가둬두자')" 이 정도? 뭐 그래가지고 시설에서 학대당하고 죽는 거는 그냥 어쩌다 벌어지는 특수하고 안타까운 일로만 여겨질 뿐인 거고.

저희가 탈시설 열심히 추진하니까, 또 이거 제일 강력하게 공격하는 게 거주시설에 장애인 자식들 둔 부모들이거든요. 이 사람들이 중증장애인들은 가둬두는 거 외에는 대안이 없다고 우리한테 엄청나게 욕을 해대요. 자기 자식이 갇힌 시설에서 장애인들이 시설 직원들한테 학대당하고, 맞아 죽고 그래도 똑같이 말들을 해. 왜 그러겠어요? 이 사람들도 똑같이 생각을 하는 거야. 장애인이 지역사회로 나오면 자기들이 혼자 다 감당을 해야 하니까 얼마나 부담이 돼요. 이 부모들도 자기만 잘못해서 그런 건 분명히 아니지만, 어떤 사회적 조건 때문에 이미 T4 기조와 딱 일치하게 생각을 하고 있는 거야.

그러니께네 장애인 자식 살해해버리는 사건도 계속 벌어지는 거잖아. 그렇게 죽으면, 또 곧바로 어떤 사람들 딱 나와가지고 그러게 안 죽으려면 진작에 시설 들어가지 그랬냐 떠들어대고나 있고. 그래서 시설도 더 늘려야 되는데, 우리가 그걸 단계적으로 없애나가자, 지역사회에서 다들 권리 누리며 살자 그렇게 말해대니까, 우리를 엄청 공격을 하는 거지. 마침 대통령이나 시장 같은 사람들이 시설에는 돌봄이 있다, 사랑이 있다 치장해서 말해대니까 뭐.

투쟁을 하면서 가장 힘든 게 이런 거예요. 차라리 나치처럼 대놓고서 말하면 싸우는 입장에서도 편해요. 물론 나치 때 싸웠던 사람들이야 상상할 수 없을 정도로 힘들었겠지만, 지금은 상황이 완전 다르잖아요. 어떤 차원에서 보면 억압받는 사람들에 대한 통치 기술이 더 발전한 거 같기도 하고. 지금 같은 민주주의 사회에서, 정부가 온갖 인도주의적 핑계 대가면서 장애인들 계속 억압해대면은 우리도 어떻게 싸워야 되나 머리가 복잡해지는 거지. 그러니께네 대중들도 저쪽에서 이야기하는 논리에 쉽게 넘어가 버리고, 우리 입장에서는 대중들 설득하기도 더 힘들어지는 거고.

슬퍼하지 않는 것들을
제대로 슬퍼하게끔 만들어내는 거예요

전 T4 앞에서 우리가 충분히 슬퍼해야 한다고 봐요. 이게 단순한 것 같지만 말처럼 쉬운 일이 아니거든요. 그냥 자기가 '자 이제부터 슬퍼해야지' 하고서 바로 슬퍼지는 게 아니잖아. 발달장애인 부모들이 더 이상 이런 죽음들 용납할 수 없다고, "사람이 죽었다고요!"라고 아무리 외쳐봐야 지나가는 시민들은 아무런 감정도 못 느끼는데요, 뭐. 저렇게 절규를 하는데 어떤 시민들한테는 그냥 소음일 뿐이겠죠. 그러니 좀 살아보고자 절규를 해도 시끄럽다고, 우리 소음 없이 조용하게 이동할 권리 좀 그만 침해하라고 소리나 질러대고. 경찰들은 그 와중에도 시민들이 소음으로 불편을 겪게 해서는 안 된다면서 부모들 바닥에 패대기쳐 대고 있고. 그러니 시민들과 슬픔을 나누기 위해서라도 이 희생자들이 단순히 짐이 아니라, 존엄성을 가진 존재였다는 것을 이 사회가 깨닫게 만들어야겠죠.

우리가 이렇게 투쟁하는 거는요, 단순히 예산 얼마 더 따내기 위한 것만은 아니에요. 예산도 당연히 중요하죠. 그게 제대로 반영이 되어야 한국판 T4도 막아낼 수가 있으니까. 그러니 기재부가 독점하는 사회적 자원의 분배권도 우리들 손으로 조금씩 빼앗아 와야 하고. 그런데 돈 문제보다 더 중요한 게 있어요. 그건 사람들이 아무리 비참하게 죽어도 딱히 슬퍼하지 않는 것들을 제대로 슬퍼하게끔 만들어내는 거예요. 그러려면 무엇이 필요할까요? 우리 존재가 잊히지 않게 만들어야죠. 기억하게 만들어야죠. 기억하게 만들려면 사회적 관계를 바꿔내야 하는 거고요.

당연한 말이지만, 우리가 아무리 싸워봐야 그게 단숨에 바뀌지 않을 거예요. 관계의 변화란 건 그렇게 말처럼 쉽지가 않은 거야. 그래도 우리는 계속 이 사회에서 우리의 모습을 드러내야 돼요. 누군가는 그러니까 '장애 인식 개선 열심히 해야 된다. 장애인이 위험한 사람들로 보이지 않게' 이렇게 생각하잖아요. 그러니 우영우랑 비교해가면서 장애인들에 대한 인식을 더 안 좋게 만드는 전장연 투쟁 방식이 문제가 있다고 하는 사람들도 있고.

그런데 장애 인식 개선이란 것도 다양한 방식으로 가능한 거예요. 아주 온화한 방식의 장애 인식 개선 교육이란 건 관계의 변화를 만들어내는 데 조금씩 기여하기도 하지만, 어떻게 하느냐에 따라 관계의 변화를 도리어 방해할 때도 있죠.

특히 그냥 '장애인들을 당신들 일상에 편입시켜 주세요. 우리도 알고 보면 착한 사람입니다'라는 방식으로 이뤄지면, 도대체 거기서 어떤 관계의 변화가 생기겠어요? 누군가를 차별하고, 누군가의 권리를 아예 쌩까버리는 사회는 그대로 남아 있는데. 시스템의 문제가 뭐인지 정확히 파악하고 그걸 바꾸지 않은 채로, 그냥 선한 사람만 많아진 사회에 편입이 되면요, 오히려 장애인에 대한 동정과 시혜 정신만 더 강화되어버릴 수도 있는 거거든. 구조가 계속 권리의 공백을 만들어내고 있는데, 그걸 착한 개인이 계속 메꿔나가게끔 만들어버리는 거지.

저는 그래서 그럴 바에는 우리가 지금의 일상을 딱 막아버리고서 우리 존재를 이 사회에 각인시켜가는 게 이 시스템 자체에 문제 제기를 하는 데 훨씬 효과가 클 거라고 봐요. 당신들이 당연한 것처럼 일상을 누리는 동안, 이렇게 비참하게 살아가는 사람들도 있다. 우리도 사람이다. 우리도 존엄하다. 더 이상 우리를 그냥 없는 사람인 것마냥 취급하지 마라. 우리의 존재는, 우리의 생명은 '비용'보다 더 소중하다. 이걸 우리 존재를 드러내면서, 그렇게 이 피 묻은 일상을 멈춰가면서 아주 직접적으로 보여줘야 하는 거죠.

저는 우리가 그렇게 이 사회에 모습을 드러낼수록 사회적 관계가 이미 조금씩 바뀌고 있는 거라고 봐요. 생각해봐요. 우리가 나타나기만 해도 출근길 지하철의 풍경이 바뀌잖아요. 버스의 풍경이 바뀌고, 거리의 풍경이 바뀌잖아요. 거기에서 이미 관계의 변화를 저희는 만들어낸 거예요. 원하던 사회를 단숨에 만들지는 못했더라도, 그 씨앗을 여기서 뿌리고 있는 거죠. 보이지도 않던 사람들의 존재감이 이렇게 세졌다는 거 하나만으로도 얼마나 중요한 변화가 찾아온 건가요? 기껏해야 불쌍하기만 하던 사람들이 이제는 깡패가 되고. 그렇게 깡패가 되어가지고 우리가 여기에 있다, 당신들이 목소리 없는 사람으로 치부하고 넘어갔던 사람들도 목소리가 있다란 걸 보여주는 것만큼 강력하게 인식의 전환을 가져오는 건 없죠. 제가 보기엔 이거야말로 적절한 애도의 과정이고, 쉽게 잊혀버린 사람들의 역사를 기억하려는 노력이에요.

우리가 지하철을 막을 때, 우리가 도로에서 길 때, 어딘가를 점거하고 소리를 지를 때, 우리에게 욕을 퍼부어도 괜찮은데요.

그래도 이 시스템 속에서 죽어나가고 있는 사람들을 잠시라도 한 번씩은 꼭 기억해 주었으면 좋겠어요. 이 사람들이 왜 죽어나가고 있는지, 자기에게는 정말로 책임이 없는지에 대해서도요. 이미 목소리도, 얼굴도 다 지워져서 이렇게 목록으로밖에 남길 수 없지만은 그래도 꼭 한 번쯤은 되새겨 주시길 바랄게요.

．
．

2022년 3월 경기 수원 8세 발달장애아동이 어머니에게 살해당했다.

같은 날 경기 시흥 20대 발달장애여성이 어머니에게 살해당했다.

그의 어머니는 그를 죽인 후 자살을 시도했다.

2022년 4월 충남 아산 6세 발달장애아동이 방치 끝에 아사했다.

2022년 5월 서울 성동 6세 발달장애아동이 어머니에게 살해당했다.

그의 어머니는 그를 안고 투신자살했다.

같은 날 인천 30대 발달장애여성이 어머니에게 살해당했다.

2022년 5월 전남 여수 60대 발달장애여성이 조카에게 맞아 죽었다.

2022년 5월 경남 밀양 발달장애인의 어머니가 자살했다.

2022년 6월 경기 안산 두 발달장애인 형제의 아버지가 자살했다.

2022년 6월 경기 수원 11세 발달장애아동이 어머니가 휘두른 흉기에 찔려
중상을 입었다.

2022년 7월 서울 은평 30대 발달장애여성이 오빠에게 학대당한 끝에
굶어 죽었다.

2022년 8월 대구 2세 발달장애아동이 어머니에게 살해당했다.

그의 어머니 역시 사건 직후 자살했다.

．
．
．

3

탈시설이란 말이
어렵다고요?
그럴 리가요

김 씨가 죽었다. 30대 지적장애여성이었던 그는 대구 달성군에 위치한 장애인 거주시설 한사랑마을에 살고 있었다. 2021년 7월 어느 날, 김 씨는 함께 거주하던 다른 장애인의 양말을 벗기려 했고 이내 시설 종사자 한 명이 다가와 그를 휠체어에 태운 다음 벨트에 묶어 문틈에 고정했다. 그로부터 10분이 지나, 김 씨는 휠체어 벨트에 목이 졸려 실신한 채로 발견되었다. 그는 사건 이후 두 달여간 병원에 입원해 있다가 그해 9월 19일에 사망한 것으로 전해진다.

추후 이뤄진 조사 결과, 김 씨가 그 전에도 학대와 방임을 당한 정황이 확인되었다. 피해자는 김 씨만이 아니었다. 한사랑마을에서 2014년부터 2021년 7월까지 벌어진 학대 사건은 '공식적으로만' 네 건에 이른다. 2010년 설립 당시 한사랑마을은 '대규모 시설에서 발생하는 인권 문제를 방지할 수 있는' 전국 최초의 '그룹홈' 형태 소규모 시설임을 강조한 바 있다. 그룹홈은 자립 지원을 목적으로 한다고 하지만 사실상 장애인 당사자가 '시설 안에' 거주하게끔 하며, 규모만 다를 뿐 운영 방식과 장애인 관리 방식은 대규모 시설과 크게 다르지 않은 장애인 거주시설이다.

김 씨 사망 후, 지속적으로 달성군에 책임을 물어온 대구장애인차별철폐연대 회원들은 23년 5월 31일, 달성군청 앞에 다시 모여들었다. 그리고 그날, 이들은 학대 재발 방지 대책과 탈시설

지원 정책 마련을 요구하며 결의대회를 열고 천막 농성에 돌입했다. 그 자리에는 전국 각지에서 모인 장애인 부모 수십 명도 자리하여 이들과 함께 목소리를 내고 있었다. 그러나 이들은 마냥 환영받지만은 못했다. 막말을 쏟아내며 농성장 천막을 철거하려던 공무원들은 물론이고, 농성장 근방에 모인 한사랑마을 거주 장애인 부모들도 이들을 거세게 비난하고 있었다. 그들의 주장은 단순했다. "외부 세력이 장애인 가족의 동의도 없이 탈시설을 강제한다!"

박경석은 결의대회 장소로 향하던 도중, 우연히 이 부모들과 맞닥뜨렸다. 부모 십여 명은 대화를 하자며 박경석을 삥 둘러쌌다. 곧 한 사람이 박경석에게 말을 쏟아냈다. "내가 우리 애를 거기에 두고 살겠다는데, 왜 당신들이 와서 참견이에요? 이 애가 시설 바깥으로 나오잖아요? 그럼 얘는 못 살아요. 얼마나 장애가 심한 앤데. 당신같이 머리도 잘 굴리고, 말도 잘하는 장애인이 아니란 말입니다. 가족들이 전부 하루 종일 얘 돌보느라 바깥에 나가서 돈을 벌어먹고 살 수도 없어요. 당신이 이렇게 장애 심한 사람들 만나보기나 했어요? 이제 제발 그만 좀 하세요."

박경석은 그 말을 듣고서 차분히 말을 건넸다. "여기 계신 어머님들, 아버님들 상황을 제가 모르는 건 아니에요. 그런데 제가 하나만 물어볼게요. 국가와 지자체 차원에서 자식분들께 지원이 적절하게 이뤄지면, 부모님들 부담을 많이 끼치지 않고도 시설 바깥 지역사회에서 잘 살 수 있어요. 이건 인정하시죠? 그렇게 되어도 탈시설에 반대하실 겁니까? 저희가 주장하고 있는 건 이런 조건을 부모님들, 달성군과 함께 머리를 맞대고 만들어보자는 겁니다. 부족하지만 지금 있는 제도를 통해서도 지역사회에서 지원받으며 잘 살아갈 수 있기도 하고요. 걱정이 되신다면요, 저한테 어떻게 해야 하는지 나중에 꼭 물어봐 주세요. 명함을 드릴게요. 제 주변에도 탈시설한 최중증 발달장애인들이 정말 많고요, 이 사람들 지금 지역사회에 나와서 잘 살고 있어요."

대화를 시작할 때부터 유난히 화가 나 있는 듯 보였던 이는 이 말을 들었는지 안 들었는지, 격앙된 목소리로 고함을 치기 시작했다.

"당신을 어떻게 믿어? 이 시설에서도 학대당한 사람은 '일부'일 뿐이잖아. 우리 애가 거기서 행복하게 잘 살고 있다는데 왜 당신 같은 외부 세력이 와서 난리야?" 순간, 박경석의 언성도 높아졌다. "선생님 자식이 당장 안 죽었으면 끝입니까? 이미 거기에서 다른 장애인은 학대를 당하고 죽었다고요. 자기 자식 아니면 그렇게 두들겨 맞고 죽어나가도 괜찮은 겁니까? 남 일이라고 그렇게 함부로 이야기하지 마세요. 그리고요, 당신들 자식이 지금 학대를 당한 게 안 밝혀졌다고 해서 시설 안에서 잘 살고 있다고 도대체 어떻게 확신을 하십니까? 이미 학대 정황이 여러 번 확인된 그런 시설에 당신 자식을 방치해두는 게 정말로 당신 자식에게 좋은 겁니까? 당신 자식은 장애가 있다고 해서 지역사회 나와서 꿈꾸며 살아갈 자격도 없는 겁니까?"

그러고 보면 비슷한 일은 전국 곳곳에서 수차례 반복되고 있다. 탈시설

기치에 동참하는 사람이 조금씩 늘어나는 만큼 시설 거주 장애인의 부모들뿐만 아니라 시설 운영자들, 시설 종사 노동자들, 정부와 유력 정치인들, 지자체까지 가세한 탈시설 반대 연합의 탈시설운동에 대한 공격은 점점 더 거세진다. 심지어 박경석을 비롯한 탈시설운동 활동가들은 수시로 '장애인 권리를 팔아먹는 악마'로 취급되기까지 한다.

어쩌면 박경석의 표현대로, 어느덧 이 한국 사회에는 정말로 '탈시설 전선'이 명확하게 그어져 버렸는지도 모른다.

작년[2023년 10월 26일]에 천주교 신부[당시 한국천주교주교회의 사회복지위원회 총무 이기수 신부] 한 분이 어떤 토론회에서 참 부끄러운 짓을 저질러놨어요. 지적장애인을 지능별로 나눠서 몇몇 동물들 지능이랑 비교를 한 거야. 대강 이런 식인 거죠. 앵무새, 까마귀 아이큐가 30~40 정도 되는데, 지적장애 1급이 딱 고 정도다. 호랑이나 고양이 아이큐가 45~50쯤 되는데, 지적장애 2급이 고 수준이다. 코끼리나 범고래는 아이큐가 70~90인데, 이 정도면 지적장애 3급이다……

이렇게 사람을 지능으로 등급을 매기는 거 자체가 심각한 폭력이고 차별이잖아요. 그것도 주님 앞에서는 모든 존재가 존엄하다는 걸 설파해야 하는 사람이 말이야. 그렇게 해놓고선 한다는 소리가 지능이 코끼리 이하 되는 사람들은 자립을 할 수가 없대요. 지능이 70이 넘으면 그래도 자립을 할 수 있긴 한데, 그 이하인 사람들은 시설에 가둬놓고 보호를 해야 한다는 거야. 자기 딴에는 이 말이 뭐가 문제인지도 모르고서 장애인 시설 수용 정당화하려고 이런 말을 한 거겠지. 과학적 근거라도 댄 것마냥.

그런데 이게 맞는 이야기예요? 자립이란 건 사람의 기본적인 권리잖아요. 비장애인들한테는 너무 당연한 삶의 한 과정으로 여겨져서, 권리라 생각하기도 힘들 만큼 기본적인 거예요. 그런 권리를 보장받을 자격을 능력 같은 걸로 갈라내는 건 매우 심각하게 문제가 있는 거죠. 아니, 도대체가 어떤 사람이 지역사회에서 살아갈 권리가 있는지를 능력이 있는지 없는지에 따라 판정한다는 게 말이 되나? 어떤 능력이 좀 부족하다고 해서 자기 자유를 가로막히는 삶을 원하는 사람이 있을 리가 없잖아. 시설에 가둬두는 게 제일 정당화되는 사람들은 보통 사회가 의사 표시를 직접적으로 잘하지 못한다고 규정하는 발달장애인들인데요, 그 사람 의사를 다른 사람들이 잘 못 알아먹으면, 그 사람은 자유를 포기해도 된다고 봐야 하는 건가요?

더 큰 문제는요, 이 신부가 하는 거 같은 저 끔찍한 발상에 대해서 우리 같은 사람들이 아무리 문제 제기를 해봐야 그게 이 한국 사회에서는 씨알도 안 먹힌다는 거예요. 지적장애인들 저래 표현한 거가 뭐가 문제인지 아는 사람도 생각보다는 많지 않을 거야. 저 기준에 맞춰서 시설에 가둬두는 게 문제라고 생각하는 사람들도 많지 않을 거고.

일단 장애인들이 저렇게 능력을 평가받아서 능력이 달리면 시설에서 살아가고 있다는 거 자체를 사람들이 잘 모르잖아. 조금

알더라도 그렇게 가둬두는 게 최선이라고 생각을 하겠죠. 능력 없는 인간들은 어차피 지역사회에 나와서 살 수도 없을 테고, 이런 인간들 지역사회에 나오면 다른 '멀쩡한' 사람들도 피곤한데, 저렇게라도 보호해주는 건 굉장히 좋은 일 하는 거 아니냐고 생각할 테니까. 그러니께네 거기 가서 봉사활동도 좀 해주고, 후원도 좀 하고 그러는 게 이 사회에서 마냥 아름다운 일로 여겨지는 거잖아. 그런데 시설이란 곳이 정말로 그렇게 마냥 아름다운 곳이냐 하면은 절대로 안 그렇거든요.

시설에 산다는 건 이런 거야. 수 명이 한 방에서 개인 공간도 없이 살아야 한다는 거. 화장실도 몇 명이 같이 쓰고. 그러니께네 시설 사는 장애인들은 프라이버시라는 거를 하나도 가지지를 못해. 매일 똑같은 시간에 일어나야 하고, 똑같은 시간에 자야 하지. 먹기 싫어도 매일 똑같은 시간에 밥을 먹어야 되고요, 뭘 먹고 싶건 간에 자기가 뭐 먹을지 선택도 할 수가 없어요. 종교도 자기가 선택을 못 하죠. 기독교 쪽에서 운영하는 시설이면은 자기도 그냥 기독교를 믿어야 하는 거야. 밖에 나가고 싶어도 맘대로 외출이나 할 수 있나? 사람이 말이야, 살다 보면 만나고 싶은 사람 만나서 술도 한잔하고 싶고, 사랑하는 사람 생기면 연애도 하고 싶고 그렇잖아. 그런데 그런 것도 당연히 마음대로 못 해. 시설에서는 외출이나 연애 같은 것들 다 일일이 통제받아야 하는 거거든. 그렇게 살아가는 사람이 무슨 꿈을 꿀 수가 있겠어요. 그냥 그게 당연한 줄 알고서 그렇게 쭉 사는 거야. 운 나쁘게 유난히 이상한 시설 가면 더 힘들어지지. 거기에서는 시설 종사자들한테 학대란 학대도 다 당하거든. 자기보다 경증인 다른 장애인들 꼬붕이 되어가지고 심부름까지 다 하는 경우도 있어. 그렇게 온갖 갑질 당하고, 강제 노동도 해야 하고 그러기도 하죠.

시설에 갇혀 사는 삶은요, 인간다운 삶 자체를 빼앗긴다는 차원에서 생각해보면, 사실 죽어 있는 거랑 다를 게 없어요. 사람이 살아간다는 거는 지역사회에서 사람들과 복작거리면서 이런저런 관계를 맺으면서 살아가는 거잖아요. '그냥 목숨만 살려줄게' 하고서 가둬두면 그게 어디 제대로 사는 건가? 아! 정말로 죽기도 하는구나. 학대로 맞아 죽는 경우도 있고, 직접 학대 안 당해도 전 사회적인 큰 재난 닥치면 시설에 갇힌 사람들이 제일 먼저 죽어나가기도 하니까.

코로나19 때 딱 그랬거든요. 시설에서 코로나 확진자 한 명 발생하면 '코호트 격리'라고 하면서 아예 시설 문을 걸어 잠가버리는 거야. 그럼 이제 어떻게 되냐. 시설 내에서 코로나가 쫙 퍼지는 거지, 뭐. 시설 안에서 장애인 죽어나가건 말건, 건강 다 망가지건 말건, 정부랑 사회가 시설들에 요구한 게 이런 거였거든. 어차피 이 사람들 생명보다 중요한 건 이 사람들 빼놓고서 굴러가는 이 사회의 안전이고, 생산성 있는 노동력들의 건강이니까. 실제로 코로나19 바이러스 감염증 전체 사망자 중 3분의 1[2022년 4월 기준 1만 4299명 중 4475명, 31.3퍼센트] 이 장애인이었어요. 코로나19 사망자 중 52.3퍼센트가 장애인 시설을 포함한 집단거주시설에서 사망하기도 했고 말이야[2021년 2월 기준].

탈시설이란 말이 어렵다고요? 그럴 리가요. 재미있는 드라마 내용 따라가는 것보다도 쉽고 간단해. 이제는 더 이상 저렇게 살기 싫다는 거거든. 더 이상 저렇게 살아도 그만, 죽어도 그만인 존재로 남아 있기 싫다는 거야. 사람이 나 더 이상 갇혀 살기 싫다, 나도 자유롭게 지역사회에서 살고 싶다는 말에 어려울 게 뭐가 있나. 탈시설 반대한다는 이준석이도 내가 당신은 다섯 명이랑 한 방에서 살고 싶냐 물어보니까 대답을 어정쩡하게 하드만. 자기도 그렇게 살기 싫은 거거든. 자기가 그렇게 살 거라고 생각도 안 해봤을 테고. 탈시설 방안이 무엇이 있냐에 대해 정책적, 제도적으로 구체적으로 들어가면 좀 어려워 보일 수도 있겠지. 그런데 이미 탈시설 당사자 증언이나 관련된 논문, 기사, 칼럼 같은 것들도 충분히 많이 나와 있어요. 맘먹고 그런 거만 찾아봐도 사실 이해하기가 불가능한 건 아닌 거야.

사람들은요, 단지 탈시설이 뭔지 이해하려고 하질 않을 뿐이에요. 목소리를 아무리 내봐야 그걸 들으려 하지 않는 것뿐인 거죠. 그냥 능력 없는 사람들, 귀찮은 사람들은 따로 가둬두는 게 너무 당연한 거라고 생각을 하고 있으니까. 옛날에 여성들이 남성들에게 복종해야 한다, 여성들은 칠거지악을 저질러서는 안 된다고 하고서, 그걸 당연하게 받아들였던 시대가 있었잖아. 그게 당연하게 여겨지는 시대에 여성에게도 평등하게 권리가 있다고 하면, 그 말이 쉽게 받아들여질 리가 없었겠죠. 사람들도 그런 말 들으면 "아니 어떻게 감히!" 이러면서 모가지를 날려버리거나, 콧방귀나 뀌었을 테고. 지금 시대에 장애인 탈시설 이야기를 사람들이 이해하지 못하는 것도 저는 과거에 그랬던 거랑 똑같다고 봐요.

"지역사회에서 함께 살자"는 구호를 외치는 운동이 장애인 탈시설운동 말고 또 어디에 있나

사람들한테 "장애인도 이동할 거다"라고 하면 반대하는 사람 잘 없어요. 장애인들이 자유롭고 안전하게 이동할 수 있을 만큼 사회적 자원이 적절히 투입이 안 되어서 문제인 거지, 저 말 자체에 반대하는 사람은 거의 없는 거야. 장애인도 좀 교육받자고 해도 그걸 반대하는 사람은 잘 없어요. 뭐, 장애인 통합교육 반대하고, 분리교육 받아야 한다 이런 식으로 실행하는 과정에서 서로 입장이 갈라지긴 해도, 큰 틀에서는 교육을 기본적으로 보장받아야 하는 권리로 보는 거죠. 하다못해 노동도 그렇지 않나? 장애인이 기본적으로 노동할 수 없다고는 많이들 생각을 해도, 시혜적으로라도 노동할 수 있게끔 만들어줘야 한다고는 생각을 하잖아. 그게 기본적인 권리라고 보니까. 그런 권리를 어거지로라도 보장 안

해준다고 하면 뭔가 이상한 거거든.

그런데 탈시설 문제에 부닥치면은 사람들 태도가 완전히 달라져요. 중증장애인이 지역사회에 좀 나와서 살아보겠다는 거, 이건 정말로 권리 중에서도 가장 기본적인 권리인데, 이 권리를 요구하는 거 자체가 도리어 이상한 주장이 되어버리는 거야. '지역사회'가 애초에 권리의 언어가 아닌 것처럼.

세상천지를 둘러봐요. "지역사회에서 함께 살자"는 구호를 외치는 운동이 장애인 탈시설운동 말고 또 어디에 있나. 성소수자운동이나 여성운동에서도 그런 말은 잘 안 하죠. '함께 살자'는 구호는 정리해고 노동자나 비정규직 노동자들도 많이 하긴 하지만, 이건 억압을 당하고 있긴 해도 이미 지역사회에 포함된 사람들이 하는 이야기인 거야. 중증장애인들은 아예 지역사회에서 살 자격조차 없는 거니까 이 사람들하고 완전히 질이 다르죠. 난민도 좀 비슷한 처지긴 하지만, 난민은 또 중증장애인하고 성격이 좀 다르기도 하거든. 난민들 같은 경우에는 단순히 노동능력이 없다고 차별을 받고 배제를 당하는 게 아니니까. 그런데 '지역사회에서 살고 싶다'는 구호를 우리만 계속 이렇게 붙잡고서 외칠 수밖에 없다는 건, 그만큼 능력 없는 장애인들이 시설에 가둬져 있는 게 지금 이 사회에서는 너무 당연한 걸로 여겨지고 있다는 거를 잘 보여주는 거라고 봐요.

이런 상태가 지금처럼 고착화될 수밖에 없었던 게, 그동안 국가가 전통적으로 장애인을 관리, 통제해온 방식이 딱 고 정도였기 때문인 거거든. 이 역사는 아주 유서가 깊죠. 한국전쟁 끝나고서 이놈의 나라는 장애인들 최소한의 생존조차 책임질 생각도 전혀 하질 못했어요. 기껏해야 〈군사원호법〉, 〈경찰원호법〉이라고 해가지고, 공비 토벌이나 한국전쟁 중에 다쳐서 장애인 된 상이용사들 지원해주는 정도 정책만 있었지. 상황이 그렇게 열악하다 보니께네 이제 국가가 아니라 민간 영역에서 동정과 시혜를 발휘해가지고 "너희 불쌍한 장애인들 잘 보살펴 줄게" 이러면서 장애인들을 시설에 넣어놓게 돼요. 국가 입장에서는 민간에서 장애인 관리를 일괄해서 맡아주니까 얼마나 좋아. 그게 편하니까 이제 "너희가 알아서 잘해봐라" 이러면서 시설에다가 예산을 지원하기 시작하고. 그때부터 장애인 시설이란 거가, '보호'라는 거가 하나의 사업처럼 되어서 아주 이 사회에 굳어져 버린 거죠.

1970년대부터는 민간에서 '재활의 날' 같은 걸 제정하기도 하고 장애인들도 사회에서 일하면서 살아야 한다는 이야기가 좀 나오긴 했지만, 이 재활이라는 것도 사실은 장애인들을 무능력하다고 설정해두고서 그나마 조금 장애 '극복'해가지고 취직할 수 있을 것 같은 사람들한테만 적용되는 이야기일 뿐이었거든. 그것도 제대로 안 되어서 80년대부터 지금까지도 경증장애인들마저 취직도 잘 못하고 있긴 하지만. 그러니께네 아예 거기 끼지도 못할 것 같은 장애인들은 그때도 계속 보호 담론 안에만 가둬져 가지고 계속 시설에 수용되어 있는 게 당연한 걸로 여겨졌던 거야.

1981년에 UN이 '세계 장애인의 해'를 선포하기도 했고, 전두환 정권도 자기네 정권 정당성 가지려면 이런 것들 명목상으로라도 무시할 수 없으니께네, 〈심신장애자복지법〉도 만들고, '재활의 날'을 '장애인의 날'로 바꿔서 국가적으로 기념하기 시작하기도 하고 그러긴 했거든? 그런데 그럼 뭐 해. 그래봐야 바뀌는 게 없는 거야. 더군다나 〈심신장애자복지법〉이라고 해봐야 사실은 이 법에 강제조항이 하나도 없으니까, 그냥 뭐 있으나 마나한 법이었잖아. '장애인의 날' 제정해봤자 1년에 한 번씩 불쌍한 장애인들 행사장 데려다가 사진이나 찍고 그럼 땡이었던 거고. 고작 이 정도 인식으로 어떻게 장애인들 시설에 수용하는 게 문제라는 이야기를 할 수가 있었겠어요.

결국 88년도부터 87년 민주항쟁이랑 789노동자대투쟁 분위기에 맞춰가지고, 이런 기조에 저항을 하는 사람들이 나오면서 권리를 바탕으로 한 장애인 담론들이 본격적으로 등장하긴 했죠. 그런데도요, 그때 그렇게 권리를 외치기 시작했던 사람들조차도 장애인 시설 수용 문제에서는 크게 다른 입장을 내기가 힘들었어요. 과거에는 장애인운동하는 우리조차도 중증장애인들이 지역사회에서 산다는 거를 아예 상상도 못 했었던 거야. 심지어 장애인 시설 짓자는 운동을 같이 하기도 했을 정도였지.

대표적으로 88년도, 그러니께네 이제 막 한국에서 진보적 장애인운동 시작할 때 신망애재활원 투쟁이란 거가 있었거든요. 청량리 쪽에 신망애재활원이라는 장애인 시설을 지으려고 하는데, 지역 주민들이 이거를 가지고서 자기네 동네에 혐오시설 들어선다고 엄청나게 반대를 한 거야. 그래서 지금은 죽어버렸는데, 그때 열심히 아래로부터의 장애인운동을 조직하고 있었던 박홍수 형 같은 장애인들이 이거 님비NIMBY다, 지역이기주의다 해가지고 시설을 지으라고 오토바이 끌고 가고, 북 치고 장구 쳐대면서 엄청 시끄럽게 데모를 했어요. 나도 홍수 형이 술 사준다고 꼬셔가지고 거기 참여하고 그랬었지. 그땐 워낙 열악했으니까, 장애인운동한다는 사람들도 지역사회 내에서 장애인들에게 게토 정도라도 마련을 해달라 이렇게 싸우고 그랬던 거야. 사실은 게토 자체가 엄청 차별적인 건데, 그런 걸 생각할 겨를도 없었던 거죠.

심지어 96년부터 시작된 에바다 투쟁[평택에 위치한 '에바다 농아원'의 원생들이 에바다 법인의 비리를 폭로한 이후 8년간 지속된 투쟁으로, 에바다 노동조합과 진보적 장애인운동계 일부가 합류하여 에바다 운영 민주화 투쟁으로 이어졌다]이나 2000년대 초중반 성람재단 투쟁[성람재단은 2003년 당시 문혜 및 은혜 장애인요양원, 송추정신병원, 서울정신요양원을 산하에 둔 국내 최대 규모의 장애인 복지재단이었으며, 성람재단 투쟁은 노동조합, 진보적 장애인운동계 일부가 재단 산하 시설들에서 벌어지는 장애인 인권침해, 이사진의 비리에 책임을 묻고 궁극적으로는 이들을 퇴진시켜 재단 운영의 민주화를 쟁취하기 위한 투쟁이다]같이 시설 비리 투쟁, 시설 민주화 투쟁 할 때까지도 장애인 시설 수용에 대한 입장이 근본적으로 크게 변하지는 않았어. '시설 내 비리를 척결하고 민주주의를 쟁취하는 데 성공하면 자연스럽게 탈시설로 전환될 것이다', '시설과 지역사회의 교류가 더 원활히 이뤄지면 그런 게 가능해질 거다'란 이야기가 그때 노동자들이랑 장애인 운동이랑 연대해서 투쟁해가면서 조금씩 나오긴 했지만, 거기 참여한 사람들도 아직 탈시설에 대한 지향이 확고하진 않았거든요. 그때까지도 우리한테는 장애인이 지역사회에서 사는 거 자체가 상상이 잘 안 되었던 거지. 지금은 탈시설 열심히 외치는 활동가들도 그때는 "야! 이 사람들 탈시설하면 현실적으로 지역사회에서 살 수 있겠냐. 우리가 이 사람들 시설 바깥으로 탈출시키면은 지역사회에서의 삶을 책임져줄 수 있냐. 그러니 일단은 시설 민주화 투쟁에 집중하자!" 이렇게 말을 했을 정도였으니까.

'시설에서 문제가 있었다'랑 '시설 자체가 문제다'는 어마어마한 차이잖아

탈시설 문제 관련해서 패러다임이 바뀐 거는 2009년에나 와서예요. 그러고 보면 그해는 진짜로 장애인운동사에서 어마어마하게 역사적인 전환이 이뤄진 해인 거야. 그때 '마로니에 8인'[김

동림, 고 황정용, 김진수, 방상연, 김용남, 주기옥, 홍성호, 하상윤]이라는 사람들이 딱 하고서 역사에 등장을 하거든. 오래전 일이다 보니 기억이 가물가물해서 '마로니에 8인', 요거 내가 만든 단어인 줄 알았더니만 지금은 전장연 사무총장으로 있는 임소연 동지[임소연은 2009년 당시 '장애와인권발바닥행동'에서 활동하고 있었다]가 만든 단어라고 하더라고, 우씨.

어쨌건 간에 이 단어 처음 들으면, 이 사람들이 무슨 서부영화 주인공들인 마냥 멋져 보일 거예요. 그런데 실제로 보면 이 사람들이 또 그 정도로 영웅적인 사람들은 아니거든. 이 사회 기준으로 보면은 아마 제일 능력 없는 사람들 축에 속할지도 몰라. 그런데 그런 사람들이 탈시설하고 지역사회에서 살 권리를 외치면서 엄청나게 큰 사회적 관계 변화의 시작을 알린 거죠. 우리 투쟁의 역사란 게 언제나 그래. 영웅적이지 않은 사람들이 어마어마하게 영웅적이고 중요한 사건들을 함께 만들어온 과정인 거지.

마로니에 8인의 등장도 처음에는 시설 민주화 투쟁이 계기가 됐어요. 2008년 석암재단 비리 투쟁을 하면서. 석암재단 운영하던 인간들이 횡령을 하거든. 석암재단 산하 베데스다요양원이라는 시설에서 시설 거주인들이랑 노동자들이 그거를 폭로를 했죠. 그래가지고 거기에 대응을 해야 된다고 모여서 열심히 싸웠지.

그런데 정말로 중요한 건요, 이때 그 시설에 살았던 장애인 당사자들이 엄청 열심히 결합을 해서 싸웠다는 거예요. 시설 장애인들이 시설에서 허가도 잘 안 내주는 외출 신청을 빠득빠득 받아내서 양천구청 앞에다가 농성장 차려두고 같이 거길 지켰지. 양천구청이 그 시설 관리 감독 감사 권한도 있고 이사 해임 권한도 있으니까, 거기에 그렇게 모인 거거든. 그때 양천구청 유리창을 깨버리기도 하고 아주 난리도 아니었어, 하하. 이 장애인들이랑 강변북로도 같이 행진하고, 4월 20일 장애인차별철폐의 날[진보적 장애인운동계는 국가가 지정한 '장애인의 날'을 '장애인차별철폐의 날'로 바꿔부르며, 매년 대규모 투쟁을 통해 기념하고 있다] 투쟁 때 삭발 투쟁을 같이 하기도 하고. 그래가지고 운영진을 교체하는 성과까지 내버렸어요. 이거 어마어마하게 큰 성과야. 석암 투쟁 2년 전에 그렇게 빡세게 싸웠던 성람재단 투쟁 때도 이 정도로까지 하지는 못했었거든.

그런데 그렇게 싸웠는데, 이 사람들이 계속 시설에 남아가지고 살아야 하는 걸까라는 문제의식이 우리 사이에서 조금씩 나오기 시작하는 거야. 또 그때 마침 평원재단이란 곳에서 장애인 자립을 준비할 수 있는 공간을 마련을 해준다고 하기도 했으니까, 이야 마침 잘됐다 싶었지. 앞으로 계속 장애인들 자립 공간을 마련해준다는 건데, 그러면 먼저 베데스다요양원에서 나와서 싸우고 있는 장애인들에게 제공을 해야 되겠다 했던 거죠. 그럼 지금 당장 탈시설하게 되는 마로니에 8인의 주거 문제가 바로 해결이 되는 거잖아.

그래서 지금도 그때도 장애와인권발바닥행동에서 탈시설운동 열심히 하고 있는 김정하 동지가 베데스다요양원 시설에 가가지고 거기 살던 장애인들을 살살 꼬셔요. 정하는 이 사람들이 과연 응해줄까 엄청 고민하면서 거기에 갔는데, 이야기를 하자마자 장애인 여덟 명이 곧바로 "좋다! 지역사회로 나가겠다!" 했대. 시설에 갇혀 살던 우리들이 지역사회에서 살 수 있는 조건을 만들기 위해 함께 싸우겠다, 농성도 하겠다 결의까지 하면서.

이거 시설 장애인 당사자들도 그렇고, 장애인운동하는 사람들도 그렇고, 엄청 용기 있는 결단을 내린 거잖아. 그때는 지역사회에서 살 수 있는 조건이 진짜 지금만큼도 안 갖춰져 있었거든. 2006년에 우리가 한강대교 막고서 몇 시간 동안 기어가면서 활동지원서비스를 만들어놓긴 했는데, 그게 아직 제대로 자리를 잡지도 못했었죠. 활동지원 제공되는 시간도 어마어마하게 부족하고. 그런 상황이다 보니까 당사자들도 나오면 꽤 고생을 해야 되고, 장애인운동하는 사람들도 이 사람들 지원하려면 엄청 고생을 할 수밖에 없었던 거야. 그런데도 그걸 다 감수하고서 시설 안에 있는 사람이건, 밖에 있는 사람이건, 우리 이제 자유로운 삶을 위해서 제대로 싸워보자 결의를 한 거지.

그렇게 해서 드디어 이 탈시설한 8인을 중심으로 마로니에 공원에서 천막을 쳐놓고 농성을 시작했어요. 이 사회에서는 별로 관심도 안 갖겠지만 우리한테'만' 진짜 역사적인 일이 벌어진 거지. 천막만 치고 뻐틴 것도 아냐. 오세훈이가 그때도 서울시장이었는데, 온갖 사람들이 모여다가 오세훈 쫓아다니면서 탈시설 장애인들 자립생활권리 보장하라고 드러눕고 싸우고 그러기도 했죠. 그때는 서울시장 공관이 마로니에공원 근처 혜화동에 있었으니까, 거기 공관까지 가서 항의하기도 하고. 마로니에 8인들이 며칠간 단식을 하면서 버티기도 하고.

그렇게 싸워나가면서부터 진짜로 싸움의 패러다임이 완전히 바뀌었어요. 더 이상 시설 민주화, 시설 비리 척결 이게 목표가 아니고 장애인 당사자들을 시설 바깥으로 나오게 해가지고 지역사회에서 잘 살 수 있게끔 만드는 거가 목표가 되어버린 거지. '시설에서 문제가 있었다'랑 '시설 자체가 문제다'라는 거는 말 자체만 보면 크게 안 달라도, 실제로는 어마어마한 차이가 있는 거잖아.

그리고 결국 62일을 노숙 투쟁 하고 버티면서, 서울시한테서 탈시설한 사람들이 자립을 준비할 수 있는 체험홈이랑 이 사람들이 5년 동안은 살 수 있는 자립생활주택을 얻어냈어. 한국에서 탈시설과 관련된 최초의 정책이 이때 마련이 된 거예요. '자립' 패러다임이 이제 제대로 자리 잡을 수 있는 기반이 마련이 된 거지. 이 투쟁을 시작으로 해가지고 이제부터는 과거에는 상상도 할 수 없었던 전선이란 게 그어지기 시작한 거라고 봐야 하는 거죠.

알고 보면 매우 폭력적인 거지만 사회에서 너무나도 당연하게 받아들여지는 것들은요, 이렇게 패러다임 자체를 전환시켜서 싸우지 않으면 바뀌질 않아요. 그래서 이 세상의 상식을 변화시키려면, 언제나 누군가들이 용기를 내어서 먼저 어떤 전선을 그어야만 하는 거야. 실제로 그게 누구에 대한 것이건 간에 그런 전선을 형성하는 과정 없이 당연하게 이뤄져온 차별과 억압이란 걸 넘어선 적이 역사적으로 별로 없잖아.

탈시설 문제도 마찬가지예요. 누군가가 먼저 문제를 제기하고 싸움을 시작해야죠. 전선을 확실하게 그어가지고. 마로니에 8인 투쟁에서부터 시작해서 지금까지 우리가 거리에서 꼴아박으며 조금씩 확장해온 전선. 그게 바로 내가 맨날 노래를 부르는 '탈시설 전선'이야.

중증장애인이 지역사회에서 살 수 없긴,
뭘 살 수가 없어

그 후 우리가 전선을 계속 조금씩 확대해가면서, 1842일간 광화문 지하도에서 농성을 해가지고 문재인 정권 때는 '탈시설 로드맵'이란 걸 만들어내기까지 했죠. 이게 문재인 정권 임기도 1년 반쯤 남기고서 발표된 거니까 사실 엄청 늦게 만들어진 거긴 하지. 대통령 임기 좀 있으면 끝나는데, 그러면 제대로 추진이 되기 힘든 거잖아. 문제는 이것만이 아니야. 탈시설 로드맵이란게 2041년까지 2만 9000명의 시설 거주 장애인을 순차적으로 탈

120

시설시킨다는 거거든요. 그럼 앞으로 20년 동안이나 계속 누군가는 시설에 갇혀 있어야 하는 만큼 탈시설에 매우 소극적인 태도를 취하는 거지.

그래도 어쨌건 간에 국가 정책적으로 탈시설의 방향만큼은 설정이 되긴 한 거잖아. 정부가 자립생활이나 탈시설 정책에 제대로 예산 지원을 안 하고, 또 윤석열 정권 들어서고는 이 부족한 탈시설 로드맵이란 것마저 거의 부정을 당하고 있으니까 참 힘든 상황이 되어버리기는 했지만은, 그래도 탈시설 전선에서 우리가 버텨가며 쟁취해낸 물리적 기반이란 게 이렇게 또 하나가 쌓인 거야.

지금처럼 전선이 그어지고 확장되기 전까지는 시설 운영자, 시설에 사는 장애인 가족들, 시설 노동자들, 국가, 나아가서 국민들도 시설을 그냥 방조해올 뿐이었어요. 이걸 옛날에 우리 쪽에서는 '침묵의 카르텔'이라고 불렀거든. 장애인들의 가장 기본적인 권리가 침해되건 말건, 어떤 폭력이 장애인에게 행사되건 말건 그냥 방조하는 카르텔. 이 카르텔이 강력하게 힘을 발휘하고 있는데, 우리가 탈시설 아무리 외쳐봐야 뭐 효과나 있겠어?

그런데 우리가 10년 넘게 엄청 빡세게 싸워왔더니 지금 와서는 이 카르텔도 우리를 무시를 못 해요. 이제 드디어 이 문제를 두고서 찬반 진영이 형성된 거야. 그렇게 되니께네 과거엔 우리 무시해왔던 침묵의 카르텔에서 결정적인 역할을 해왔던 사람들이 이제 더 이상 침묵을 하지도 않지. 이젠 아주 적극적으로 시설을 옹호하고, 앞장을 서가지고 탈시설을 공격하기 시작하는 거예요. 탈시설 주장하는 우리는 이 사람들한테 완전히 악마처럼 이야기 되기도 하고.

이런 상황이 안타깝지 않냐고요? 전혀요. 이건 우리가 저 사람들한테 어쨌거나 위협적인 힘을 가진 세력으로 보이기 시작했다는 거잖아. 마치 그런 거야. 마르크스 《공산당 선언》 보면은 그렇게 시작을 하거든요. "하나의 유령이 배회하고 있다. 공산주의라는 유령이." 그러고서 마르크스가 "옛 유럽의 모든 세력이 연합하여 이 유령을 잡기 위한 성스러운 몰이사냥에 나섰다"고 말을 하지. 이건 공산주의자들이 19세기 중반 당시에 하나의 권력으로 이미 인정을 받았으니까 몰이사냥을 당하기라도 한 걸 거 아냐. 우리도 그래. 탈시설운동이 지금 아무런 영향력이 없어봐, 저 사람들이 과거처럼 그냥 침묵하고 방조하고 있는 게 아니라 저렇게 연합을 꾸려가지고 우리를 공격하지도 않았을 거야. 우리가 뭐라 떠들건 그냥 무시했겠지.

우릴 악마화하는 사람들이 자기 주장들을 아주 합리적으로 열심히 포장을 해대기 시작한 것도 다 상황이 이렇게 되었으니까 그러는 거거든요. 탈시설이라는 유령에 위협을 느끼기 시작했으니까. 제일 대표적인 게 이런 말이죠. "시설에 사는 게 도리어 장애인 권리를 잘 보장하는 거다. 야! 저 사람들 사회에 나와봐라.

자립할 수 있는 조건들도 안 갖춰져 있는데 지역사회 나오면 저 사람들 다 죽이자는 거냐. 그러니까 시설에서 살게 둬야 한다"고.

이거요, 잘 모르는 사람들한테는 그럴싸한 말처럼 들릴 텐데, 사실은 다 뻥이에요. 중증장애인이 지역사회에서 살 수 없긴, 뭘 살 수가 없어. 제 주변만 봐도 이기수 신부가 능력 없다고 무시하던 그런 사람들 몇 명이나 이미 지역사회 나와서 잘만 살고 있어요. 의사 표시 제일 잘 못한다는 최중증 발달장애인들도 말이에요. 주거 공간을 안정적으로 마련해주고, 활동지원서비스가 제대로 제공이 되고, 소득 체계가 잘 갖춰지고, 또 지역사회 나와서 다른 사람들하고 관계를 잘 맺어가면은 자립이 절대 불가능한 게 아닌 거거든.

중증장애인들은 존재 자체가 지역사회에 나와서 살 수 없는 게 아니고요, 지역사회가 조건을 갖출 생각도 안 하면서 중증장애인들의 존재를 그렇게 낙인찍고 있을 뿐인 거예요. 사회가 문제인 걸 자꾸 장애인 개인들 존재의 문제로 바꿔버리면 안 되는 거지.

더군다나 자립이라는 게 모든 관계로부터 독립되어 가지고, 정말로 나 혼자 살아갈 수 있다는 의미가 아니잖아. 당연히 중증장애인들 그렇게 못 살지. 그런데요, 자립을 당연하게 생각하는 비장애인들은 그렇게 저 홀로 '독립적으로' 살고 있나? 이 사람들도 이미 수많은 관계 안에서 의존하고 있으니까, 지금처럼 자립을 하는 게 가능한 거잖아. 중증장애인들도 똑같아요. 시설에서 겪었던 아주 통제적이고 일방적으로 의존할 수밖에 없는 관계를 다른 방식으로, 그러니께네 지금보다 훨 자유로운 방식으로 새로 구성하자는 거죠. 그리고 더 중요하게는 그 과정에서 자기가 어디에 어떻게 의존할 것인지 사회적 관계를 선택하고 새롭게 형성할 힘이란 거를 중증장애인 당사자가 가질 수 있게 차차 만들어가는 거야.

그게 바로 자립, 탈시설운동이란 게 갖는 어마어마하게 해방적인 성격이에요. 자립이라는 게 단순히 말 그대로 혼자서 삶의 모든 걸 책임지겠다는 게 아니라, 함께 삶을 살아가는 방법을, 관계를 새로 맺어가는 방법을 배워가는 거라는 걸 보여주는 거. 이걸 요새는 어려운 말로 '연립'이라고 하는 것 같던데요. 그러니께네 자립이라는 건 곧 연립의 기술을 배워가는 거야.

"시설에서 사는 것도
장애인 당사자의 자기결정권"이라고?

문제는 이런 자립의 조건을 만드는 데 가장 책임을 져야 할 사람들이 그러려고 하지를 않는다는 거죠. 이준석이나 오세훈이만 봐도 그래. 이 사람들은 지역사회에서 이 조건을 갖추어야 할 의무가 있는 사람들이잖아. 이준석이가 정부 여당 대표였을 때는 더 그럴 의무가 있었던 거고. 그런데 책임질 생각도 안 하고서, 탈시설 반대하는 사람들 주장에 한술 더 떠가지고 이렇게 말을 해대요. "시설에서 사는 것도 장애인 당사자의 자기결정권"이라고. "탈시설을 강요하는 건 인권유린"이라고. 그러니꼐네 장애인 당사자들이 지역사회에서 살 건지, 시설에서 살 건지를 장애인 당사자가 결정할 수 있게 해줘야 한다는 거거든. 장애인들 지역사회 나와서만 살려고 하지 말고, 시설에서 사는 선택지가 늘어나면 장애인 입장에서도 더 좋은 거 아니냐고.

아니, 시설 바깥에서 살 수 있는 조건이나 먼저 만들 노력을 해보고서, 장애인이 지역사회에서 살 수 있게끔 경험을 시켜준 다음에 더 좋은 걸 선택해보라고 해야지. 그래야 장애인의 자기결정권, 선택권이 보장이 되는 거 아닌가? 처음부터 시설에서만 살게 내버려둬 놓고서는 무슨 선택권 운운하는 걸까? 바깥에서 살아본 경험도 없는 사람들한테 물어보면 당연히 지역사회에서의 삶이 무서울 거잖아요. 경험해본 적이 없는데 그건 당연한 거지(그런데 그 와중에도 탈시설하겠다는 사람 엄청 많아).

그리고 이 논리대로라면 적어도 이미 시설에서 나오고 싶다는 의사를 밝힌 장애인들은 지금 당장 지역사회에 나와서 살 수 있게 만들어줘야 하는 거잖아요, 안 그래요? 그게 이 사람들이 주장하는 자기결정권 아닌가? 그런데 이 사람들은 시설 밖으로 나오고 싶다는 사람 지역사회에서 자립해서 살 수 있게끔 만드는 노력을 기울일 생각은 전혀 없이 저런 말만 해대요. 그런 거 보면 자기결정권 운운하는 것도 진짜로 다 핑계인 거지.

조금 솔직해져야죠. 적반하장도 이런 적반하장이 어딨어요. 까놓고 말하면, 정말로 장애인 자기결정권을 생각해서 탈시설을 안 시키는 게 아니라 장애인 팔아서 장사해왔던 거를 포기하고 싶지 않은 것뿐이잖아. 시설 운영자들 같은 경우에는 특히 그렇죠. 이 사람들 지금까지 장애인들 가둬놓고서, 그걸 통해서 부를 축적해왔고 권력을 유지해오고 했으니까. 그런데 탈시설하면은 그걸 포기해야 하니, 자기가 누려온 것들을 버리려고 하겠어요? 국정 책임자들 입장에서도 보면, 이런 상태가 유지가 되는 게 훨씬 값도 싸게 먹히고 편한 거거든. 그러니께네 지금까지 쭉 그렇게 해왔던 거고. 탈시설 정책이나 자립생활 정책을 제대로 만드는 게 시설에 장애인들 가둬두는 것보다 돈이 많이 드니까.

23년 2월에 저랑 오세훈 시장이랑 공개 면담 했을 때 오세훈이랑 서울시 복지실장이란 사람도 온갖 장애인 권리 위하는 척하는 말들은 다 하더니만 결국에는 아주 솔직하게 이야기를 하더라고. 장애인 탈시설해서 활동지원 늘리면 예산이 너무 많이 든다고. 돈이 본질적인 문제라는 거를 본인들도 인정을 한 거예요. 기획재정부 관료들도 탈시설 문제 관련해서 비슷하게 말들을 하거든. 그러니 니네 중증장애인들, 죽기 싫으면 시설에 들어가라고, 잘 보살펴 주겠다고 말을 하죠. 잘 보살피긴 뭘 잘 보살펴. 정말로 이 사람들 생각해서 그런 말 하는 거겠어요? 그냥 어차피 쓸모없는 사람들 관리하는 데 돈이 적게 드는 방식을 택하는 거지.

이건 구조적으로 문제가 있는 거고,
그럼 그 구조를 바꿔야 하는 거지

시설에서는요, 조건상 어쩔 수 없이 한 명의 노동자가 여러 명을 돌봐야 해요. 그래야 어차피 돈도 못 벌어다 주는 장애인들 제일 값싸게 관리할 수가 있는 거잖아. 서구 장애인 시설 수용의 역사를 보면은 애초에 그렇게 효율적으로 장애인들을 통제하려고 시설을 만든 거기도 하고.

그런데 이런 상황에서 시설 노동자도 좀 안정적으로 효율적으로 일하려면 어떻게 해야 될까? 발달장애인들 돌발적으로 행동하는 거, 이런 걸 예방해야 자기도 편하잖아. 온갖 통제를 가할 수밖에 없는 거죠. 심한 경우에는 묶어놔 버리기도 하고, 약물을 많이 먹여서 재워버리기도 하고. 이 노동자들은 또 시설에 갇혀 사는 장애인과의 관계에서 대단한 권력을 가지고 있거든요. 중증장애인들은 무능한 존재라고 갇힌 거고, 그래서 일방적 돌봄이 필요한 사람으로 여겨지고 있는 건데, 그럴 수밖에 없지 않나? 이 사람들과의 관계에서 장애인들은 저항할 수 있는 어떤 힘도 없어요. 이 사람들 앞에서는 자기 의사 표현도 제대로 못 해. 그런데 노동자들은 이 권력관계를 이용해서 장애인들 그렇게 최대한 자기 편하게 통제하는 것도 '노동권'이라고 하면서 정당화를 하는 거야. 노동조합 만들어서 그러고 있기도 하고. 안 그러면 장애인들이 다들 감당 안 되게 행동해서 자기들도 노동강도가 너무 세지니까, 그렇게 최대한 자기 편하게 효율적으로 관리를 안 하면은 돌아버리는 거거든.

상황이 이런데도 시설이 워낙에 폐쇄적인 공간이다 보니까는 바깥에서는 그 안에서 어떤 일을 벌어지는지를 볼 수가 없죠. 그러니께네 이런 통제 방식들이 노동자들 사이에서 세습되고, 그게 아무리 문제가 있어도 그냥 자기들끼리 묵인하고 용인해버리면 끝인 거예요. 시설 노동자들도 그 환경에 익숙해질 수밖에 없는 거지. 어디건 노동 방식을 배운다는 게 다 그런 거잖아. 시설도 똑같은 거야. 그만큼 시설이라는 구조적 조건상 그런 인권침해 사례가 지속해서 등장할 가능성이 있게끔 만들어져 있는 거예요. 시설 내 인권침해 사건들이란 게 단지 시설 노동자 일부가 정말로 이상한 사람이어서만 벌어지는 일일까? 한두 명 악마화해서 조진다고, 문제가 있는 노동자 몇 명 교체한다고 해서 해결되는 문제일까? 절대 아니에요. 이건 구조적으로 문제가 있는 거고, 그럼 그 구조를 바꿔야 하는 거지.

일본에서 2016년에 장애인 시설에서 일했던 우에마쓰 사토시란 사람이 중증장애인들만 골라가지고 열아홉 명을 칼로 찔러서 잔인하게 죽여버린 적이 있었잖아. 그래서 전 세계적으로 이슈가 되기도 했고. 이 사람은 정말로 나치를 좋아했다고도 하고, 그래서 "장애인은 살아 있어도 어쩔 수 없다. 안락사시키는 것이 좋다"고도 말을 했다고 해요. 참 위험한 사람이죠.

사실 저는 이 사토시 같은 사람이 나온 것도 시설이란 게 유지가 되는 구조, 장애인을 쓸모없는 사람으로 낙인화하는 사회랑 무관하지 않다고 보긴 하지만, 그래도 시설 노동자들이 다 이 사람 같지는 않을 거 아냐. 정말로 장애인들 권리 침해해가면서 통제하고 싶어서 그렇게 하는 노동자들이 따지고 보면 얼마나 되겠어. 자기도 어쨌거나 사회복지 쪽에 종사하고 있는데, 좋은 일 하는 사람이 되고 싶겠지. 그런데 그게 구조상 안 되는 거거든. 최대한 값싸게 장애인들 통제하려고 만들어진 구조 속에서 자기도 좀 안정적으로 노동을 하려다 보니까, 자기도 모르게 그렇게 살 수밖에 없는 거야.

네, 저희는 이미 대안이 있고요, 이 문제는 정말 쉽게 해결될 수 있어요

이런 와중에 시설에서 발생하는 통제라는 거, 나아가서 심각한 인권침해라는 것들이 아무리 구조적 차원의 문제라고 지적을 해봐야, 이게 그 사람들한테 들리기나 할까? 그러니께네 시설을 폐쇄하자고 하면은 시설 종사 노동자들 상당수는 탈시설에 어마어마하게 반발을 안 할 수가 없는 거거든요. 당장 자기 먹고사는 문제가 걸려 있으니까.

시설이 폐쇄되어봐요, 자기는 정리해고를 당해야 하잖아. 운 좋아서 일자리 전환이 잘된다고 해도 최소한 지금까지 자기가 먹고살아온 노동조건이 싹 바뀌어야만 하는 거잖아. 20년, 30년 시설에서 노동하면서 잘 있다가 이제 호봉도 높아져 가지고 연봉도 꽤 많이 받고 있는데, 불만이 안 생길 수가 없는 거거든.

그런데 분명하게 말을 할게요. 이 사람들이 그렇게 느낀다고 해서 이런 일자리가 계속 남아 있어도 된다는 건 절대 아니에요. 당연한 거야. 어쨌거나 시설에서 일한다는 건 누군가의 기본권을 침해할 수밖에 없는 일을 한다는 건데, 그 일자리를 언제고 계속 놔둘 수는 없는 거잖아. 좀 극단적으로 이야기해보면 과거 나치 때 강제수용소가 있었는데, 그거를 없애면 강제수용소 내 노동자들의 권리가 침해된다 이러면서 강제수용소를 냅둬야 한다고 주장할 수는 없는 거 아닌가?

그래도 "해고는 살인"인데 정리해고는 너무 가혹한 거 아니냐고요? 대안이 있긴 하냐고요? 네, 저희는 이미 대안이 있고요, 예산만 적절하게 투입이 되면 이 문제는 정말 쉽게 해결이 될 수 있어요. 먼저 시설 일자리를 지역사회 일자리로 전환하는 데 공적으로 예산하고 조건을 잘 지원해야죠. 이 사람들 고용 승계를 공적으로 잘 책임져 주고, 시설 폐쇄 후에도 장애인들이 지역사회에서 자립해서 사는 거 지원하면서 안정적으로 일할 수 있게끔 보장을 해주면 되는 거야. 기후위기 대응하려면 발전 노동자들 일자리들도 전환해야 하는 것처럼, 시설 노동자들 일자리를 전환하는 것도 지금 꼭 필요한 거죠. 이것도 최근에 사회적으로 많이 이야기되는 '정의로운 전환'의 하나가 되어야 하는 거야.

그렇게 되어도 자기 일터가 바뀌는 거 자체가 노동자 입장에서는 당연히 불안할 수 있긴 하죠. 그거 자체가 노동권 침해라고 주장할 수도 있고. 그런 주장을 무시할 생각은 전혀 없어요. 그런데 우리가 지금 당장 모든 시설을 한 번에 폐쇄하자고 주장하고 있는 건 또 아니거든. 실제로 우리는 지금 10년 정도 시간을 두고서 조금씩 시설 수용에서 지역사회의 삶으로 전환을 시켜나가자고 이야기를 하고 있잖아. '지연된 권리'란 건 권리가 아니라고 우리는 생각을 하지만은, 그래서 탈시설이 지연될수록 권리 침해란 것도 계속 이어질 테지만은, 그럼에도, 우리도 지금 노동자들의 이런 현실적인 조건을 고려해서 많이 양보를 하고 있는 거예요.

그런데 이렇게라도 되려면 지금부터 시설 일자리를 지역사회 일자리로 전환해갈 준비를 하고 거기다가 적절하게 예산을 투입해야 하는 거거든요. 지금 시설에 쏟아붓고 있는 막대한 자원부터 장애인들이 지역사회에서 살아가는 거 지원하는 예산으로 대폭 전환을 시켜야 하는 거야. 그렇게 안 하면 이게 한도 끝도 없이 늘어지다가 결국 탈시설이 불가능해질 테니까.

그렇게 돼도 장애인 가족들이 반발을 할까?

시설에 사는 장애인 가족분들도 탈시설에 반발들을 많이 하고 계시는데요, 이것도 결국 돈 문제랑 긴밀히 맞닿아 있는 거거든요. 탈시설 반대하는 부모들 중 대표 격으로 활동하는 사람들은 거의 시설 운영자랑 붙어먹어서 아주 강력하게 그러고 있긴 하지만, 결국 가족분들이 말하는 논리란 것도 예산을 잘 반영해서 지역사회에서 안정적으로 살아갈 수 있는 조건이 형성되면은 웬만한 것들은 다 해소가 되는 것들이에요.

이 사람들 논리는 이렇거든. 장애인들 지역사회 나오면 가족들 삶도 싹 다 무너진다. 장애인 가족 탈시설하면, 나는 이 사람만 하루 종일 돌봐야 한다. 그게 얼마나 힘든 일인지 알기나 하냐. 그럼 내가 어떻게 일을 해서 자식을 먹여 살리겠냐. 이 말 설득력 있는 것처럼 포장하려고, 자기 장애인 가족 사진을 띄워놓고서 아주 심하게 존재 자체를 비하하기도 하죠. 얘가 얼마나 심각한 상태인지 알기나 하냐고 하면서. 얘는 지역사회에서 살 자격 자체가 없다고. 박경석, 너같이 짱구도 좀 굴려댈 줄 알고 말도 잘하는 장애인이 자기 의사도 밝힐 줄 모르는 이런 심각하게 무능력한 발달장애인들 처지를 이해할 수 있긴 하냐고 하면서요.

내 주변 최중증장애인들이 이미 지역사회에서 잘 살고 있는 사례를 보여줘 봐야 이 사람들이 듣기나 하나? 미국에서도 장애인 가족들이 탈시설할 때 반대 많이 했다, 그런데 탈시설하고 나니 장애인 당사자가 지역사회에서 사는 삶에 대한 만족도가 장애인 가족들에게도 매우 높았다고 아무리 이야기해봐야 뭐 통하기를 하겠어요? 심지어 내가 대안을 보여주겠다, 함께 방향을 논의해보자, 머리를 맞대고 정부에다가 제대로 대안을 요구해보자고 해도 그냥 똑같은 말만 반복할 뿐인데, 뭐. 만나자고 해놓고선 결국 우리 만나러 오지도 않아. 공개 토론 하자고 제안해도 싹 다 무시하고, 그냥 바깥에서 우리 욕만 하고 다니는 거지.

결국 가족들은 지역사회에서 지원이 잘 이뤄질 거라는 걸 신뢰하질 못하는 거예요. 확신이 생길 리가 없지. 국가가 지역사회에서 잘 살아가게끔 만들어줄 거라는. 그런데 정말로 국가적인 차원에서 탈시설 예산, 자립생활 예산도 늘리고 그래서, 지역사회에 사는 장애인들에 대한 지원이 제대로 이뤄지면 어떻게 될까? 그렇게 돼도 장애인 가족들이 계속 이렇게 반발을 할까? 자기가 부양해야 하는 부담도 없고, 자기 일상을 포기하지 않아도 되고, 그런대도?

그러니께네 지역사회에서 살아갈 수 있는 조건이 안 갖춰져 있다, 그러니 탈시설하는 게 도리어 권리 침해다라는 말만큼 웃긴 말이 없는 거예요. 중증장애인들도 누구나 지역사회에서 살 수 있어요. 단지 장애인들 자립을 위해서 지역사회에 사용해야만 하는 사회적 자원을 쓰려고 하지를 않아서, 그게 되지를 않을 뿐인

133

거죠. 탈시설 정책이 강화되고, 지역사회 자립을 중심으로 정책이 재편되면은, 자기 돈줄과 권력을 잃게 되는 사람들이 장애계에서 어마어마한 힘을 발휘하고 있으니까. 결국 탈시설이 잘 추진이 안 되는 것도 돈과 권력 문제인 거야.

그런데 권리가 먼저인가요? 아니면 돈이, 권력이 먼저인가요?

탈시설은 UN에서도 공식적으로 추구하는 방향이죠

정확히 짚고 넘어가야 하는 게 있어요. 탈시설은 전장연이나 장애와인권발바닥행동, 한국장애인자립생활센터협의회 같은 한국의 진보적 장애인운동 조직들만이 독자적으로 주장하고 있는 게 아니에요. 탈시설은 UN에서도 공식적으로 추구하는 방향이죠. 국제적인 추세는 이미 점진적으로나마 탈시설로 나아가고 있는 거야. 이런 추세 속에서 UN장애인권리위원회가 한국 정부도 2008년에 비준한 〈UN장애인권리협약〉 정신에 의거해서 2014년 이랑 2022년에 이미 한국 정부에 탈시설을 권고하기도 했어요.

그런데 오세훈 서울시같이 탈시설 정책 반대하는 사람들은 또 이런 걸 피하려고 온갖 꼼수들을 가져다 써. 〈UN장애인권리협약〉을 막 이상하게 해석을 하면서. 이 협약에 탈시설이란 용어 없지 않냐, 주거 선택의 자유 이야기만 있는데, 그럼 시설에 들어가 사는 것도 주거 선택한 거니까 자유 아니냐, 이러고 있는 거야. 실제로 협약에 탈시설이란 용어가 직접 안 들어가 있는 건 사실이거든요? 주거 선택의 자유 이야기라고 명시되어 있는 것도 사실이고?

그렇다고 해도 정말이지, 이렇게 국제 협약 가지고서 장난질을 치면 안 되는 거지. 〈UN장애인권리협약〉을 보완하는 차원에서 UN장애인권리위원회가 2017년에 〈일반논평 5호〉를 내놨거든. 협약이나 선언이란 게 그렇잖아. 과거에 나온 거니까, 그 이후에 시대가 변하면 지금에 맞는 구체적인 내용이 담겨 있진 않은 거지. 그래서 UN에서 자기들이 내놓은 협약의 정신을 확장하고 보충하기 위해서 그 협약이 발표된 이후에 변화된 시대에 맞춰가지고 '일반논평'이라는 거를 내는 거거든. 일반논평이라는 거는 그러니께네 선언이나 협약을 변화한 상황에 맞게 더 구체적으로 해석을 한 거예요. 협약 비준한 나라들이 협약 정신을 더 잘 이행하라고 하면서.

이 〈일반논평 5호〉를 보면은 장애인들 탈시설해야 된다는 게 아주 정확하게 명시가 되어 있어요. 이것도 부족하니까 또 2022년 UN장애인권리위원회에서 〈탈시설 가이드라인〉을 내놓기도 했거든? 거기에서도 똑같이 말을 해. 〈일반논평〉이건 〈탈시설 가이드라인〉이건 시설을 폐쇄하고, 자립생활을 지원하는 게 이 협약을 비준한 국가의 의무라고 쓰여 있는 거예요.

그런데 정부랑 지자체가 아직도 시설을 유지하는 카르텔에 계속 낑겨가지고 그 국제 기준을 안 지키려고 저렇게 열을 올리고 있는 거야. 대표적인 게 오세훈 시장이죠. 오세훈이는 그렇게 말을 하거든. 덴마크까지 출장을 다녀와서 유럽에도 보니까 시설이 있더라. 시설이 여러 명이 한 방에 사는 게 문제면 유럽에 있는 좋은 시설들처럼 1인 1실로 만들면 되는 거 아니냐. 그룹홈이나 공동생활가정 같은 선진화된 '소규모 시설' 만들면은 시설 안에 살면서도 자립이 충분히 가능한 거다, 우리라고 왜 다른 선진국들처럼 그렇게 하면 안 되느냐고. 시설 낙후되면 좋은 시설이 못 되니까는, 시설을 유지한 상태에서 자립을 시키려면은 시설에 돈을 더 지원을 해줘야 된다. 지금 시설이라도 들어가려고 줄 서 있는 장애인들이 이렇게 많은데, 당연히 그래야 된다는 식으로 나와요.

오세훈이 말처럼 덴마크 같은 복지 선진국에도 시설이 있는 건 사실이에요. 유럽도 자본주의 체제 들어서고부터 생산성 없는 사람들 가둬두면서 장애인들을 관리하는 방식으로 장애인 시설화를 시작했는데, 나중 되면은 인권 이념을 바탕으로 해서 시설에 대한 비판들도 많이 등장하고 그러니까는 그런 시설들을 조금 더 좋은 시설로 바꾸려는 실험들이 생기거든. 장애인이 시설에 살면서도 지역사회에서 조금 더 자율성을 확보할 수 있는 방안을 찾으려고 한 거지.

그런데 이거 말인데요, 오세훈 서울시가 홍보하는 것처럼 정말로 마냥 좋기만 한 게 아니에요. 그렇게 해봐도 시설의 본질은 바꿰지 않는 거니까. 유럽 선진국들 고쪽 동네에서도 시설을 없애려는 쪽하고 유지하려는 쪽하고 전쟁을 치르는 과정에 있는 거거든.

당장 UN장애인권리위원회에서도요, 덴마크가 그런 방식으로 시설 유지하는 것도 문제라고 이미 지적을 했고, 그런 방식으로 소규모화되거나 기존보다 자율성이 조금 더 보장되는 시설도 시설이긴 매한가지라고 말을 해놨어요. 오세훈이가 그렇게 좋다고 우겨대는 그 시설들에 사는 장애인들을 지역사회에서 살 수 있게끔 전환하라고 UN이 직접 권고까지 해놓은 거지. 유럽연합 차원에서도 유럽연합 기금을 시설이 아니라 지역사회에서 자립하도록 지원하는 데 사용하라고 가이드라인까지 내놓은 상태고.

한국이 〈UN장애인권리협약〉을 비준한 나라고, 오세훈같이 높은 자리에 있어서 이 협약을 지키는 데 책임이 있는 사람이라면, 협약 기본 정신에도 맞지 않는 그런 시설 가가지고 우리도 본받아야 된다고만 하면 안 되죠. 덴마크 같은 나라에 남아 있는 시설들이 국제적인 기준상에서 어떤 지적을 받고 있고, 그게 왜 문제인지도 정확하게 시민들에게 밝혀줘야만 하는 거예요. 헝가리 같은 나라도 소규모화된 시설[공동생활가정, 그룹홈]을 탈시설—자립생활 정책으로 채택했다가 UN장애인권리위원회 직권조사까지 받았어. 그런 국제 사례가 널리고 널렸는데, 그럼 오세훈 서울시가 주장하는 것들은 이미 문제가 굉장히 많은 거 아닌가?

제가 분명하게 말을 할게요. 감옥은 1인 1실이 되어도 여전히 감옥인 거예요. 아무리 자율성이 기존보다 조금 더 잘 보장된다고 하더라도, 그 본질은 바뀌지 않아요. 아무리 그렇게 바뀌어 봤자 구조상 일상 하나하나에 대한 통제가 이루어질 수밖에 없는 거거든요. 노예가 말이야, 아무리 좋은 주인을 만난다고 해도 노예 계급으로 그대로 남아 있으면, 여전히 노예인 거잖아. 그거랑 똑같지 않나?

〈일반논평 5호〉랑 〈탈시설 가이드라인〉에서 대규모 시설이건 소규모 시설이건 모두 다 자립적인 주거 형태로 볼 수 없다고 한 거는 다 이것 때문인 거야. 〈일반논평〉에서 "장애인 당사자가 지역사회에 살더라도 일상적 의사 결정에 대한 통제권을 발휘할 수 없거나, 자신이 누구와 함께 살지 선택할 수 없는 상황, 자신의 의지와 선호가 존중되지 못하는 환경 등"이 갖춰져 있다면 그것도 이미 "시설화된 환경"이라고 이야기를 하는 것도 이거 때문이지.

지금도 시설 들어가려는 장애인이 많다고? 아주 줄을 서 있다고? 맨날 시설 운영자들, 공무원들이 이 이야기를 해대는데, 사실 이거에 대한 객관적인 국가 통계도 없거든. 내가 볼 땐 완전 과대 포장 된 이야기 같은데 말이야. 그리고 이게 사실이라고 쳐도 문제야. 지역사회에다가 제대로 장애인이 살 수 있는 조건을 안 만들었으니까 저렇게 시설 보낼 생각을 하게 되는 거잖아. 정부랑 지자체가 앞장서서 대안을 체계적으로 마련을 해봐. 누가 시설에 들어가려고 그 난리를 피울까. 자기네들이 잘못해서 벌어지는 일을 가지고서 저렇게 말을 하면 안 되는 거죠.

내 말이 틀렸다고요? 내 해석이 이상하다고요? 그럼 UN한테 같이 확인받으면 되는 거잖아. 그래서 내가 오세훈이랑 공개 면담할 때 분명하게 말을 했어요. 그렇게 우리 주장이 이상한 거라면, UN장애인권리위원회 위원을 초청해가지고 〈UN장애인권리협약〉에 쓰여 있는 '주거 선택의 자유'란 게 진짜 무엇인지, 서울시랑 우리랑 삼자대면하고서 확인을 해보자고.

그런데 서울시에서 이걸 또 안 하더라고. 뭐, 찔리는 거라도 있는 건가?

불안과 고통이 없는 자유로운 일상이라는 건 있을 수가 없는 거거든

성경 구약에 보면 〈출애굽기〉라고 있어요. 이집트에서 노예로 살던 히브리인들이 탈출하는 역사를 담아놓은 부분이죠. 이걸 엑소더스Exodus라고 하거든. 저도 그렇고 동지들도 그렇고 탈시설 운동을 흔히 엑소더스라고 불러요. 엑소더스 전에는 이집트에서 히브리인들이 노예로 살고 있는 게 당연한 일이었잖아요. 히브리인 본인들도 그렇게 생각을 했을 거야. 이집트에서 우리 보호해주고 있는데, 우리가 여기 벗어나 가지고 생존할 수나 있겠냐, 이 정도의 삶에 만족하고 살아야 하는 거 아니냐, 이러면서.

그런데 모세 같은 사람이 짜잔! 하고 나타나서 이집트 바깥으로 나가자고 해버리니까 어떻게 됐나요? 처음엔 이런 사람 보면은 그냥 말도 안 돼 보이는 거거든. 어? 이 인간이 갑자기 뭔 이상한 소리야, 이렇게 곧바로 인정을 안 할 수밖에 없었겠지. 그런데 결국에는 이집트 바깥으로 나왔잖아. 그렇게 나오니까 사람들이 어떻게 생각을 했나. 히브리인들이 이집트에서 노예로 살아왔던 게 당연한 걸로만 여겨지나요?

지금 시대에 탈시설이란 것도 중증장애인들한테는 비슷해요. 자신들이 당하던 억압과 차별이라는 걸 깨뜨리고서 나오는 거야. 이집트 탈출하듯이, 자기 가둬둔 시설 담장 바깥으로 탈출을 하는 거지. 그렇게 자기가 살던 틀을 깨고서 바깥으로 나오면 불안하지 않겠냐고요? 여러 고난들이 펼쳐지지 않겠냐고요? 당연히 그렇겠죠.

제가 탈시설을 주장하는 거는요, 지금 지역사회가 완벽하다는 이야기를 하는 게 아니에요. 여기는 유토피아도 천국도 아냐. 히브리인들 엑소더스 때도 마찬가지였잖아요. 신이 약속한 가나안 땅이라는 게, 절대로 완벽한 곳이 아니었거든. 가나안 향해서 엄청 오랫동안 방랑을 하다 보니까 막 공격해오는 사람들도 있고, 먹을 것도 얼마 없기도 하고. 분명 누군가는 그러니께네 이집트 바깥으로 나온 거를 엄청 후회를 했을 거예요. 아씨! 이집트에나 잘 붙어 있을걸, 이러면서. 적어도 거기서는 보호라도 받았는데.

그런데 그렇다고 노예로 사는 게 낫냐? 보호만 받을 수 있으면, 자유는 포기해도 되는 건가? 그건 또 아니거든요.

자유로운 삶이란 건 확실히 불안과 고난을 동반해요. 절대 잊으면 안 되는 건, 애초에 지역사회에서 살아가는 비장애인들도 실제로 일상 속에서 불안과 고난에 시달리면서 살아가고 있다는 거예요. 아무리 좋은 조건 속에서 살아가는 사람이더라도 불안과 고통이 없는 자유로운 일상이라는 건 있을 수가 없는 거거든. 그거를 헤치고 나가는 게 사람다운 삶이란 거지.

시설에서 안전하게 보호해줄게, 나가면 고난이 펼쳐질 거야, 라고 하는 말들은요, 중증장애인들에게 그러한 자유를 절대 허용하지 않겠다는 거랑 다름이 없어요. 물론 중증장애인들이 탈시설을 하면은 국가나 사회가 이 사람들 자유를 당장은 보장을 안 해주려 하니까, 그 일상적 조건이 유난히 취약해지면서 당연히 불안과 고난이 더 커질 수도 있겠지. 그런데 그거에 맞서 뚫고 나가면서 싸우는 과정이 또 사람을 엄청 자유롭게 하거든. 그렇게 싸우다 보면은 사회적 관계를 새롭게 만들어내는 힘, 나아가서 이 사회에서 당연한 걸로 여겨지던 걸 바꿔낼 수 있는 힘이란 거를 차차 가지게 되니까. 마로니에 8인이, 그리고 그 후에도 계속 탈시설해서 탈시설운동하고 있는 동지들이 그걸 잘 보여주고 있지 않나?

분명히 말을 할게요. 탈시설은 과정이에요. 그 과정 속에서 국가와 사회에 책임을 물어가면서, 이 고난이라는 거의 내용을 조금씩 바뀌나가는 과정인 거죠. 그런데 그렇다고 해서 또 지역사회가 단숨에 완벽해지는 건 아니라고? 그러니 계속 가둬둬야 한다고? 그럼 뭐, 이 사회가 유토피아가 될 때까지, 누구도 아무런 불안이나 고난을 겪지 못할 때까지 탈시설을 하면 안 되는 건가?

탈시설의 싸움이 나만 자유롭게 하냐 하면은 절대 아닐 거예요. 우리 역사가 보여주는 건요, 사회가 요구하는 쓸모가 사라진 사람은, 어떤 기준에 못 미치는 사람은 어떤 방식으로건 지역사회 바깥으로 쫓겨난다는 거예요. 과거에 형제복지원이나 선감학원 같은 수많은 시설들이 그랬고, 나치뿐 아니라 세계 곳곳에서 운영된 강제수용소들이 그랬잖아. 누구든 언제나 그렇게 추방당하고, 게토에, 시설에 갇힐 위험이 있어요.

지금이라고 다를 것 같아? 당장 돈도 별로 없는 사람들은 늙으면 이제 최소한의 쓸모조차 사라져서 시설에 처박힌 채 죽음만 기다리고 살아야 하잖아. 꼭 늙지 않더라도 사회적 조건이 어떻게 바뀌느냐에 따라 비정상으로 낙인찍혀 시설화되는 건 누구나 다 겪을 수 있는 일들이에요. 자기 관계도 다 끊기고, 더 이상 꿈도 미래도 없는 삶은 누구에게나 벌어질 수 있는 일인 거죠.

시설화되는 게, 정말로 자기 일이 절대 아니라고? 글쎄요, 사실은 돈을 엄청나게 벌어다 둔 사람들, 그래가지고 이 사회에서 권력 좀 누리고 사는 사람들한테나 그런 거 아닐까. 장애인 탈시설운동이 그어놓은 탈시설 전선은 이미 이런 시설화 전반에 저항할 수 있는 물리적 근거지가 되고 있고, 미래에도 그렇게 될 거라고 봐요.

당연히 앞으로도 우리는 많이 패배할 거야. 이미 탈시설 전선이 만들어졌고, 전선이 형성되었다는 건 곧 수없이 크고 작은 전투가 벌어질 것이고 그 과정에서 우리가 두들겨 맞고 깨지기도 하고 그럴 거라는 거 아냐. 그 전투 모두에서 우리가 다 승리할 건 분명히 아니거든. 아마 지는 날이 더 많을 거고, 앞으로도 한동안은 계속 불리한 위치에 놓여 있을 거야.

그래도 그 전투들에서 계속 피를 흘려가면서도 전선을 유지할 수 있는 힘이 있다면은, 지금 그러는 것처럼 또 다른 마로니에 8인들이 계속해서 나타나 가지고 이 전선을 계속 확장해갈 수 있게끔 물리적 기반을 닦아놓는다면, 그럼 언젠가는.

우리는 권리를 생산하는 노동을 합니다

"중증장애인 노동권, 공공 일자리 쟁취하자고 그렇게 싸웠는데,
고용노동부가 만들어낸 기준은 또다시 재활의 기준, 비장애인에게
강요하고 있는 이 자본의 기준, 이윤, 생산성, 실적의 기준이었습니다.
노동력을 경쟁 능력의 상품이라 이야기하는 그 질서 내에 우리가 또
줄 서버렸습니다. 한국장애인고용공단 서울본부에서 85일을 싸웠던
그 결과가 고용노동부가 만들어놓은 이 일자리였습니다. 미안합니다.
동지들, 미안합니다. 그것이 죽음의 컨베이어 벨트인지 저는
몰랐습니다. 또 우리가 죽음의 컨베이어 벨트에 줄 서버렸습니다."

— 2019년 12월 11일 서울지방고용노동청 앞 결의대회 박경석 발언 중

2017년 11월 21일부터 이어진 전장연의 85일간의 장애인고용공단
농성 끝에 고용노동부가 마지못해 만든 '중증장애인 지역맞춤형
취업지원 사업'에서 일하던 한 노동자가 2019년 겨울날 스스로 목숨을
끊었다. 이 노동자는 실업 상태에 있는 중증장애인의 취업 의욕을
고취시키고 일자리를 연계해주는 '동료지원가' 업무를 담당했다. 당시
동료지원가는 월 네 명의 참여자를 발굴하고 한 명당 5회의 상담 및
취업 연계를 해야만 했다. 그리고 그때마다 적지 않은 서류를 작성해야
했다. 그러나 이 노동자는 사업 마감 기간이 다가왔음에도, 결국
고용노동부가 요구한 실적을 다 채우지 못했다. 당연한 일이었는지도

모른다. 이 일자리가 요구하는 실적은 아무래도 기존 노동에 익숙하지 않은 중증장애인이 감당하기에는 너무 벅찬 것이었기 때문이다. 더 결정적으로 이 실적을 채우지 못하면 자신이 받았던 급여도, 이 사업에 투입된 예산도 고스란히 뱉어내야만 했다. 당연하게도 그 피해는 동료지원가 노동자 본인뿐 아니라 그의 동료, 그의 일터에까지 이어졌다. 그가 동료들에게 남긴 마지막 문자메시지는 "미안하다"였다고 전해진다.

며칠 후, 그를 추모하기 위해 모인 사람들은 이미 깨닫고 있었다. 그리고 박경석의 절규는 그것을 다시 한번 확인시켜줬다. 우리는 이 일자리를 받고서 싸움을 멈췄으면 안 됐다. 공공 일자리에서마저 자본의 기준이 지배하는 이 세상, 거기에 굴복하는 순간 애초에 자본으로부터 버림받은 우리는 또다시 설 자리를 잃어버리게 될 것이다. 미안해해야 할 것은 어쩌면 그가 아니라, 자본의 기준에 타협한 우리들, 그리고 우리들을 과거와 똑같이 줄 세우려 했던 이 세상이었는지도 모른다.

그의 죽음이 있고서 8개월 후, 마로니에공원에서는 꽤나 기이한 광경이 펼쳐졌다. 분홍 조끼를 입은 중증장애인들이 돌연 대거 무대에 올랐다. 이들은 한동안 마이크를 제 몸 가까이 두려고 서로 크고 작은 분투를 벌인다. 몇 분 후 상황이 정리되자 뽕짝과 테크노가 조합된 멜로디가 울려 퍼졌고, 곧 이 멜로디는 무대에 오른 이들의 아우성과 마구 뒤섞이기 시작했다. 거의 모든 부분에서 음정과 박자가

엇나갔고, 고작 20분 남짓한 상연 와중에도 이런저런 사고가 어김없이
터졌지만, 이 공연은 원래 그렇게 계획된 듯 그저 자연스러웠다.
어느새 그들 앞에 둥그렇게 모여 박수를 치는 시민들 앞에서 이들은
있는 힘껏 장애인 권리의 중요성을 홍보했다. 그러고는 자신 있게
덧붙였다. "시민 여러분! 나도, 우리도, 노동자입니다!"
이들은 동료지원가 사업 실패 후, 전장연의 요구로 서울시에서
만들어진 '권리중심중증장애인맞춤형공공일자리(이하
권리중심공공일자리)' 노동자들이다. 이 일자리를 통해 어떤
노동자들은 지역사회 곳곳에 나타나 시민들 앞에서 노래를 부르고,
어떤 노동자들은 그림을 그려가며 이 사회가 감춰온 자신의 존재를
알린다. 어떤 노동자는 기자회견, 집회에서 할 발언을 준비하고
구호를 만들며, 피켓을 제작한다. 어떤 노동자는 지역사회를
돌아다니며 장애인 접근권을 모니터링한다. 이들은 이렇게 다양한
방식으로 한국 정부가 비준한 〈UN장애인권리협약〉을 대중들에게
캠페인하고, 협약의 내용을 지역사회에 실현하는 노동을 한다. 이
노동자들은 금세 이렇게 자부하기 시작했다. "남들이 차를 만들고,
집을 만드는 동안, 우리는 권리를 생산하는 노동을 합니다!" "우리는
세상을 바꾸는 노동을 합니다!" 그리고 어느덧 이 일자리는 그
가치를 인정받아 경기, 경남, 강원, 전남, 전북, 인천, 광주 서구, 춘천,
제천으로까지 확장되었다.
그러나 이 '신박한' 노동의 나날은 금세 위협에 처했다. 2023년, 이

일자리에 대한 파상공세가 시작되었기 때문이다. 하태경 국민의힘 시민단체선진화특별위원회 위원장이 권리중심공공일자리를 '전장연 집회의 장애인 동원 일자리'라 폄훼하기 시작하더니, 급기야 오세훈 서울시는 24년 이 일자리를 단숨에 폐지해버렸다. 그리고 그 덕에 처음으로 일자리를 가져본 최중증장애인 노동자 400여 명은 순식간에 해고노동자가 되었다.

이제 이들은 서울시 곳곳에 나타나 자신들의 복직을 걸고서 새로운 싸움을 벌이고 있다. 자신들이 경험한 노동이 얼마나 소중한 노동인지를 이 세상에 알려가며.

고병권 선생님이 이런 말을 한 적이 있어요. "사회 전체를 이동시키지 않고서는 학교조차 갈 수 없다는 것, 사회 전체를 새로 배우게 하지 않고서는 야학에서의 작은 배움도 불가능하다는 것."[고병권, 《묵묵》, 돌베개, 2018, 26쪽] 돌이켜 보면 정말로 그랬던 것 같아요. 이동권 투쟁에서 그게 아주 정확하게 드러났지. 정말로 장애인들은 사소한 거 하나를 할래도 사회 전체를 이동을 시켜야 하고, 새로 배우게 해야 하더라고요. 그게 아직도 많이 부족하지만은 그래도 어느 정도는 성공을 거뒀으니까 우리 노들야학 학생들도 이제는 과거보다 더 많은 '일상'을 누리게 된 거잖아. 그런데요, 이것들만큼이나, 아니 어쩌면 이것들보다 더 강력하게 사회 전체에 큰 변화를 가져올 수 있는 거는 어쩌면 최중증장애인도 노동을 하겠다는 요구인지도 몰라요.

사실 "최중증장애인도 노동할 거다"라고 하면은, 이 사회에서는 진짜 이상한 말처럼 보일 거야. 이 사람들 어떻게 봐도 도대체가 일을 할 수가 없어 보이거든. 장애인, 그러끼네 'disabled person'이라는 말 자체도 기원적으로는 '노동할 수 없는 사람'이란 의미에서 왔잖아. 역사적으로 보면은 이렇게 노동할 능력이 없으니까 죄다 그냥 시설에 가둬두기 시작한 거고.

나만 해도요, 장애인이 노동할 수 있냐고 누가 물어보면, 정확하게 대답을 해줘요. 이 사람들 노동할 수 없다고. 적어도 최중증장애인으로 분류되는 사람들 같은 경우에는 정말로 그렇다고요. 그도 그럴 것이 지금은 자본에다가 자기를 팔아가지고, 자본이 이윤을 뽑아먹을 수 있는 활동만 노동인 것처럼 이야기되잖아요. 일할 수 있는 사람들 착취를 잘해가지고 이 사람들한테 최소한으로 임금 주고 최대한 뽑아먹어야 돈을 벌 수가 있는 거야. 그러려면 노동자한테는 당연히 거기에 맞게 생산성, 효율성 같은 게 있어야 하는 거고. 그런데 중증장애인들한테 이런 능력이란 게 정말로 있나? 솔직히 말해서 대부분은 없는 게 사실이잖아.

진짜로 농담이 아니라, 내가 사장이라도 돈 벌라고 맘먹으면 이런 사람들 안 뽑아요. 나같이 일 잘하는 장애인이라면 고민해보기야 하겠다(나도 제도상에서는 중증장애인인데, 비장애인들도 다 인정할 정도로 일을 잘하거든요, 하하). 그런데 대부분 중증장애인들은 정말로 지금 노동시장에서 존재 자체가 적합하지가 않거든. 그러니께네 자본 입장에서는 돈 벌어야 되는데 일 잘하는 사람들 데려다가 쓰는 게 맞지, 이런 사람들 데려다가 쓰는 게 맞겠어요?

말이 나왔으니까 하는 이야기인데, 중증장애인들 고용하면 이 사람들이 일 잘 못하는 거 말고도 피곤한 게 참 많아지는 거거든. 중증장애인 고려해서 작업환경, 편의 시설 이런 거 다 바꿔야 하는 거만 봐도 그래. 이거 다 자본 입장에서는 돈이잖아. 이미 비장애인 중심으로 공간 다 만들어놨을 텐데. 이런 거 바꾸는 데 제도상으로 국가 지원을 좀 하도록 되어 있긴 하지만, 그거 외에도 중증장애인 고용하면 신경 써야 하는 게 아주 한두 가지가 아닌 거야. '장애인 고용이 기업의 부담이다' 같은 이야기가 계속해서 나오는 게 참 괘씸하긴 해도, 얘네들이 아무 근거도 없이 괜히 그러는 건 아닌 거죠.

그렇다고 중증장애인들 집안일 시킬 거야? 당연히 안 되겠죠. 집안일이란 게 얼마나 힘이 드는 건데. 거기에는 또 거기에 맞는 능력이 필요한 거잖아. 요새는 자본에 직접 고용이 안 되더라도 분명 이 세상 굴러가는 데 도움이 되는 많은 활동들을 노동으로 인정하라는 이야기들이 꽤 나오고 있긴 하죠. 특히 월급 안 받고 하는 재생산노동들 말이야. 시대가 변하면서 사회에서 잘 인정 못 받던 필수노동에 대한 가치 평가도 새롭게 이뤄지고 있고요. 이건 참 좋은 일이지. 그렇게 노동 개념을 확장해가지고, 생산 시스템의 전환까지 이야기하는 사람들도 있으니까.

그런데요, 이런 노동 개념의 전환 이야기하는 사람들도 중증장애인들이 할 수 있는 일까지 고려해서 '새로운' 형태의 노동을 언급하는 사람은 또 잘 없더라고. 재생산노동이나 이 사회가 필수 노동이라 부르는 것들도 그게 얼마나 소중한 노동인지와는 별개로 비장애인들에게는 이미 익숙한 노동이고, 그런 만큼 거기에 맞는 능력이라는 게 또 요구가 되잖아. 사실 이런 노동들은 기존 비장애중심주의 노동 시스템에서 이미 다 당연히 이뤄져온 노동이기도 한 거고. 노동 개념 전환 주장하면서 자본주의적 생산 시스템 변혁까지 말하는 사람들마저도 이렇게 체제 내에서 이미 인정받고 있는 노동 외에는 어떤 노동이 있을 수 있는지를 잘 떠올리질 못하고 있는 거야.

장애인 노동권 문제를 제대로 해결하려면은 이런 현실을 정확히 인식하는 것에서부터 출발을 해야 돼요. 그냥 막연하게 "장애인들도 노동 좀 시켜줍쇼" 하고서 구걸하기 전에, 지금의 노동 개념과 패러다임이 어떤지를 먼저 잘 생각을 해봐야 하는 거지. 비장애인들보다 능력도 많이 떨어지면서 시혜적으로라도 일자리 가져서 나도 노동자다, 이제 나도 월급 받는다 이러면서 자부심 갖는 장애인들도 당연히 있긴 하죠. 그래도 중증장애인은 아닌 사람들 같은 경우에는 말이야. 그런데 이 사람들도 거기서 일을 잘 못하니 자존감만 팍팍 떨어지고 그러니 일이 마냥 즐겁지만은 않은 경우도 많거든. 결국 엉엉 울면서 그만두고 나오는 장애인도 있고. 경증장애인들도 이런데, 최중증장애인한테 그냥 아무 일이나 맡겨놓고 "야! 열심히 일해봐라"라고 하면은, 그게 장애인 본인한테 정말로 마냥 좋기만 하겠어요?

　상황이 이러니께네 지금 기준이 요구하는 능력들이 전혀 없는 사람들 데려다가 그냥 바로 "노동시킬 수 있다" 이렇게 우긴다고 문제가 곧장 해결이 될 리 없는 거예요. 장애인 노동권 문제의 대안이란 게 고작해야 제대로 할 수도 없고 그래서 재미도, 성취감도 못 느끼는 일자리에다가 장애인들 억지로 집어넣어 버리는 거에 그쳐서는 안 되는 거기도 하고. 그럼 일시키는 사람 입장에서야 당연히 안 좋을 테고, 사실은 같이 일하는 비장애인 노동자들도 장애인들 일 못하는 만큼 자기가 해야 하니까 아주 죽어나는 거거든.

　분명하게 말을 할게요. 최중증장애인이 노동을 하려면요, 정말로 노동 패러다임을 전면적으로 뒤집지 않고는 불가능해요. 제가 중증장애인이 노동할 수 없다고 말한 것도 그러니께네 사실은 내가 정말로 나쁜 사람이라 이런 맘 품고 있는 게 아니라, 어떤 중요한 전제가 깔려 있는 거예요. 지금 노동 개념에 맞춰 생각을 해보면 도무지 노동으로 인정받는 일을 할 수가 없는 사람들이 있다는 거죠. 그런데 이윤이나 생산성, 효율과 무관한 다른 다양한 활동들도 노동으로 인정받을 수 있는 사회가 되면은, 그렇게 노동 개념과 패러다임이 변하게 되면은 이제 이야기가 완전히 달라질 수 있지 않을까?

　그러니께네 출발점은 언제나 지금 이 사회에서 일로 아예 인정을 못 받는 것들에 대한 상상을 더 확장하고, 그걸 이 사회에다가 정말로 실현해내는 게 돼야 하는 거야. 정말로 빈말이 아니라, 중증장애인이 노동을 하려면은 사회 전체를 이동을 시켜야 하는 거예요.

한국 장애인운동이
장애인 노동권 투쟁으로부터 시작을 했는데요

저는 지금 자본주의에서도 자주 하는 혁신 같은 걸 이야기하는 게 아니에요. 자본은요, 노동을 계속해서 바꿔가고 있어요. 얘네가 시대에 맞춰서 능동적으로 대처하는 거 보면 정말로 어마어마해. 얘네 입장에서도 그래야 계속 이윤을 뽑아먹을 수가 있으니까. 비정규직 만들어내고 플랫폼노동 만들어내고 하는 거에서부터, 인공지능 시대다 뭐다 하니까는 막 새로운 노동들이 탄생하고 그런 것들도 봐봐. 돈만 더 벌 수 있으면 노동이 아니었던 게 노동이 되고, 예전에는 상품도 아니었던 것들이 막 상품이 되고 그러잖아. 그런데요, 얘네는 아무리 새로운 노동, 새로운 노동, 새로운 노동 말해봐야 결국은 자본주의의 속성은 그대로 남겨둔 채로 그렇게 하는 거거든요. 경쟁, 효율, 생산성 같은 기준들이 그대로 남아 있으니께네, 아무리 혁신이다 뭐다 해봐야 본질은 바뀌지 않는 거죠. 그러니 그렇게 노동 세계가 바뀌어봤자, 중증장애인은 계속 그 영역에 들어갈 수가 없는 거고. 혁신을 했다고는 하는데 이상하게 비장애인 노동자들 삶은 도리어 더 힘들어지고.

문제는 기존 장애인 노동 정책이라는 것들도 여전히 이런 경쟁, 효율, 생산성 틀에 콕 박혀가지고 만들어져 왔다는 거죠. 그냥 자본주의적 노동의 틀 안에 딱 갇혀가지고 지금도 그 안에서만 놀고 있어. 고용노동부도, 복지부도, 장애인고용공단도 기껏 한다는 게 그냥 변화하고 있는 노동시장에 맞게 이 사람들 쪼금 편입시켜 보겠다 정도만 말을 하고 제도화해 왔잖아. 자본주의 때문에 노동에서 쫓겨난 사람들을 위한 정책인데도, 이 관계의 전면적 변화를 전혀 고려하지 않고서 고걸 만들어온 거야.

윤석열 정권도 딱 그러고 있거든요. 자본주의가 요구하는 생산성하고 무관한 노동, 우리가 싸워서 만들어낸 새로운 노동 개념 딱 걸고 있는 권리중심공공일자리 같은 일자리는 주구장창 공격하고, AI시대에 맞춰서 장애인 일자리 교육 확대하겠다 어쩐다 하면서, 어차피 중증장애인들한테는(사실은 상당수 경증장애인들한테도) 그림의 떡 같은 이야기나 하고 있고.

솔직히 말을 해보자면, 과거 장애인운동하던 사람들도 기조가 크게 다르지는 않았어요. 한국 장애인운동이 장애인 노동권 투쟁으로부터 시작을 했는데요. 80년대 후반에 장애인운동이 본격적으로 시작을 했으니까, 그 시대 분위기에 맞춰진 게 있었던 거지. 그 시대는 계급 해방, 노동 해방, 이런 게 제일 중요했잖아. 그때부터 정태수[88년 장애인운동을 시작하여 〈장애인고용촉진법〉 제정 운동 등 장애인 노동권 투쟁에 헌신하다 2002년 과로로 사망했다. 한국 진보적 장애인운동의 기초를 닦은 인물 중 한 명으로 평가된다] 같은 애가 마르크스 어쩌고 쪼가리 글 읽고 와서 "장애인들도 일단 노동자가 되어야 한다. 그래야 우리도 역사의 주체로서 계급투쟁에 함께할 수 있다" 이런 이야기 하면서 박수 받고 했던 게 괜히 그랬던 게 아니거든.

나도 고놈 때문에 참 힘들었어. 갑자기 나 다방 데려가 가지고 어디서 대학생 한 명 불러다가 《자본론》 같이 읽자고 하기도 하고. 결국에는 내용은 하나도 이해를 못 하고, "그래 우리도 같이 자본주의 부숴가지고, 혁명하자" 이래 결의나 다지고서 술이나 먹으러 가고 그랬었지.

그런데 그렇게 자본주의 타도니 뭐니 엄청 거대한 생산 시스템의 변혁을 이야기했으면서도, 그때 요구들 잘 생각해보면 기껏해야 그냥 기존 시장 내에서 이미 노동으로 인정받고 있는 것들 나도 하게 해달라, 우리도 그거 할 수 있다, 이 정도였던 거거든. 그러면서 강력하게 주장했던 게 〈장애인고용촉진법〉 제정이었는데, 이 법만 들여다봐도 그래요. 이 법의 핵심이 고용할당제거든. 흔히 '장애인 고용의무제도'로 불리는 거지. 고용의무제란 건 쉽게 말해서, 노동자 몇 명 이상 고용한 기업에서는 몇 프로 이상 장애인을 고용하라 이런 거야[90년대 초에는 300인 이상 기업에서 전체 노동자의 2퍼센트 이상을 장애인으로 고용해야 했었고, 2024년 현재는 50인 이상 기업에서는 3.1퍼센트, 공공에서는 3.8퍼센트 이상을 장애인으로 고용해야 한다]. 기업들이 이 기준 안 지키면 고용부담금을 내야 하는 거고.

이 법 제정하는 투쟁 과정도 장애인의 노동문제를 사회구조적으로 접근했다는 측면에서 장애인운동사에서 굉장히 의미가 크고, 고용의무제가 장애인 노동권 보장 관련해서 갖는 의미도 물론 크죠. 특히 그래도 노동능력이 좀 있는데 차별받아서 일자리 못 갖는 경증장애인들 같은 경우에는 이 제도가 아주 소중할 수밖에 없는 거거든. 지금까지도 이 제도가 장애인 고용에서 나름 중요한 역할을 하고 있는 것도 사실이고. 그런데 80년대부터 〈장애인고용촉진법〉 제정 투쟁 하고 90년대 내내 고거 지키라고 요구했던 사람들도요, 중증장애인들이 특히나 노동에서 배제되는 문제 같은 거는 별로 고민을 안 했어요. 이미 누구를 배제한 채로, 아니 사실은 아예 누군가를 생각도 못 한 채로 이런 요구만 주구장창 한 거야.

하긴 그때는 진짜로 중증장애인이라고 볼 만한 사람들, 진짜 이 사람은 노동이라곤 못 하겠구나 싶은 사람들이 정말로 사회에서 아예 보이지도 않았으니까. 발달장애인이나 뇌병변장애인들은 다 집구석이랑 시설에 갇혀 있었지. 장애인운동하는 사람들 사이에서 나 휠체어 타고 다닌다고 제일 중증인 것처럼 보고 그랬던 시기인데. 운동 사회에서 장애인이라고 하면 기껏해야 소아마 비장애인들, 목발 짚고 다니는 장애인이 대부분이었던 거고, 장애 인운동을 이끌던 사람들도 대부분 이런 사람들이었죠. 거기다가 사실 졸업하고서 당장 취업을 해야 되는데 못 할 것 같은 운동권 물 먹은 대학생들이 주도했던 운동이기도 했고(우씨. 그런데 지 금 보면 이 사람들 대부분 돈 지원 잘 받는 보수 관변 장애인 단체 에서 짱 먹고 있어).

그러니께네 그때 요구는 결국엔 그래도 일을 할 수 있는 장 애인들, 능력이 어느 정도는 있는 장애인들은 좀 일할 수 있게 일 자리의 파이를 만들어주세요 정도였던 거야. 우리도 일 잘할 수 있어요, 이러면서. 이거는 장애인을 노동 못 하게 하는 문제를 근 본적으로다가 건드렸던 건 아니잖아. 자본주의가 요구하는 생산 성 자체가, 능력주의나 비장애중심주의 자체가 문제인 건데, 그거 에 대해서는 한마디도 안 하고, 나도 그래도 능력 있어요, 이런 데 서 머문 거니까.

그런데 그렇게 애초부터 근본적인 문제를 제대로 안 치고 나 가니까 결국 90년에 법이 만들어진 후에도 계속 문제가 생기더라 고. 당장 기업들이 법을 안 지키는 게 제일 크지. 얘네들 명목도 들 어보면 그럴싸하거든. 장애인들 저렇게 아무리 우겨봐야 실제로 보면은 생산성도 대체적으로 낮고, 그러니 맡길 일이 없다는 거 야. 사실 장애인 고용에 아예 관심도 없고 능력 있는 장애인도 뽑

158

을 생각 없으면서 맨날 저 핑계만 대는 거지, 하하. 이 법 시행된 지 30년이 넘었는데, 기업들은 지금까지도 그러고 있거든요. 그러니 과거나 지금이나 수많은 자본들이 그냥 대강 고용부담금 내고 때우고 있기도 하고. 장애인 고용하느니 차라리 부담금 내고 마는 게 나으니까. 한국에서는 고용부담금이 워낙에 낮다 보니까는 기업 입장에서는 임금 주는 것보다 이렇게 하는 게 훨씬 부담이 적기도 하거든.

그러니께네 경증장애인들 입장에서도 아무리 이렇게 고용의무제가 생겼다고 하더라도 모두가 곧바로 취직할 수가 있는 게 아닌 거예요. 결국 이 사람들도 취업해서 먹고살려면 자기 능력이 남들보다 더 뛰어나다는 걸 계속 증명을 해야 했던 거죠. 그런데 사실 경증장애인이라고 해봐야, 이 사람들도 비장애인들보다 교육 못 받은 사람들이 많고, 일도 지지리 못하는 사람들도 많고 그럴 거잖아. 그럼 이 장애인들 입장에서는 또 어떻게 해야 되나? 계속 자기 능력을 키워가야지, 뭘 어떻게 해. 자기는 못난 장애인이니까는 비장애인들하고 경쟁할 수 있을 만큼 더 능력을 키워야 하는 거야. 이렇게 장애인 위한다는 제도를 만들어놔도 계속 그 안에서도 능력 가지고 줄 세우기를 할 수밖에 없게 된 거죠. 우씨, 80년대에 마르크스주의자라는 사람들이 이런 거 얻어내려고 엄청 목을 매고 싸웠는데, 고작 이런 발상 가지고서 무슨 자본주의 타도를 하겠어.

저는 물론 그때 이 정도만 이야기할 수 있었던 게 꼭 엄청나게 문제였다고 생각을 하진 않아요. 사실 그 시대에 이 정도 이야기만 한다고 해도 정말 괜찮은 거였지, 뭐. 그땐 훨씬 더 후진적인 것들이 너무나도 많았으니까. 용역 깡패, 앵벌이, 시혜와 동정 활용해먹어 가지고, 이런 걸로 누구는 사업해먹고, 장애인들도 생계 보장 수단으로 삼고 그런 시기였으니까. 사실 따지고 보면 외국에서도 장애인 노동 하면 이 정도 발상 넘어선 데는 (지금까지도) 거의 없기도 하고.

어떤 운동이건 말이에요, 어느 날 갑자기 어마어마하게 전복적인 이야기를 딱 내놓을 수 있지는 않아요. 운동의 경험들이 쌓이고 쌓이면서 새로운 논리를 말할 수 있는 토양이란 게 만들어지고, 그러니 지금같이 정말 획기적인 이야기도 할 수가 있는 거죠. 그런 만큼 그때 투쟁들이 지금 장애인 노동권 투쟁의 물리적 기반이 되었다고 봐야 하는 거죠.

1만 명이 합법적으로 최저임금도 못 받고 일을 하는데, 이게 당연하게 여겨지는 게 지금 한국 사회인 거야

어쨌건 간에 장애인 노동 정책이 애초에 이렇게 자본주의적 능력주의에 바탕을 두고 출발을 했다 보니까, 장애인 노동 하면은 이때부터는 죄다 직업재활 이념으로 빨려 들어갈 수밖에 없게 되었다고 봐야겠죠. 직업재활을 뭐 아름답게 장애인의 직업 생활을 도모하고, 지원하고 이리저리 포장해서 말하는 사람들도 있고 그렇지만은 이거 까놓고 말하면 핵심은 "너 생산성이 비장애인 기준보다 떨어지는 사람들이다. 노동하려면 장애를 극복해라!" 이런 거거든. 장애인은 기본적으로 손상된 사람들이라는 인식을 깔아놓고서, 결국 장애인이 비장애인들보다 가치가 떨어지는 사람이라고 보는 거야. 그러니께네 그런 만큼 비장애인들이 적응할 수 있는 자본주의의 관점에서 매우 노력해야 하는 거지. 그럼 정말로 경쟁력을 갖춘 노동력이 될 것처럼.

이런 걸 두고 바로 희망 고문이라고 하는 거예요. 이게 말처럼 쉽게 되는 게 아니잖아. 아니, 자기 존재를 바꾼다는 게 그렇게 쉬운 일이었으면, 문제가 다 쉽게 해결되게? 이 사람들 그냥 "나도 노동할 수 있다!"고 아무리 말해봐야 결국 안 되는 게 있어요. 자기 존재를 극복하고 바꾼다는 건 비장애인들도 힘들어하는 거잖아. 가끔 똑똑하고, 엄청 잘나가지고 성공한 장애인들도 있지만은 그 사람들은 정말로 극소수죠. 대부분의 사람들은요, 이게 잘 되지를 않아요.

이런 기조 가지고서 본격적으로 시작된 직업재활 정책 30년이 얼마나 실패한 건지는 통계로도 딱 드러나거든요. 지금 장애인 경제활동참가율, 고용률 같은 거 보면은 아직도 엄청나게 낮아요. 장애인의 62퍼센트 정도가 비경제활동인구예요. 전체 인구 비경

161

제활동인구는 35퍼센트 정도 되는데, 이 정도면 차이가 엄청나게 큰 거잖아.

중증장애인들은 더 하거든. 중증장애인 경제활동참가율은 22.9퍼센트밖에 안 되고, 유형별로도 보면은 뇌병변장애인, 안면장애인들은 14.2퍼센트, 발달장애인은 33.3퍼센트 수준밖에 안 돼요. 성별 격차도 무시할 수 없죠. 장애여성들 경제활동인구 비중을 보면은 또 장애남성들보다 엄청나게 낮거든. 장애남성 경제활동참가율이 48.3퍼센트인데, 장애여성은 24.3퍼센트니까[2022년 기준].

비장애인 비경제활동인구들 중 상당수는 주부도 있고, 취업 준비하는 사람들이나 대학생도 있고 하거든요? 그러니께네 이 사람들은 이 사회에서 임금노동을 해가면서 계속 먹고살아갈 희망이라도 있는 거야. 그런데 장애인들은 어떤가요? 이 사람들처럼 어디 최소한의 노동의 희망이라도 보이기를 하나?

이렇게 직업재활 정책이 재활 자체를 잘할 수 있도록 만들어내지를 못하니까, 언젠가부터는 직업재활이 아예 장애인들 일반 노동시장에 들여보내겠다는 애초의 목적까지 잃어버리고서, 장애인들 '보호'하는 복지의 수단으로 변질되어 버리기까지 하더라고. 이게 2000년대에 〈장애인고용촉진등에관한법률〉이 〈장애인고용촉진및직업재활법〉으로 이름 바뀌면서 아주 본격화되어 버렸지.

아마 비장애인들한테는 낯설 텐데, '보호작업장'이란 데가 아주 대표적인 곳이에요. 한국에서는 〈최저임금법〉 제7조에 따라서 합법적으로 생산성 떨어지는 장애인들한테는 최저임금 안 줘도 되게 되어 있는데, 실제로 최저임금 못 받고 일하는 장애인 노동자들 절대다수가 보호작업장에서 일을 하고 있어요. 이 사람들 평균적으로 37만 원 정도 월급으로 받는데, 그거 받고서 그냥 거기서 보호받고 있는 거야. 아이고, 평균 월급이 37만 원이라는 거지, 10만 원, 5만 원 받고 이러는 장애인들도 많아. 이런 사람들이 한국에 몇 명이나 될 거 같아요? 매년 통계 보면 9000명~1만 명을 왔다 갔다 해. 9000명~1만 명이 합법적으로 최저임금도 못 받고 일을 하고 있는데, 이게 전혀 문제도 안 되고 당연하게 여겨지는 게 지금 이 한국 사회인 거야.

물론 당연히 보호작업장에서도 직업재활을 명목으로 걸고 있긴 하죠. 경쟁 노동시장에 못 들어가는 장애인들을 보호해서 고용한다는 개념으로, 여기서 열심히 훈련을 시켜서 비장애인들도 일하는 일반 노동시장으로 이전하겠다는 거니깐. 그런데요, 이게 말이야 좋지, 이렇게 경쟁 노동시장으로의 이전이 최종 목적이면은 지금 당장 거기서 일하는 노동자들이 노동자로 제대로 인정을 받기가 쉽겠어요? 애초에 이 사람들은 생산성이 어마어마하게 떨어지는 사람이라고 전제를 하고 있는 거잖아. 법적으로 노동자 지위 보장된다 어쩐다고 할 때도 있는데, 사실 보면은 그냥 훈련생처럼만 여겨지는 경우가 대부분이거든. 어차피 여기는 제대로 된 공장이 아니고, 제대로 된 공장으로 가는 중간 단계일 뿐이니까.

그러니께네 이 노동자들한테는 최저임금을 안 줘도 그게 쉽게 정당화가 되어버리는 거야. 이 사람들 권리를 앞장서서 보장해 줘야 하는 〈최저임금법〉이란 법이 도리어 장애인들 최저임금 안 줘도 된다고 그렇게 하라고 더 부추기고나 있고. 이것만으로도 이곳이 얼마나 비장애인 중심의 능력주의 사회인지가 딱 드러나지 않나?

그냥 특정 시간 동안 장애인 보호하는 시설인 거지

상황이 이런데도 어떤 장애인 가족들은 장애인들 거기에 보내놓는 게 좋고, 어떤 장애인 당사자들은 본인도 거기에 있는 게 좋은 거야. 거기서 오래 일했던 어떤 장애인들은 거기서 일하는 거 정말로 치욕스러웠다고 이야기들도 하지만, 또 많은 장애인들이 실제로 보호작업장에라도 있게 해줘서 정말로 고맙다는 말들을 하기도 해요. 그러니 전장연이 "장애인에게도 최저임금 적용해라"라고 하고, "보호작업장 단계적으로 없애나가자"라고 하면은, 그럼 우리 해고되지 않냐 그나마 있던 일자리도 사라지지 않냐, 우리는 거기에라도 줄 서 있을 거다 이러면서 우리에게 도리어 반발을 하지. 고놈의 외부 세력 이야기 또 꺼내면서.

164

사실은 발달장애인 가족 같은 경우에는 특히 이렇게 반발을 할 수밖에 없는 게 있거든요. 장애인 활동지원도 제대로 못 받지, 공적으로 지원받을 것들도 없지, 그러니께네 거기에 발달장애인 자식 보내놓으면 자기가 장애인 돌볼 부담도 덜어지는 거야. 보호작업장도 가족 대신 그 시간 동안 보호해주겠다, 이렇게 선전을 해대고. 언론에서도 똥인지 된장인지도 모르고 그냥 일 못하는 장애인들 보살펴 준다, 심지어 일도 시켜준다 하니까는 막 미화해주고. 진짜로 딱 장애인 거주시설들 미화하는 논리랑 똑같은 논리가 사용되는 거죠. 하긴 뭐, 염전, 농업, 축산업 이런 데서 노예노동이나 하는 장애인들보다야 여기가 훨씬 양반이니까.

그럼 여기서 열심히 일 배워가지고 경쟁 노동시장으로 빨리 가면 되는 거 아니냐고요? 아까 말했잖아요. 아무리 훈련해도 생산성이 안 올라가는 사람이 있는 거거든요. 그럼 시작할 때부터 벌써 재활에 실패한 거지, 뭐.

내가 열심히 보호작업장 나가면서 옆에 있는 장애인들보다 더 빠르게 만들 수 있게 됐다고 쳐. 그럼 뭐 해. 그렇게 되면 민간 노동시장에 취직될 수 있을 거 같아요? 그렇게 해봐야 안 돼요. 보호작업장 안에서나 기술 좋다 하지, 경쟁 노동시장 나가면 그 사람 기술은 평균 축에도 못 들거든요. 그러니께네 거기서 아무리 일 잘해봤자 그냥 거기 남아 있으면서 특히나 일 못하는 다른 장애인들이 할당량 못 채운 만큼 자기만 일 더 하고 사는 거죠. 일 더 못하는 사람들이 못 만든 만큼 자기가 더 만들면서, 그냥 10년이고 20년이고 평생 계속 재활만 하고 있는 거야. 이게 무슨 작업장입니까? 노동 명목 걸고 있다지만, 그냥 특정 시간 동안 장애인 보호하는 시설인 거지.

사실 보호작업장 문제가 심각하다는 건 이미 국제사회도 다 알고 있어요. UN에서도 분명하게 지적을 해놨죠. 장애인 보호작업장이 장애인 분리노동과 시설화를 부추긴다부터 해가지고, 장애인들에게 노동 기회를 열어주기는커녕 도리어 월급도 제대로 안 주면서 차별을 강화한다고도 하고. 2014년에는 UN에서 아예 대놓고 한국 정부에다가도 보호작업장 단계적으로 축소해가라고 권고를 하기도 했지. 그런데 지금 보면 도리어 보호작업장이 늘어버렸어, 우씨.

워낙 폐쇄적으로 운영이 되어가지고 난 잘 모르는데, 보호작업장 는 거 보면 이게 돈이 되긴 하나 봐. 맨날 자기들 돈 없어서 장애인들 최저임금도 못 주지만은 어쨌거나 장애인들 보호하는 좋은 일 한다고 홍보해대는데, 이걸 어떻게 믿나?

이 사람들 존재에 잘 맞는 노동이란 건 도대체 뭘까

장애인이 보호작업장 같은 데보다야 그래도 훨 나은 일자리 힘들게 가져봤자요, 죄다 비정규직 계약직이지, 엄청난 저임금 일

166

자리지, 그런 상태예요. 공공에서 만든 복지 일자리들이라고 해도 죄다 엄청 불안정하기도 하고. 1, 2년 하면은 더 이상 거기서 일을 할 수 없는 경우가 대부분이거든.

그런데 그렇게 힘들게 일하는 장애인 당사자들도요, '내가 장애인이니까 어쩔 수가 없구나' 하고서 '일만 시켜줘도 감지덕지다' 이러고 있어요. 이게 상상력이 차단돼버린 거거든. 자기는 사실 비장애중심주의적인 체제 덕에 그렇게 차별받고 살고 있는 건데, 그 체제를 온몸으로 받아들이면서 그러고 있는 거지. 진짜 무서운 건요, 이렇게 차별에 스스로 굴종하게 만드는 사회예요. 스스로 존엄성을 버려가면서까지 그렇게 할 수밖에 없게 만드는 거죠.

이런 걸 가만히 두면 안 되는 거잖아. 그래서 자! 지금까지 이동권 투쟁이랑 활동지원서비스 제도화 투쟁 빡세게 했으니까, 이제는 노동문제에서도 좀 돌파구를 찾아보자 해가지고 2017년 11월에 장애인고용공단 서울지역본부를 딱 점거를 해버렸어요. 우리가 탈시설 투쟁도 열심히 해가지고 당시 문재인 정권이 소극적으로나마 거기에 대해 추진 의사를 밝혔으니께네, 이제 탈시설 장애인들이 지역사회 나와서 시민으로서 이런저런 활동도 하고, 먹고 살 수 있는 길을 찾아야 할 거 아냐. 그러니 노동권 보장이라는 게 엄청 절실해진 거지. 그래서 거기를 딱 기습 점거를 해버리고서 장애인 노동권 보장하라고 외치면서 85일을 뻐텼죠.

그때 우리 핵심 요구는 이거였어. 당시에 문재인 정권이 공공 일자리 81만 개 만든다 그랬으니까 그럼 그중에 1만 개는 장애인들에게 보장해라, 라고 이야기를 하고, 최저임금 못 받는 장애인이 1만 명 가까이나 되니까 이 사람들 최저임금 보장되는 일자리를 공공 차원에서 만들어라, 그리고 장애인 최저임금 적용 제외 폐지하라고 한 거지. 이런 요구들을 하면서 우리 쪽에서 드디어 이 사회에서는 말도 안 되는 구호가 또 하나 딱 등장을 한 거야. "중증장애인도 노동을 하겠다! 우리도 노동자다!"

그런데 이 투쟁을 하다 보니까는 중증장애인들이 노동을 하려면은 정말로 새로운 노동이란 게 필요하겠구나 싶더라고요. 한 번도 일을 못 해본 발달장애인이 "나도 휴가 가고 싶다!" 외쳐대질 않나, 아무리 봐도 일 못 할 것 같은 뇌병변장애인이 휠체어에 딱 누워서 AAC[보완·대체 의사소통Augmentative and Alternative Communication, 흔히 언어장애인들이 하고자 하는 말을 음성으로 전달하는 수단으로 사용된다]로다가 "나는 이미 노동자다!" 그러질 않나. 발언한다고 앞으로 나가더니 뜬금없이 음정, 박자 따윈 싹 다 무시한 채로 노래를 부르기도 하고. 농성장에서 내내 뛰어다니면서 소리 지르는 장애인도 있고. 이런 사람들이 거기서 매 순간순간 임금노동의 상식을 깨는 말들을 하고 행동들을 했던 거예요.

사실 난 그 광경이 너무 즐겁더라고. 우리 존재 자체가 임금노동에 대해서 이렇게나 굉장히 반역적이라는 걸 잘 보여준 거잖아. 하하. 그런데 그만큼 고민도 깊어지기도 했어. 노동권 요구하고 있는데 그런 광경이 계속 펼쳐져봐, 고민을 안 할 수가 있나. 스스로 계속 되묻게 되더라고. 이 사람들이 노동시장에 들어가서 진짜 일을 할 수가 있긴 한 걸까?

발달장애인들이 요새는 표준사업장[장애인에 적합한 생산·편의·부대 시설을 갖추고, 장애인을 일정 비율 이상 고용한 사업장으로, 여기에 고용된 장애인 노동자들은 최저임금 이상의 임금을 지급받아야 한다]이나 사회적 기업 같은 데서 바리스타 같은 거 많이 하잖아요. 그런데 커피 만드는 거, 이게 또 쉬운 일이 아니거든. 이런 일도, 할 수 있는 장애인들은 즐겁게 할 수 있으면 좋겠지만은, 고용공단 같이 점거했던 최중증장애인들은 그런 일자리 만들어놔도 아무리 봐도 못할 거 같은 거야. 그럼 정말로 이 사람들이 실질적으로 할 수 있는 노동이란 게 도대체 뭘까, 이 사람들 존재에 잘 맞는 노동이란 건 도대체 뭘까, 동지들이랑 이런 고민을 진지하게 시작하지 않을 수가 없더라고.

그래서 농성하다 보니까는 결국 고용노동부에서 TF 만들어서 협상을 하게 되어서, 고용노동부에다가도 새로운 일자리 개념으로다가 '사회적 가치'를 생산하는 일자리로 공공 일자리를 만들어야 한다고 여러 번 이야기를 했지. 그런데 TF에 우리만 들어온 것도 아니고 막 전문가라고 해가지고 교수들이나 관변 장애인 단체들도 많이 들어와 있기도 했거든. 이런 사람들이 우리 주장을 이해할 수 있기나 했겠어? 그렇게 TF가 운영이 되다보니까 고용

169

노동부가 끝내 들고 나온 안이란 게 또 엄청 이상하더라고. '중증 장애인맞춤형공공일자리'란 이름으로 '동료지원가' 사업을 만들어놨는데, 이 일자리는 실적 중심에다가 중증장애인들한테 적합한 노동으로 보이지도 않는 일을 시키는 거야. 심지어 비장애인도 하기 힘들 거 같아 보이는.

그래도 농성도 길어졌으니까 별수 없이 고용노동부한테 이거 받고서 잠깐 싸움을 끝냈는데, 이야! 고용노동부가 만들어온 이 일자리 진행해보니까 예상했던 것보다 훨씬 더 빡세데. 장애인 당사자가 실업 상태에 있는 장애인들을 만나서 상담도 하고 그러면서 취업 의욕을 고취시키고 장애인 취업 연계해주는 노동을 하라고 만든 일자리인데, 동료지원가 장애인 노동자 입장에서는 작성해야 하는 서류도 엄청나게 많고, 만나서 상담해야 하는 사람 수도 엄청나게 많은 거야. 그리고 일 처음 해보는 사람들한테 그렇게 엄청나게 힘든 일 시켜다 두고는 또 자기들이 정해둔 실적을 못 채우면 그동안 받은 돈을 뺏어내래요. 아니, 일단 장애인이 갈 직장 자체가 이 사회에 얼마 없잖아요. 상황이 그런데 취업 연계 노동 하는 사람 실적이 제대로 나오겠어요? 그렇잖아도 일 자체가 익숙하지가 않은 사람들한테. 결국 이 일자리 하다가 ○○○이라는 분이 자살까지 하고 그랬어.

○○○이라는 동료지원가 노동자가 죽고 나서 추모제를 하는데, 물론 마지못해서 그런 거긴 했지만 이 안을 받은 게 잘못은

아니었나 하는 생각이 들더라고요. 그때 추모제에서 발언을 하는데, 그런 말이 자동적으로 툭 튀어나와 버렸어요. "정말 죄송합니다. 죽음의 컨베이어 벨트에 줄을 서버렸습니다."

경쟁, 효율, 실적, 능력…… 이게 최중증장애인에게는 정말로 죽음의 컨베이어 벨트라는 걸 다시 한번 절실하게 깨달은 거예요. 진짜 너무 비참하더라고요. 너무 죄송스럽기도 하고, 이 생산성 중심 사회에 더 분노가 치솟기도 하고. 이대로는 진짜 안 되겠다. 정말로 중증장애인들이 할 수 있는 직무라는 거를 국가가 안 만들어 오면은 우리가 직접 만들어야겠다, 그렇게 한 번 더 다짐을 하게 됐죠.

중증장애인들은 그동안 사회적 변화라는 거를, 자기 권리라는 거를 스스로 만들어왔잖아

그런데 과거를 잘 돌이켜 보니까, 최중증장애인들이 정말로 이 세상에서 아무것도 생산하지 못해온 건 또 아니더라고요. 중증장애인들은 그동안 사회와 맞서 싸워오면서, 사회적 변화라는 거를, 자기 권리라는 거를 스스로 만들어왔잖아.

이동권 투쟁만 봐도 그렇지 않나요? 중증장애인들이 싸워가지고 지하철에 엘리베이터를 만들고, 저상버스를 만들어냈잖아. 이거 장애인들에게도 굉장히 유용한 거지만, 모든 사람이 대중교

171

통을 더 안전하고 편리하게 이용할 수 있도록 만들어낸 거거든. 이건 정말로 전체 장애인뿐만 아니라, 모든 사람의 이동의 '권리를 생산'한 거 아닌가? 그리고 그 권리가 실현될 수 있게끔 사회의 어떤 물리적 조건들을 계속 변화시켜온 거기도 하고.

이런 변화는 이윤 중심으로 만들어져 있는 자본주의 체제를 그냥 두면은 절대 가능하지 않았을 거잖아요. 애초에 이윤 뽑아내는 데 전혀 쓸모가 없는 사람들을 고려하고서 사회의 장소들이 만들어질 리가 없으니까. 그런데 그걸 국가랑 사회가 제대로 못 해왔으니까, 중증장애인들이 직접 나서가지고 그 역할을 대신해온 거야. 세상에서 아무런 쓸모도 없다고 불리던 중증장애인들이 분명히 사회에서 굉장히 유용한 것들을 생산해온 거지. 그럼 이 활동은 노동이 아닌 건가? 세상을 새롭게, 더 낫게 바꿔낸 건데도?

이런 질문 받으면 당연히 어떤 분들은 아리까리할 거예요. 지금 일반적으로 통용되는 노동 개념에서 생각해보면 이거 진짜 뭔가 이상한 거거든. 그런데 저는 우리가 그냥 아무 근거 없이 노동이 아닌 거를 노동이라고 우기기만 하는 건 아니라고 봐요. 오히려 우리 생각이 맞는 거고, 그렇게 생각을 못 하게 하는 이 사회가 문제가 있는 거라고 생각을 하고 있죠.

비유를 좀 들어볼게요. 지동설을 한번 생각해봐요. 천동설이 상식으로 통할 때도 지동설을 논리로 만들 수야 있었지. 그 논리가 당시에는 이단이었으니까 갈릴레이 같은 사람이 그거 때문에 종교재판받고 그러기도 했지만은, 그래도 재판받고 나와서 "그래도 지구는 돈다"라고 말을 할 수는 있는 거예요. 그런데 이게 지구가 돈다는 과학적 근거가 마련이 되더라도 사람들한테 다가오지 않을 거거든. 그러니 당장 힘을 가질 수가 없는 거고. 왜 그럴까? 사람들이 일상 속에서 지구가 돌아간다는 거를 느끼지를 못하잖아. 그게 논리로 나오건, 증명이 되어 있건 말건, 그럼 뭐 해. 어차피 우리가 딱 지구에서 살다 보니까 계속 지구는 가만히 있고, 하늘이 빙빙 도는 것처럼 느껴지는 거지.

저는 장애인들이 권리를 만들어온 활동들을 노동으로 볼 수 없다는 주장도 이거랑 똑같다고 봐요. 김도현이나 정창조 같은 애들이 논리까지 만들어서 "중증장애인도 노동을 할 수 있다"고 아무리 떠들어대고, 실제로 우리가 세상을 바꿔온 거를 쭉쭉 보여줘도 지금은 그걸 노동으로 보기가 너무나 힘이 드는 거야. 사람들이 그런 걸 경험해본 적이 없으니까. 이 사람들이 실제로 이미 굉장히 의미 있는 것들을 생산했다고 하더라도 저 사람들이 하는 건 아무리 봐도 자기 상식에는 노동이 아닌 거지. 이미 사람들에게 우겨져 있는 삶의 방식이란 게 그만큼 무서운 거예요.

그런데 내 말에 동의하건 그러지 않건, 이런 문제를 제대로 다루려면 좀 근본적으로 물어봐야 하는 게 있거든요. 노동이라는 게 도대체 뭔가요? 결국에는 우리 삶에서 가치가 있고 유용한 것들, 사람들이 더 존엄하게 잘 살 수 있게끔 하는 것들을 생산하는 거 아닌가? 그러니 이누이트는 이누이트 공동체 나름의 노동이란 게 있고, 열대 지방 선주민들한테는 또 그 사람들 나름의 노동이 있고 한 거거든. 환경이 다르면은 필요한 노동 개념도 달라지니까 시대마다, 지역마다 노동이 다 달라지죠. 지금 시대에서는 자본에 고용된 노동자들이 사회에서 상품으로 팔릴 수 있는 유용한 것들을 만들어주기는 하지. 그런데 정말로 그런 것들만이 생산적인 거라고 할 수 있을까?

자본이 주도하는 생산에서는 정작 사회에서 지금 뭐가 필요한지보다 돈을 버는 걸 제일 중요하게 생각하니까, 큰 틀에서 보면은 또 세계를 파괴하는 것들도 많잖아. 돈만 많이 번다고 해서 곧장 세상에 유용한 게 만들어지는 건 아니거든. 금융 투기 자본에서 노동하는 거는 어때요? 대자본들 합법적으로 탈세하게끔 법적 논리 만들어주는 변호사들 노동도 그렇고. 기후위기 막 심화시키는 노동들도 있고 그렇잖아.

이런 노동들하고 딱 비교를 해보면 권리를 생산하는 노동이라든가, 사회가 반드시 보장해야 하는 건데 보장해주지 못하고 있는 것들을 만들어내는 일들은 지금 시대에 필요한 것들을 훨씬 더 많이 생산을 하고 있어요. 그 가치를 제대로 인정받지 못하고 있을 뿐이지, 이런 활동 없이 이 사회가 더 좋은 방향으로 나아갈 수가 없으니까, 이런 노동들은 정말 이 사회에 꼭 필요한 거기도 하고요.

그렇게 능력 없다는 사람들이 이렇게 일을 하면서
이 세상에 얼마나 많은 것들이 바뀌고 있나요?

권리중심공공일자리라는 것도 이런 고민들 속에서 본격적으로 구체화된 거예요. 이 일자리가 서울시에서 2020년부터 본격적으로 시작이 됐는데요. 이 일자리 노동자들은 한국 정부가 비준한 〈UN장애인권리협약〉을 대중들한테 캠페인하는 노동을 하죠. 〈UN장애인권리협약〉 위반 사항들 지적하고, 이거 실질화하는 노동을 하기도 하고. 권익옹호활동을 하거나, 문화 예술 활동을 하거나, 장애 인식 개선 강의 같은 거를 해가지고, '권리를 생산하는 노동'을 하고 있는 거야.

UN장애인권리위원회가 또 마침 2014년에 한국 정부한테 "정부나 지자체, 정치인, 언론, 시민 들한테 〈UN장애인권리협약〉을 홍보하고 교육하라"고 권고를 해놨거든. 한국은 〈UN장애인권리협약〉을 비준한 나라고, 헌법에 따라서 이 국제협약을 잘 지킬 의무가 있잖아요. 당연히 협약 비준 당사국이니께네 얘네가 내놓은 권고도 이행할 의무가 있기도 하고. 그런데 한국 정부가 이거 잘했을 거 같아요? 그럴 리가 없잖아. 그렇게 안 하니까, UN이 권고한 이 의무를 이제는 중증장애인 당사자들이 직접 노동을 해서 이행을 하겠다, 이런 개념으로다가 권리중심공공일자리를 강력하게 요구해서 만들어낸 거죠.

중요한 건 이거야. 이 캠페인이란 거는 이 사회 권리를 증진하기 위해 정말로 필요하고 중요한 일이지만, 꼭 능력이 엄청 뛰어난 사람만 할 수 있는 게 아니라는 거. 이 사회에서 도무지 할 노동이란 게 보이지 않는 발달장애인들이나 뇌병변장애인들, 장애인 거주시설에서 나온 지 얼마 되지도 않았고, 교육도 제대로 못 받았고 노동도 안 해봐서 사람들이랑 관계 맺는 법도 잘 모르는 사람들이 시민들 지나다니는 데서 막 소리 지르면서 노래를 불러. 맘대로 뛰어다니면서 춤을 추고, 악기 두들기고 그래.

지나가는 사람들이 그거 보면 일단 신기할 거거든요. 시민들이 이런 중증장애인들을 어디서 보기나 했겠어? 그런데 지금까지 살면서 보지도 못했던 사람들이 이렇게 막 공연하고 그러면은 일단 그게 굉장히 의미가 큰 거야. 당연히 권리중심공공일자리 노동자들은 서울시 교향악단이나 그런 사람들하고 비교도 안 되게 못하죠. 그런데 그게 또 보고 있으면 나름 재미가 있거든. 그러면 그렇게 신기하게 보고 모여 있는 사람들한테 〈UN장애인권리협약〉이 뭔지 알려주고. 그렇게 장애인도 이 지역사회에서 함께 살고 있다는 거를 보여주고.

어떤 장애인들은 지하철역 앞에서 〈UN장애인권리협약〉 내용 담긴 피켓 들고서 시민들한테 알리고, 홍보 팸플릿 나눠 주고. 어떤 장애인들은 기자회견 같은 거도 꾸리고, 어떤 장애인들은 집회도 나가서 자기 목소리 내고. 어떤 노동자들은 지역 다니면서 장애인 접근권 잘 돼 있나 모니터링도 해보고, 장애인 접근권 잘 되게 보장해달라고 지역 식당이나 건물들, 관공서들 이런 데다가 권유도 해보고. 또 이 일자리 하는 각 단위에서 중증장애인들이 직접 장애인 권리 보장을 위해서 이런 일 해보면 좋겠다, 저런 일 해보면 좋겠다 하면서 자기들이 직접 세부적으로다가 어떤 일을 할지 정하기도 하고 있어요.

이런 일들은요, 능력, 실적 같은 거로 평가할 수 있는 게 아니잖아요. 뭐 캠페인에서 말 잘 못한다고 이 사람들 자를 거야? 노래 못한다고, 춤 못 춘다고 다 자를 거야? 좀 비장애인들이 못 알아듣게 발언했다고 자를 거야? 이건 애초에 그런 일자리가 아니잖아. 홍보의 기술로만 생각하면 비장애인, 경증장애인이 더 쉬울 수 있는 거거든. 삼성에서 컴퓨터를 만든다면 경쟁을 통해 더 잘하는 사람을 뽑겠지. 하지만 권리중심공공일자리에서는 더 중증인 사람, 더 일을 못할 것 같은 사람을 뽑아요. 이들이 자신의 능력을 '개발'해서 하는 게 아니라 그 자신의 존재를 그대로 드러내면서 캠페인을 할 수 있게끔 만드는 거죠. 사실은요, 통상적으로 노동자를 뽑는 기준과 정반대의 기준으로 노동자를 뽑는 과정도 생산물일 수 있고 이들의 노동을 지원하는 사람들의 일자리, 권리를 알리기 위해 나누는 대화, 맺는 관계도 권리 차원에서 생각해보면 생산물일 수 있는 거거든요.

그런데 그렇게 능력 없다는 사람들이 이렇게 일을 하면서 이 세상에 얼마나 많은 것들이 바뀌고 있나요? 정말로 이 사람들이 권리를 계속 노래하고 다니면서, 권리라는 게 생산되고 공적인 사회적인 가치가 생산되고 있는 거죠.

저는 노동이 자기 존재를 확인하는 과정이라고 생각을 해요

물론 이 일자리 하고 있는 중증장애인들 모두가 이 일자리가 가지고 있는 의미를 완전히 다 이해하고 있는 건 아니에요. 사회에서 일반적으로 일이라고 부르는 거, 그런 거 하고 싶다는 노동자들도 있고 그렇지. 사무직 못 할 거 같은데, 사무직 가고 싶다고 하는 장애인도 있고. 그런데 그렇다고 해도 이 일자리 참여하면서 그 사람 삶이 긍정적으로 바뀌는 것도 엄청 많거든. 이걸 통해서 생긴 자기 삶의 변화를 굉장히 소중하게 생각하는 장애인들도 많고.

일단 당연히 돈 한 번도 제대로 못 벌어봤는데, 직접 일을 해서 월급을 버니까 그게 얼마나 자부심이 생기겠어. 이 사람들은 보호작업장 출신도 좀 있지만, 보호작업장도 못 갈 정도로 중증으로 취급받는 사람들이 대부분이거든. 보호작업장서 일해봤던 사람이라고 해도 거기서는 최저임금도 못 받고 일했는데, 이 일자리는 최저임금도 다 보장해주고 그러니까 '자기가 일을 해서 돈을 번다'는 거에 대한 자부심의 감각 자체가 굉장히 다른 거예요.

178

이것만이 아니지. 방구석에 처박혀 있거나, 시설에 갇혀 있던 사람들한테는요, 출근하고 퇴근하고 하는 경험들 자체가 엄청나게 소중한 거예요. 세상이 다 쓸모없다고 취급하는 사람인데, 자기가 이 세계에서 할 수 있는 일이라는 게 생겼다는 것도 소중한 거고. 또 이 일 하려면은 혼자 일하기 힘드니까 근로지원인이 붙어서 같이 일하고, 다른 동료들도 만나게 되고 그런 거거든. 그럼 사람들하고 관계 맺는 방법도 이 일을 하면서 점차 배워가는 거죠. 당연히 장애인 권리 홍보하면서 만나게 되는 시민들하고도 관계 맺는 방법을 배워가기도 하고.

권리중심공공일자리 처음 만들어질 때부터 여기서 2년간 노동을 해온 최중증장애인 조상지라는 노동자는 2020년에 국정감사에 가서 이렇게 말을 하기도 했어요.

"이 일자리에서 한 일은 저상버스 알리기가 있습니다. 저상버스는 바닥이 낮고 경사판이 있어서 휠체어, 유아차, 임산부, 어르신 들이 쉽게 이용할 수 있는 버스입니다. (…) 시민들에게 전단지도 나눠 주고 피케팅도 하면서 저상버스에 대해 알리고 보급률도 높이는 활동을 했습니다. 저에게 일자리의 의미는 의식주를 위해 돈을 버는 활동 그 이상입니다. (…) 저는 중증장애로 인해 집과 시설 안에만 있어야 했습니다. 일자리를 통해 직장이 생기면서 사회생활을 하게 됐습니다. 내가 해야 할 일이 있고 출근과 퇴근이 있고 직장 동료들이 생겼습니다. 일자리는 그동안 경험하지 못했던 사회생활을 하게 해주면서 제 삶을 180도 바꿔놓았습니다. (…) 혼자서는 아무것도 할 수 없는 쓸모없는 사람이 아니라 일을 하면서 나도 사회에서 필요한 사람이라는 생각이 들어 자신감을 갖게 되었고 세상에 태어난 의미를 찾게 되었습니다." [2020년 10월 20일 국정감사 환경노동위원회회의]]

조상지 같은 최중증장애인을 아마 그 전에 다른 사람들이 봤다면, 진짜 불쌍하구나, 라고만 생각을 했을 거예요. 기껏해야 저런 사람도 사람인데, 복지 잘 줘가지고 살게는 해줘야지 정도로 생각을 했겠지. 그런데 이 노동자가 이런 노동을 하는 모습을 보고, 또 저런 말을 하는 거 보고도 사람들이 이 장애인을 정말 그냥 불쌍하다고만 볼까? 절대 안 그럴 거거든요. 이거 자체만으로도 엄청나게 세상이 이동을 한 거지.

저는 노동이 궁극적으로는 자기 존재를 확인하는 과정이라고 생각을 해요. 자기 존재를 확인하는 과정이라는 건 결국 자기를 둘러싼 관계를 계속 변화시키는 과정이죠. 권리중심공공일자리 노동자들은 이 일을 통해서 자기 존재를 분명히 다시 확인하고 있어요. 그리고 그 자기 확인이란 건 곧 이 사회가 중증장애인이라는 존재를 확인하는 과정이 되죠. 그 사람의 존재부터 해가지고, 이 사회의 조건에 대해서까지 다시 생각을 해보게 만드는 거야.

일석이조도 아니고, 일석백조쯤 될 거야

좀 자랑을 하고 싶은데요. 이런 일자리는 정말로 전 세계 전체를 뒤져봐도 찾기가 힘들어요. 한국에서 나랑 전장연 활동가들이랑 함께 엄청 열심히 고민하고, 여기저기 꼴아박고 해가지고 만든게 이 일자리이고, 또 '권리생산노동'이라는 새로운 개념이에요.

저는 권리중심공공일자리가 노동할 수 없었던 장애인들이 노동할 수 있게끔 만들어준다는 차원에서도 의미가 참 크지만, 이런 노동들이 사회 전반적으로 어떤 변화의 씨앗을 품고 있는지를 보는 것도 굉장히 중요하다고 생각을 해요. 지금 받아들여지고 있는 가치 개념이나 생산성 기준이란 것들이 뒤집혀야 한다고 말하는 사람들도 이제는 예전보다 훨씬 많아졌잖아요. 기후위기도 심해지고, 불평등도 점점 심해지고 그러니까 뭔가 노동 세계 전반에서 변화가 필요하다고 보는 거지.

그런데 중증장애인들이 하는 이런 권리생산노동이 사회적으로 제대로 인정을 받게 되면, 실제로 이 노동 세계와 이 노동 세계가 떠받치고 있는 사회는 엄청나게 바뀔 수 있을 거라고 저는 말하고 싶어요. 이 일자리를 잘 만들어가는 과정은 이 시대에 통용되는 생산성이란 게 정당한가를 질문하는 과정이고, 가치라는 게 무엇인가를 다시 질문하는 과정이기도 하니까. 기존에 장애인들을 노동 바깥으로 내쫓아온 이윤 중심, 능력 중심으로 이야기되던 생산성, 가치라는 게 얼마나 문제가 있는지를 드러내면서 말이에요. 기존 체제에서 노동으로 인정받지 못했던 일들이 노동으로 인정받게 만든다는 거는, 기존 사회에서 제일 쓸모없다고 불리던 사람들이 사회적으로 굉장히 중요한 가치를 생산할 수 있게끔 만든다는 거는 그런 만큼 정말로 엄청난 변혁의 씨앗이 될 수 있는 거죠.

저는 '돌봄'이라는 표현이 역사적으로도 그렇고, 지금도 그렇고 사회적 약자라고 여겨지는 사람들을 일방적으로 돌봄을 받기만 하는 대상으로 치부해버리고, 계속 시혜의 대상처럼 생각하게 만들어서 별로 안 좋아하긴 하는데요. 그런데 요새는 '돌봄'이라는 거가 가지고 있는 중요성이 곳곳에서 이야기되고 있잖아. 탈성장 이야기하는 사람들도 '돌봄' 중심의 일자리 많이 만들어서 노동 세계를 변화시켜야 한다고 말하고 있고(사실 우리가 이런 이야기 유행하기 훨씬 전부터도 엄청 많이 했는데, 별로 주목을 못 받았지). '돌봄'이라는 표현이 싫긴 하지만, 이런 이야기가 중요한 거는, 이런 노동에서는 또 자본주의적 생산성의 잣대를 적용하기가 엄청 애매한 게 있거든. 물론 이런 노동에도 어떤 능력은 필요하지. 그런데 그런 노동에서 일 잘한다는 게, 한 명이 장애인 서너 명 동시에 돌봤다더라, 이런 게 아니거든. 오히려 한 사람, 한 사람과 어떻게 관계를 잘 맺어가는가가 중요한 거죠. 다른 사람 목소리를 경청해서 잘 이해하고, 또 그 사람 의지 같은 거를 존중하는 방법을 배우고. 이런 거는 돈 단위로 해가지고 계산할 수 있는 능력 같은 게 아닌 거야.

그런데 권리중심공공일자리 같은 거부터 시작을 해가지고 최중증장애인들이 이렇게 일을 하게 된다고 해봐요. 그럼 그 장애인 혼자만 일을 할 수 없으니까, 온갖 지원노동들[박경석은 사회에서 '돌봄노동'이라고 불리는 것들을 자주 '지원노동'이라고 부른다] 이 붙어야 하는 거거든. 근로지원인 같은 노동자도 있어야 하는 건데 이 노동자들이 일하는 과정에서 제일 중요한 게 자기가 지원하는 장애인들이랑 어떻게 관계를 맺어갈까를 계속 배워가는 거거든요.

뭐 맨날 일자리 부족하다, 부족하다 하는데, 권리중심공공일자리같이 의미 있는 일자리 노동자들을 지원하는 일자리를 또 공적으로 많이 만들어봐. 이건 장애인들한테도 좋고, 일자리 문제도 해결되고, 사회적, 공공적 가치 생산도 훨씬 잘 되고, 문제가 굉장히 많은 자본주의적인 가치나 생산성 개념, 노동 개념 같은 걸 뒤집어서 생각해볼 기회도 생기고. 일석이조도 아니고, 일석백조쯤 될 거야. 맨날 자본 중심으로 '혁신, 혁신'거리는데, 자본이 이렇게 혁신하는 것보다야 우리가 이야기하는 혁신이 사실은 이 세상에 훨씬 더 나은 거 아닌가?

그런데 이렇게 어마어마한 변화의 씨앗을 품고 있는 소중한 일자리(나만 그렇게 생각할 수도 있지만. 하하)가 지금 엄청나게 탄압을 받고 있어요. 몇 년간 쭉 잘해왔는데 하태경이랑 서울시가 갑자기 전장연이 중증장애인들 집회에 동원하는 거로 권리중심 공공일자리를 활용한다고 우겨대면서 이제는 이런 일자리 냅둬서는 안 된다는 거야.

나 참, 어이가 없어서. 국민의힘은 집회할 때 그렇게 사람들 동원하나 봐요? 이 사람들이 그 집회에서 권리생산노동해 가지고 나오는 사회적 변화라는 생산물들의 의미는 제대로 보지도 못하고, 그냥 이 사람들 여전히 일 못하고 자발성은 전혀 없는 사람들로만 보니까 이런 발상이 가능한 거겠지.

도대체가 말이야, 〈UN장애인권리협약〉 내용 캠페인하고, 이 협약 내용 실질화하는 데 집회를 활용하면 왜 안 되는 건가요? 한국에서 집회 및 시위라는 게 법적으로다가 금지가 되어 있나? 이 일자리가 애초에 캠페인을 목적으로 만들어졌는데, 캠페인을 하지 말라고 하면 이 일자리가 갖는 지향 자체가 사라지는 거잖아요. '권리생산', '권리 캠페인'이라는 내용을 빼면은 빵 공장에서 빵 만들던 노동자들한테 빵 만들지 말라고 하는 거랑 다를 게 없는 거죠.

그리고 최중증장애인들이 다른 노동에는 적합하지 않아 가지고 지금 열심히 그 노동을 하고 있는데, 갑자기 그거 하지 말라고 하면 이제 이 사람들은 뭐 해야 되는 건가? 뭐 이 사람들보다 더 경증인 장애인들이 할 수 있는 일들 맡기려고 그러는 건가? 그런데 서울시는 정말로 이 일자리를 아예 없애버리고서 그런 경증 장애인 일자리를 만들어놔 버렸어. 이 일자리에서 일하던 중증장애인 400명은 그러니께네 졸지에 짤려버린 거지.

정말 이거는요, 우리를 탄압하는 것도 문제지만, 역사에 역행하는 거라고 봐요. 절실하게 노동 개념 전환이 필요한 시기에, 이걸 여러 방식으로 확장은 못할망정 이게 도대체 뭐하는 짓이야. 정말이지, 해고를 당해야 하는 건 우리가 아니라 바로 오세훈 시장이에요.

굉장히 큰 좌절이 찾아온 시기지만은 그래도 엎드려 울고 있을 수만은 없어. 우리는 이 일자리 서울에서 다시 살려내고, 전국적으로다가 더 확장될 때까지 싸울 수밖에 없는 거야.

권리중심공공일자리 같은 노동이 보편화되면 그때는 도리어 자본가들이 들고일어날지도 몰라

사람은 다 나이가 들잖아요. 자본주의 사회가 요구하는 능력이라는 거를 언젠가는 모두가 잃게 되는 거죠. 그런데 젊었을 때 노동력 신나게 써먹다가 나중에 쓸모없어지면 칼로 잘라내듯 잘라버리는 게 지금 이 자본주의 사회잖아. 그렇다고 그렇게 능력이

185

없어진 사람들을 지금처럼 계속 쓸모없는 사람 취급 하고 내버려 둘 거야?

뭐 언제까지 따뜻하게 감싸야 한다, 사랑해야 한다 그런 이 야기만 하면서, 자 이렇게 쓸모없는 사람도 돈 남으면 대강은 좀 돌봐줄까 이럴 건데요. 그래선 안 되겠죠. 자본주의적인 노동 생산성 기준으로 무능력하다고 버려지는 사람들, 약해지는 사람들, 늙어가는 사람들, 이런 사람들이 어떻게 다시 노동의 관계를 새로 맺어가지고, 사회적으로도 평등하게 관계 맺어 갈 것인가, 이런 거를 국가가 잘 지원을 할 방법을 고민해야 하는 거야.

연금 같은 것도 중요하고, 돈 많은 사람들이야 그냥 놀면서 살겠다 하면 그러라고 두면 되겠죠. 그런데 그래봐야 지금도 많은 사람들에게는 어쨌거나 노동으로 계속 세상과 관계를 맺어가는 게 삶에서 굉장히 소중하거든요. 이걸 노동 영역이 아니라 복지 영역으로 돌려버리면, 그거는 곧 이 사람들을 그냥 굉장히 수동적인 서비스 대상자로만 바라보게 만들어요. 그러니께네 지금은 이런 문제를 단순히 시혜적 복지 차원이 아니라 노동의 문제로 푸는 거가 정말 필요한 시기인 거지.

물론 지금도 공공 일자리에서 삶의 의미를 찾고 그러는 할머니, 할아버지 들도 있긴 하지. 많이 불안정한 일자리긴 하지만. 그런데 저는 이런 일자리를 넘어선 공공 일자리가 필요하다고 보고 있는 거예요. 기존 공공 일자리들 보면은 직무들 자체가 굉장히 명목상으로, 시혜적으로 만들어놓은 경우가 많거든.

중증장애인들에게 최우선 적용 되는 권리중심공공일자리 같은 거를 시작으로 해가지고 공적 차원에서 사회적 가치를 생산하는 일자리, 권리를 생산하는 일자리들을 많이 만들어놔 봐. 물론 임금도 지금보다 훨씬 더 안정적으로 주고. 그러면은 모두가 나이 들어서도 지금보다 훨씬 더 의미 있게 세상과 관계를 맺으면서 살아갈 수 있지 않을까? 더 이상 쓸모없는 사람 취급 안 당하면서.

그렇게 하려면 돈이 많이 든다고요? 네. 많이 들겠죠. 그런데 돈이란 게 왜 있는 건가? 사람들 잘 살라고 있는 게 돈 아냐? 그냥 돈 불려대려고만 돈을 사용하려 하고, 그래서 세상을 망치건 말건 거기에만 돈을 투자하려 하는 지금 체제가 진짜 이상한 거지.

저는요, 세상 망쳐대는 재벌에게 돈 몰아주는 것보다 이런 방식이 훨씬 더 이 세상을 좋게 만들 수 있을 거라고 봐요. 이렇게 해야 이 세상에서 지금 당장 필요한 것들이 훨씬 더 잘 생산될 수 있기도 하고.

그러니께네 권리중심공공일자리 같은 노동이 보편화가 되면은 진짜로 그때는 도리어 자본가들이 들고일어날지도 몰라, 하하. 자본이 지금까지 이윤을 최대한 많이 벌어들이려고, 그러니께 네 생산성, 효율성 기준에 맞게 노동 세계를 만들어왔고 고 기준에 맞춰서 노동자들 착취해가며 돈 열심히 긁어모아 왔는데, 그런 노동들보다 소중한 노동들이 있다는 게 사회적으로 널리 인정을 받게 돼봐. 사람들이 아! 자본에 복무해서 일하는 것보다 이 세상에 더 중요한 노동이 있구나! 그렇지, 자본이 요구하는 노동이 중요한 게 아니라, 세상에 진짜 필요한 거를 생산하는 노동이 더 중요한 거지, 생각하게 되어버리고.

이거 정말 어마어마한 변혁이 될 수 있지 않겠어? 체제가 전복되어서 사회적 관계라는 게 바뀌는 게 아니라, 사회적 관계가 바뀌면 체제 변화가 찾아오는 거지.

체제 변혁이라는 건 그냥 막연하게 커다란 해방 이야기만 막 한다고 되는 게 아니거든요. 작은 데서 하나씩 관계를 바꿔나갈 때 어떤 발아 지점이란 게 만들어지는 거고, 그게 씨앗이 되어서 혁명이란 것도 찾아올 수 있는 거죠. 씨앗만 잘 자리를 잡으면은 그 이후에야 뭐, 한꺼번에 확 올 수도 있는 거고, 아니면 그네 타고 오듯이 천천히 우아하게 올 수도 있는 거고.

여기만이,
우리가 정치적 주체로서
자부심을 가질 수 있는
유일한 진지예요

2007년 4월 4일, 청와대 영빈관에서는 '국민과 함께하는
업무보고(장애인 정책)'가 열렸다. 이 자리에는
〈장애인차별금지법〉 제정을 위해 수년간 힘겨운 싸움을 이어온
장애인차별금지법제정추진연대 회원 등 장애계 인사들이 다수
초청되었으며, 행사 말미 노무현 대통령이 이 법에 서명을 하기로
예정되어 있기도 했다.

사건은 노 대통령이 서명을 하려던 바로 그 순간에 벌어졌다.
장애인차별금지법제정추진연대 박경석 대표와 장애여성공감 박김영희
대표가 돌연 노무현 대통령 앞으로 나아가 플래카드를 펼쳐 들었다.
플래카드에는 "장애인교육지원법 제정하라!", "시설비리 척결하라!",
"활동보조인 서비스를 권리로 보장하라!"라는 구호가 적혀 있었다.
이내 영빈관에는 박경석 특유의 굵은 음성이 울려 퍼졌다. "서명하시기
전에 우리 이야기를 들어주십시오! 대통령께서 아셔야 할 것이
있습니다. 국가인권위원회에서는 장애인 부모들이 장애인교육지원법
제정을 위해 단식 중입니다. 오늘 행사에서 행복한 장애인, 아름다운
대한민국을 말하지만, 장애인은 교육도 대우도 못 받고 있습니다.
대통령께서 직접 나서서 챙기셔야 합니다."

유시민 당시 보건복지부 장관이 곤혹스런 표정을 하고선 곁으로
다가와 둘을 설득했다. 노 전 대통령은 "모두들 함께하시는 자리이기

때문에 얼마나 시간이 필요한지 말하면 말씀하실 만큼 시간을 드리겠습니다"라 응답했으나, 박경석의 호소는 끊이질 않았다. 그리고 2분 후, 박경석과 박김영희는 청와대 경호원들에 의해 밖으로 끌려 나왔다. 박경석은 끌려 나가면서도 연이어 대한민국의 야만성을 규탄했다. 장내에서는 이들을 지지하는 박수 소리가 간간이 들려오기도 했고, 경호원들에게 항의를 하는 소리도 일부 들려왔다. 참여정부 최초로 청와대 내에서 시위가 벌어진 사건이었다.

박경석과 그의 동지들이 일으킨 '소란'은 이번이 처음도 아니었고, 끝도 아니었다. 2001년 장애인 이동권 투쟁이 시작된 이후, 박경석과 그의 동지들은 수차례 주류 정치 바깥에서 주류 정치의 문법을 깨는 사건들을 일으켜왔다. 그리고 그렇게 당연한 질서들이 뒤틀리고 평범한 일상들이 잠시나마 중단되는 동안, 변화의 가능성이 조금씩 이 사회에 새겨졌다. '소란들'은 박경석과 그의 동지들이 자신들의 목소리를 들으려 하지 않는 이 세상과 맞서온 방법이었고, 자신들을 주권으로부터 배제한 이 사회의 일상적 공간 곳곳에 새로운 주권의 영토를 만들어온 '장애인 정치'의 현실태였다.

어쩌면 박경석은 이보다 훨씬 더 우아한(?) 방식으로 정치를 할 수 있었는지도 모른다. 실제로 '청와대 영빈관 기습 시위 사건'이 있기 불과 3년 전, 그는 국회의원 후보가 될 뻔한 적도 있었다. 그러나 그는 그것을 끝내 거절했고, 결국 거리에 남았다. 그리고 시간이 흐를수록 점점 더 많은 사람들이 그가 남은 자리에 더해졌다. 그들 중 상당수는 세련된 언어로 말을 할 줄도, 글도 읽을 줄도 모른다. 하다못해 집 밖을 나오는 게 익숙하지도 않고, 타인들과 관계를 맺는 것 자체가 어색하다. 그러나 이들은 이미 크게든 작게든 어떤 자부심을 박경석과 공유하고 있다. "내가 거리에 나와 동지들과 함께하면 세상이 바뀐다. 나는 절대로 무능력하고 쓸모없는 사람이 아니다."

박경석의 정치는 언제나 이 자부심에서부터 출발한다.

전장연은 아래로부터의 대중 투쟁을 위한 조직이에요. 거리에서부터 비장애중심주의와 차별을 깨부수는 정치의 근거지를 마련하는 게 우리의 존재 이유인 거야. 우리같이 무능한 장애인들이 무슨 정치를 하느냐고? 착각하면 안 되는 게 있어요. 정치란 건 절대로 여의도에서만 이뤄지는 게 아니에요. 정치는 삶의 모든 영역에 영향력을 행사하고 있는 거고, 그런 만큼 어디에서나 이뤄질 수 있는 거죠. 특히 소수자나 억압받는 사람들은 국회 같은 데 들어가기도 힘들잖아. 그럼 이 사람들이 하는 활동들은 몽땅 정치가 아닌 건가? 그럴 리 없죠. 국회로 누가 가니 마니 하면서 권력투쟁하는 것들, 국회에서 하는 일들도 정치지만, 이미 그 바깥에서도 정치란 건 어마어마하게 이뤄지고 있는 거야.

그런데도 정치 하면 쉽게 국회 정치만 떠올리는 건, 그만큼 국회가 오늘날 정치에서 큰 힘을 가지고 있다는 걸 보여주는 거겠죠. 지금은 대의민주주의가 이뤄지는 시대니까, 어쨌거나 당장 삶을 변화시키려면 결국에는 국회를 거쳐서 법이나 제도를 뜯어

고쳐야 하는 거야. 그러니 국회 바깥에서 활동하는 것보다도 국회 가서 힘을 가지고 차별받는 사람들 조건을 바꾸겠다, 이런 것들이 당장 더 효과적이고 실질적인 것처럼 보이기도 할 테고. 대의제 정치에 어떻게 참여할 것인지가 90년대에 사회변혁적 민중운동 무너지고 시민운동의 핵심 기조가 돼버린 것에는 이런 맥락도 있었던 거겠죠.

상황이 이러니 전장연도 당연히 지금 당장 우리가 싸우는 사안들 해결하려면 국회랑 계속 긴밀하게 소통하려 해요. 적극적으로 만나주려 하는 정치인들이 별로 없어서 그렇지. 전장연은 장애인 권리를 위한 투쟁을 목표로 하는 연대체니까 원칙적으로 조직이 어떤 정당을 직접 지지하거나 하지는 못하게 되어 있지만, 그래도 지금은 당연히 국회랑 관계를 맺어가야 하는 거야. 우리 말고도 그래. 당장 현장에서 급한 사안 두고서 싸우고 있는 사람이라면 다 그래야지. 지금이 대의제 체제인 한, 그래야 당장 뭐라도 바꿔낼 수 있는 거잖아.

그런데 그렇다고 대의제 정치가 완벽한 건 아니거든요. 여러 한계가 있죠. 특히 장애인운동 포함해서 소수자운동 진영 입장에서 보면 더 그래요. 지금 조건상 못 배운 사람들, 언어장애가 있는 사람들, 중증장애인들이 국회의원 되어가지고 제도권 정치를 할수는 없는 거잖아. 당연히 당장 대의제 정치, 정당 정치에 소수자 당사자나 자기들 입장 대변하는 사람 몇 명이나마 들여보내는 것도 중요하긴 하지. 그런데 그렇다고 이게 사회적인 변화를 언제나 효과적으로 이끌어낼 수 있는 건 아니거든.

그럴 수밖에 없는 게, 정당 정치, 대의제 정치란 건 별수 없이 결국 거기서 자기 세력을 형성하고, 권력을 확장해가야 하는 거잖아요. 그러니 정치인 개개인들의 영향력이나 힘의 기반이라는 거가 굉장히 중요하고. 그 힘이나 영향력이라는 거는 보통 자기 지역구나 지지자들 민원 해결하면서 쌓이거나, 주류적인 이슈에서 선두에 서가지고 싸우거나 해서 쌓이죠. 그런데 자기한테 힘 실어주는 민원 넣는 사람들은 대부분 비장애인이잖아. 여의도 정치의 주류적인 이슈는 물론이고, 지역구에서 중요한 이슈에 장애문제가 낄 수 있을 리도 없는 거고.

게다가 또 장애인은 사실은 그냥 선거 때쯤 돼서 정당들 '장식용'으로다가 비례대표로 영입되어 가지고 들어가는 게 대부분이거든. 이렇게 들어가면 국회 가서 권력 싸움 해대는 데 제대로 낄 수나 있을까? 애초에 어떤 세력을 가지고 시작하는 것도 아니고, 처음부터 어떤 영향력이 있는 것도 아닌 경우가 대부분인데 어떻게 권력 쟁탈에 끼어들겠어요. 그렇게 기껏 국회 들어가 봐야 한두 명이기도 하고. 이 한두 명이 장애인 의제를 당장 제도권 정치 내에서 중심적인 이슈로 바꿔내고, 장애인들의 차별적 상황을 해소할 힘이 있을 리가 없잖아.

실제로 국회 들어간 장애인들 보면요, 대부분은 국회에서도 그냥 어루만져 줘야 하는 사람이 되어버려요. 권력 싸움에는 제대로 끼지도 못하고 계속 장애 이벤트들이나 장애 관련 법안들 앞에서 얼굴마담만 하는 거지. 아니면 정당들 사이에 엄청 첨예한 갈등 이슈 터질 때, "나 장애인이다!" 하고서 딱 등장을 해가지고 그 이슈들 자기 정당 입맛에 유리하게 포장하는 역할을 하기도 하고. 계속 그런 일이 반복되다 보면은 이제 그냥 뭐만 하면 아이고 잘했다! 이러면서 격려나 해주고, 발언 아름답게 하면 박수나 몇 번 쳐주고, 감동의 눈물 흘려주고 그러면 끝인 사람이 돼버리는 거야.

이게 어떤 사람들한테는 그냥 아름다워만 보이겠지. 그런데 정치계에서 권력 싸움의 중심에 있는 사람들 그렇게 대하는 거 봤어요? 보통 안 그렇잖아. 자기 편들이야 그렇게 해주겠지만, 자기 편 아녀봐. 당내에서건, 당 밖에서건 아주 죽일 듯 달려드는 게 여의도 정치예요. 아무리 어루만져 주고, 형식적으로 응원한다고 해도 실질적으로 뭔가를 바꿀 수 있는 권한은 이 사람들한테 절대 양보를 하질 않으니까 이게 가능한 거야. 애초에 그쪽으로 권력이라는 게 갈 거라고 생각도 안 하고.

저는 이미 과거에 그렇게 해서라도 국회에 들어가서 의정 활동 해본 사람들, 하고 있는 사람들이나, 지금 여의도에 들어가려 하는 사람들 무시하는 게 아니에요. 물론 욕먹어야 하는 사람들도 있지. 일제강점기 때 일본 사람보다 친일파 조선 사람들이 더 악랄하게 조선 사람들 억압한 경우도 있었잖아. 그거랑 똑같이 장애인 국회의원이 장애인들 삶을 더 갉아먹어 버린 경우도 많거든요.

그래도 그렇게 들어가서 중요한 역할을 해온 사람도 꽤 있고, 앞으로도 할 수 있을 거거든. 그래서 지금 장애인차별금지추진연대 대표로 계시는 박김영희 동지도 2000년대 후반, 2010년대 초반에 진보 정당 통해서 정치권 들어가서 잘되길 바라기도 했고. 정세와 상황에 따라서는 운동의 확장과 전망을 위해서 그런 게 필요할 수도 있다고 봐요. 그런데 그거는 또 그거 나름대로 현실적인 한계라는 걸 가지고 있고, 이게 정치의 다가 아니란 것도 사람들이 알아야죠.

당장 저는 여의도 바깥에서 조직을 한다는 거 그리고 관계를 형성한다는 거, 그걸 통해서 기존에 목소리가 없었던 사람들이 목소리를 내도록 기반을 마련하는 거가 차별받는 사람들한테 국회 정치보다 더 힘을 주는 정치라고 생각을 해요. 비장애중심주의 체제를 바꿔내려는 운동을 기존의 비장애중심주의 체제 안에서만 할 수는 없는 거잖아. 더 중요한 변혁을 만들어가는 기반은 그러니께네 바로 여기, 현장에서부터 만들어진다고 생각을 하고.

이건 땅바닥에서 하는 거야. 농사를 짓듯이, 이 아스팔트 바닥을 뒹굴어가면서 하는 거지. 그런 의미에서 나도, 현장에서 꼴아박고 있는 내 동지들도 여의도 정치는 아니더라도, 이미 정치를 하고 있는 거예요. 거리의 정치인 거지, 거리의 정치.

거리 투쟁의 현장에서
진보적 장애인운동 조직을 건설할 것입니다

저도 국회 정치에 도전을 할 수도 있었어요. 2004년에 제가 민주노동당에서 국회의원 비례대표 후보로 추천이 되었었죠. 이미 2001년부터 3년 동안 이동권 투쟁을 해왔으니까, 이 투쟁이 참 새로워 보이기도 하고 분명 의미도 있고 하니 추천이 들어왔던 거겠죠. 그 의견이 지지도 꽤 많이 받았고.

이렇게 추천을 받고 보니까 유혹이 많이 되더라고. 우리 빡세게 투쟁해온 게 인정을 받은 건데, 일단 기분이 좋잖아. 월급도 많이 줄 거고. 그때는 정말로 절실하게 여의도의 힘이 필요하기도 했거든요. 당장 〈교통약자의 이동편의 증진법〉 제정도 해야 했고, 〈장애인차별금지법〉도 제정하려고 싸우고 있었는데, 이건 국회 힘이 필요한 거였으니까. 마침 또 양당정치를 깨는 더 진보적인 제3당에 대한 요구들이 사회적으로 많이 이야기되던 시기기도 했거든. 나도 그때 거대 양당들을 많이 신뢰하질 못했어요. 지금도 잘 되지는 않아도 거대 양당 몇몇 정치인들과는 관계를 잘 맺어가려 하지만, 여전히 그런 불신이 있지.

2001년부터 이동권 투쟁 하면서도 겪은 건데, 우리가 그때부터 22년 넘는 시간 동안 장애인 이동권 보장을 외치고 있는데도 권력을 가진 애네는 우리 말 잘 들어주지도 않아 왔거든요. 그동안 보면은 정권은 계속 바뀌어왔잖아. 총선 결과도 왔다 갔다 했고. 민주당이 세졌다가, 국민의힘이 세졌다가. 그런데 거대 양당 사이에서 왔다 갔다 계속 정권이 바뀌고, 국회의원 수가 바뀌어도 장애인들의 현실이 바뀌지 않는다는 건, 얘네한테 장애문제는 쪼금 다뤄주면 그만, 아니면 말고 정도 수준이라는 거야. 헌법도 지네 유리한 대로만 써먹지, 헌법적 가치가 장애인 따위한테 적용도 안 되고 있는 걸 신경이나 쓰나?

그런데 내가 비례대표 추천을 받았을 때, 또 민주노동당이 주목도 많이 받고 비례대표제도 도입되면서 엄청 도약을 노리던 시기였죠. 민주노동당 동지들이나 사회당 동지들이 그때 우리 쪽 연대도 오고, 투쟁할 때 도움도 주고 그랬으니까 이 사람들에 대해서는 신뢰가 있었는데, 마침 진보 정당이 이렇게 힘을 얻어가고 있으니까[민주노동당은 해당 선거(17대 총선) 비례대표 정당투표에서 총 270만 표를 얻어, 13퍼센트를 차지했다], 여의도 정치도 앞으로는 조금 다를 수도 있겠다 싶은 희망이 생길 수밖에 없었지. 나도 진보 정당 정치인이 되면 장애인 권리 문제나 사회변혁 문제에서도 이제 좀 힘을 가지고서 희망을 만드는 데 함께해 볼 수 있겠다 싶기도 했고.

그런데도 내가 진보 정당 국회의원이 되어가지고 그냥 여의도로 들어가면 안 될 거 같은 게 있는 거예요. 그때는 정말로 진보적 장애인운동을 현장에서부터 만들어갈 조직적 기반이라는 게 절박했던 시기였거든. 그래서 그때 노들야학 상근 활동가였던 김도현이한테 물어봤어. 이거를 제대로 거절하려면은 우리 동지 입을 빌려서 좀 확신을 가져야겠다 싶었거든요. 원래 거절할 때는 남 이야기 빌려서 하는 게 좋잖아. 그때 김도현이가 이동권 투쟁한다고 지하철 선로로 장애인들 내려주고 그러다가 잡혀가서 구속이 되어 있던 상황이었는데, 야한테 편지를 보냈지. 야, 나 비례대표 나가야 돼냐 하고. 그랬더니 야도 선거 나가지 말래. 형이 국회가 아니라 현장에 남아서 진보적 장애인운동 조직을 밑바닥서부터 잘 건설해줬으면 좋겠다는 거야.

도현이 말이 진짜 절실하게 다가왔던 게, 그땐 또 진짜 조직 자체가 몇 명 되지도 않았거든요. 노들야학 학생들, 이동권 투쟁연대 나오는 사람들도 지금에 비하면 몇 안 되긴 했지만, 그때 이동권연대에서 조직을 책임지는 위치에서 활동하는 사람 수 자체가 너무나도 적었어요. 보통 자기 조직 활동가가 싸우다 부당하게 잡혀가면 그거를 조직적으로 규탄도 제대로 해주고 같이 싸워주고 그러잖아. 그런데 그때는 진짜 그거 자체를 할 사람이 너무 없으니까, 김도현이가 구속되러 가는데 김도현이 본인이 자기 구속 반대 성명 쓰고서 구속이 될 정도였어. 그러니께네 진짜 한 명만 빠져도 엄청 타격이 큰 상황이었던 거지.

이전에 90년대 때는 전국장애인한가족협회 같은 조직이라도 있었고, 2007년 이후부터는 전장연이 만들어져서 많이 성장도 했고 그러니 지금이야 어느 정도 이 운동에 결속력이 있죠. 그런데 그때는 아무리 이동권연대란 조직이 있었다고는 하지만 지금처럼 뭐 체계가 있고 그렇지도 않았거든. 80년대 후반부터 조금씩 쌓아온 장애인 현장 투쟁의 조직적 기반이 90년대 말에 싹 무너져 버리기도 한 상황이었으니까. 그 와중에 아래로부터의 투쟁 잘 만들어보자 같이 꿈꿨던 흥수 형이나 태수는 벌써 저세상 가버렸지, 현장에서 열심히 꼴아박던 한 명은 구속이 돼가 있지, 그런데 나까지 선거 준비한다고 빠져봐.

국회의원이 되어가지고 이 현장 조직을 어떻게 건설할 것인가를 직접적으로 고민할 수 있는 건 아니잖아요. 위치 자체도 그렇고, 물리적으로도 그렇고. 국회의원이 돼서 현장에다가 더 지원을 잘할 수 있다, 조직이 더 잘될 거다 이렇게 말을 하는 사람도 있었지만, 사실 그거는 다 그때 현장 현실을 잘 몰라서 하는 이야기예요. 그래서 결국 거절했죠. 그때 비례대표 사양하면서 이런 글을 썼는데, 그때 마음이 딱 이런 거였어요.

"국회의원이 되는 것이 하나의 소중한 희망이듯, 장애인들이 거리에서 투쟁하는 현장을 강화하고 진보적 장애인운동을 힘차게 전개해나갈 조직 건설의 활동가로 남는 것 또한 동등한 무게의 희망이라고 생각합니다. (…) 진보적 장애인운동은 여전히 척박하고 열악한 상황입니다. 그로 인하여 이 땅

201

에서 비극적인 삶을 살고 있는 장애민중들은 한낱 부르주아 보수 정치인들의 정치적 치장물로 전락하였습니다. 또한 그들의 떡고물에 관변적이고 보수적인 장애인 단체는 장애인 당사자를 팔아 정치적으로 야합하였고, 몇 명의 잘난 장애인들은 그 조직을 자신이 국회의원이 되기 위한 도구로 사용하였습니다. 그것은 장애민중이 투쟁으로 조직을 건설하지 않았기에 나타나는 장애인운동의 열악함을 극명하게 보여주는 것이었습니다. (…) 저와 그리고 함께 투쟁하는 동지들에게 우리의 투쟁은 하나의 퍼포먼스가 아니라 자본의 사회를 변혁하기 위한 저항이었습니다. 이제 그 저항운동을 선도적이고 힘차게 일상적으로 현장에서 펼쳐낼 진보적 장애인운동의 조직체 건설이 제가 느끼는 운동의 과제입니다. (…) 저에게 보내주는 동지들의 지지는 너무나도 소중한 기회입니다. 저의 선택이 동지들의 생각에 잘못일지는 몰라도 장애인운동의 열악함으로 보아주셨으면 합니다. 그러나 언제나 열악함으로 남아 있지 않을 것입니다. 이제 저는 장애인이 받아왔던 차별의 무게만큼 더 질기게 혁명적으로 장애인을 소외시키고 자본과 비장애인 중심으로 계획되고 운영되는 세상을 바꿔갈 것입니다. 거리 투쟁의 현장에서 진보적 장애인운동 조직을 건설할 것입니다. 그래서 장애인의 힘으로 세상을 바꿀 것입니다."

지금도 그 결정을 후회하지 않아요

지금도 종종 국회 정치 사양한 결정에 대해 후회는 없냐 물어보는 사람도 많고, 그때 내가 국회 들어갔어야 한다고 말하는 사람들도 있죠. 그런데 전 지금도 그 결정을 후회하지 않아요. 그 이후에 국회 바깥에서 피 터지게 싸워가면서, 정말 많은 것들을 바꿔왔다고 자부하거든. 단순히 성과 문제가 아니라, 이렇게 동지들하고 같이 거리에서 정치를 할 수 있는 기반을 만들어 놓으니까, 정말이지 더 많은 사람들이 거리에서 정치를 할 수 있는 기회가 열린 거야. 그것도 이 사회가 제일 쓸모없다고 하는 사람들, 그러니께네 아예 제도권 정치를 할 수 있을 거라고는 생각도 할 수 없는 사람들이.

국회에 제가 들어갔으면, 저도 권력투쟁 열심히 했겠죠. 그게 세상을 바꾸는 길이라고 생각하면서. 그런데 그렇게 했으면 내가 그 이후에 살아온 것처럼 권리 투쟁에 집중할 수 있었을까? 권력투쟁 말고 거리에서 할 수 있는 권리 투쟁 말이야. 나 말고도 다양한 사람들이 지금처럼 장애인운동에다가 기반을 가지고서 제일 밑바닥에서부터 지금까지 계속 싸울 수 있는 진지를 만들 수 있었을까?

국회 정치라는 건요, 결국 합리적인 법률적 한계 내에서 모든 것을 해결하려는 거예요. 전문가적 입장을 취해가면서. 그런데 그 한계에 국한돼서는 할 수 있는 게 한정되어 있거든. 그런 걸 하는 데서는 대중의 힘도 완전히 무시를 못하겠지만은, 결국 개인의 영향력이나 능력, 명성 이런 게 더 중요할 수밖에 없어요. 그리고 그런 거를 중시하다 보면 대부분은 또 국회 밖에서 어쩔 수 없이 '비합리적'으로 싸우고 있는 현장 대중들, 전문성이라고는 눈을 씻고 찾아봐도 없는 대중들과 멀어지기도 하는 거거든. 당 눈치도 계속 봐야 하고, 당내 권력 싸움도 해야 하고 그런데, 공천받으려면 현장이 반영된 자기 목소리도 계속 못 낼 거 아냐. 거기서도 장애인 대중들 싸움 이야기만 줄곧 옹호해봐. 국회의원이 되어가지고 합법적인 일은 안 하고 불법 투쟁만 좋아한다느니 극단주의자라느니 취급만 받고, 거기서 계속 성공을 할 수가 있겠어요?

더 중요한 건, 그런 한계가 있는데도 국회의원 되려는 사람들은 이미 차고 넘친다는 거야. 그러니 어느 정당이건 비례대표에 장애인 파이 만들어준다고 하면 그 자리 또 누가 차지할 거냐 가지고서 장애인들끼리 피가 터지게 싸우죠. 여기 들어가면 좋잖아. 명예 생기지, 권력 생기지, 돈 많이 주지. 꼭 그런 게 아니더라도 더 직접적으로 법과 제도를 뜯어고칠 기회라도 생기는 거고. 그러니께네 좀 잘난 장애인들 중에는 거기 기들어가려는 사람들은 많을 수밖에 없는 거야. 진보적인 성향이건, 보수적인 관변 장애인 단체 출신이건 할 것 없이. 그렇게 거기 가서 자기 역할 하겠다는 사람이 많은데, 내가 굳이 거기에 가려고 해야 될까?

그런데요, 거리에 남으려는 사람들은 또 몇 없더라고요. 밑바닥에서부터 기어가면서 조직을 건설하고 목소리도 못 내던 사람들이 목소리 낼 수 있게끔 싸움을 만들고 이런 거는 사람들이 별로 하고 싶지 않아 해. 국회는 다들 우러러보는데, 현장 투쟁이 중요하다 중요하다 말하는 사람들도 정작 자기는 가장 밑바닥 운동 현장들의 기반을 쌓는 거는 떠맡으려고 하지를 않는 거야. 하더라도 금방 떠나버리고, 금방 떠나버리고. 그런데 이런 거 없이 정말로 세상이 바뀔 수가 있나?

아닐 거예요. 국회에서 뭔가를 바꾸려면 거리에서 먼저 조직된 힘을 보여줘야지만 돼요. 거리에서 힘을 쌓아가지고, 대의제 정치인들을 압박하고 영향력을 행사할 수 있어야 돼요. 특히 우리같이 애초에 힘이 없는 사람들은 거리에서 그렇게 싸워가는 게 언제나 변화의 출발점이 되어왔잖아요. 지하철 엘리베이터도, 저상버스도 그렇게 쟁취한 거예요. 활동지원서비스도 그렇게 만들어졌고. 장애인들 등급 매겨가지고 제대로 복지 서비스 안 주는 데 활용되어온 장애등급제도, 가난한 사람들 부양할 가족 있다는 명목으로 국가에서 제대로 지원 안 하는 데 활용되어온 부양의무자 기준도 부족하나마 개선시킬 수 있었던 게 다 거리에서 싸워온 가난한 장애인들의 힘이었잖아.

저는 그런 만큼 이 거리에 변화에 뜻이 있는 사람들이 더 많이 남아야 한다고 봐요. 더 많은 사람들이 계속 거리에서 정치를 할 수 있게끔 책임을 지고, 이 정치의 전망을 만들어가는 게 활동가의 역할이기도 하고. 활동가들이 다들 전문가만 되길 바라고, 그래가지고 명성 좀 쌓고 해서 국회로만 다 가려고 하면은 이 기반 자체가 무너져 버릴 거잖아. 그럼 어떻게 되냐. 운동의 멸종이 찾아오는 거야, 운동의 멸종.

실제로 해외 같은 경우에도요, 제도권 정치로의 편입이라든가, 전문가 중심으로 장애문제를 해결해야 한다든가 하는 방향이 설정되고 나서부터는 현장 기반 투쟁들을 중심으로 하는 장애인 운동이 다 무너져 버렸어요. 뭐, 이미 장애인 복지 영역이 많이 좋아지고 그래서일 수도 있지. 그 제도권 정치 통해서 많은 것들이 바뀌기도 했을 테고요.

그런데요, 운동이 그런 방식으로만 가게 되면 어떤 일이 벌어지는 줄 아세요? 세상이 제일 못났다는 중증장애인들이 자기 문제에 대해서, 사회에 대해서 직접 목소리를 낼 기회 자체가 사라져 버리게 돼요. 원래 쭉 그랬던 것처럼 계속 정치의 주체로서 자격을 갖질 못하는 거지. 그러면 아래로부터 만들어진 변혁의 과정은 사라지고, 그냥 몇몇 잘난 사람들이 영웅이 되어서 장애문제 혼자 다 해결하는 사람처럼 되어버리기만 하겠지, 뭐. 결국 장애인 정치의 영역이란 것도 능력주의 안에 빨려 들어가 버리는 거예요.

그런데 보세요, 해외에서 그렇게 일부 장애인 활동가들이 영웅처럼 되어서 정치적 영향력을 발휘한다고 해서, 정말로 장애인 차별의 문제가 근본적으로 해결이 되긴 했는지. 꼭 그랬던 건 아니거든. 결국 거기서 권력투쟁에 끼어들면서도 바꿔낼 수 없었던 게 굉장히 많았던 거지.

그 한 차로가 장애인들한테는
꼭 망명정부 같은 역할을 하는 거지

요새 지하철행동으로 제가 유명해지니까는 강의 같은 데 가면 당신 말하는 거 다 좋은데, 그럼 거리의 정치라는 거는 도대체 어떻게 하는 거냐고 묻는 분들이 종종 있더라고요. 사실은요, 거리의 정치의 방식에는 수학 공식처럼 딱 정해진 건 없다고 봐야 해요.

중요한 건 이거야. 그걸 어떻게 하든 간에, 결국에는 이것도 정치니까 일단 대중들에게 우리의 존재와 목소리를 잘 알리는 거. 정치인들도 선거 때 승리를 하려면은 엄청나게 홍보하면서 다니잖아. 자기 명함 나눠 주고, 시민들 한 명 한 명한테 인사하고 다니고. 우리는 권력투쟁보다 더 중요한 권리 투쟁이라는 거를 하니까, 권력투쟁하는 정치인들만큼 열심히 우리 존재를 홍보해야 하는 거야. 거리에서 우리를 홍보한다는 거는 그냥 팸플릿 나눠 주고 하는 거도 있겠지만, 방법이 그것만 있는 건 아니거든. 그거 받아봤자 우리같이 존재감 없는 사람들 이야기를 관심 있게 읽을 사람은 많지 않을 거잖아요. 그러니 사실 장애인운동에서 거리의 정치라는 거는 결국 직접행동이 가장 중요한 위치를 차지하고 있죠.

직접행동이란 건요, 언제나 정세를 잘 파악해야 해요. 어디서 투쟁을 할 건지 장소를 계속 같이 탐색해가야 하는 거야. 지금이 지하철로 내려갈 때인지, 아니면 시청을 점거할 때인지, 광장에서 집회 신고 내고 집회를 할 것인지, 이런 것들. 선거철 되면은 선거철에 맞게 행동을 조직해야 하고, 어떤 법 통과시켜야만 하는 때는 뭘 해야 하고 이런 것들 있잖아.

그런데 사실 저한테 가장 중요한 건 무엇보다도 직접행동 과정에서 행진하고 집회할 때 어떻게 한 차선을 더 점거할 건가예요. 뭐 고작 이런 거에 집착하냐 하는 사람들도 있겠죠. 그런다고 뭐 세상이 바뀌기를 하냐면서. 한 차선 더 차지하려면 경찰들이랑 엄청 싸워야 되고, 그러다 보면 잡혀가는 동지들도 생기고 그런데, 성과가 당장 안 나오니까. 이게 개고생은 개고생대로 하면서, 밑 빠진 독에 물 붓기처럼 보일 수도 있는 거거든. 그러니 그냥 오기 부리는 것처럼 생각이 되기도 할 테고. 그래도 나는 지금도 우리 판에서 잘 싸운다고 소문난 이형숙 대표님이나 이규식, 문애린이처럼 막무가내는 아냐. 나름 머리도 열심히 쓰고, 경찰들이랑 협의도 거치고 해서 그렇게 하지.

그런데 저한테 한 차선을 더 점거한다는 건 사실 어마어마하게 철학적인 의미가 있는 거예요. 정말로 오해가 없었으면 좋겠는데 단순히 내 고집 때문에 땡깡을 부리는 게 아닌 거거든. 우리 투쟁 같은 경우에는요, 전국적으로다가 많이 모일 때는 2000명, 3000명 모일 때도 있지만, 대부분의 투쟁에는 몇 명 모이지도 못해요. 장애 이슈가 사회적으로 그렇게 힘을 가지고 있는 것도 아니잖아. 우리도 장애 프라이드 이름 걸고서 퀴어문화축제 때 같이 행진하기도 하는데, 이런 거 한다고 장판 바깥 사람들이 우리 투쟁할 때 퀴어문화축제처럼 많이 모이지도 않고요. 솔직히 별로 관심도 못 받지. 그렇다고 우리가 민주노총 전국노동자대회 할 때처럼 1만 명, 2만 명씩 더 대규모로, 조직적으로다가 사람들을 모을 수 있는 것도 아니고. 그러니께네 집회 신고 내고 행진 신고를 내봐야 경찰이 차로를 몇 개 주지도 않아. 웬만하면 그냥 한 차로 정도 주는 게 대부분이죠.

이런 상황에서 몇 명 되지도 않는 사람들, 거기다가 세상에서 제일 못났다는 사람들이 그냥 꼴랑 한 차로만 가지고서 얌전하게 행진해봐요. 그게 사회적으로 무슨 효과가 있을까? 그렇게 한 차로로 가면은 어차피 경찰들이 우리 다 둘러쌀 거잖아요. 방패 쫙 들고서. 그러면 바깥에서 우리 투쟁하는 거 보이지도 않아. 기자들이 이런 데 오기나 해요? 맨날 《비마이너》 기자들만 와 있지.

애초에 힘이 없어서, 거리에 나와서 힘을 모아보려고 이렇게 모였는데 그렇게 아무런 힘도 발휘를 못 해봐. 힘들게 여기 나온 사람들도 얼마나 허무해. 그러니께네 한 차선을 더 차지한다는 거는 현장에서 우리들 영토를 조금이라도 더 확보하기 위한 발버둥인 거야. 너네가 힘이 없다고 무시하는 우리가 이만큼 힘이 있다는 거를 보여주는 거지.

경찰들이 못 가게 막고 있는 그 건너편 한 차선은 지금까지 우리를 버리고서 내달려온 세상을 잘 굴러가게 만들고 있는 거잖아요. 우리가 그 차선으로 나가는 걸 그렇게 막아대는 건 우리를 버리고서 그렇게 굴러가는 세상을 계속 이대로 잘 유지하겠다는 거고. 그게 그 사람들한테는 질서지, 질서. 지네들만의 질서. 장애인들은 그 영토에서 아예 배제가 되었으니까, 거기는 우리 주권이 행사되는 공간도 아닌 거예요. 그런데 그 질서를 깨뜨리고서 우리가 한 차로를 더 점거를 하게 되면은 거기에 우리들의 주권이 행사되는 영토가 딱 하고 세워지는 거거든. 그 한 차로가 장애인들한테는 꼭 망명정부 같은 역할을 하는 거지.

가장 중요한 건요, 이렇게 그 쪼끄만 한 차로에다가 우리 주권이 행사되는 망명정부를 세워두면은 힘없는 사람들에게도 주권자로서의 자부심이 생긴다는 거예요. 생산성 없다고 여태껏 시설에 갇혀 있었던 사람들, 방구석에 처박혀서 가족들이 밥 챙겨주면 그거만 얻어먹고 하루 종일 누워 있던 사람들이 지금껏 살면서 어떤 자부심을 느껴봤겠어요. 굳이 집회 안 나와도 무슨 일인지 알리는 건 유인물을 나눌 수도 있고 설명할 수도 있는데요, 그건 지식일 뿐이지 자기 이야기인데도 자기 이야기로 잘 여겨지지도 않아. 그런데 그런 사람들이 이렇게 한 차로 더 먹고서 자기 주권이 행사되는 공간을 조금이라도 가져봐. 이게 그냥 유인물 보는 거랑 차원이 다른 엄청난 성취감이라는 게 생기는 거거든. 이 사람이 사회적 관계를 맺는 방식 자체가 완전히 바뀌게 되는 거야.

그리고 거기서 의미를 발견한 사람들이 또 나중에 엄청난 전사가 되어 있기도 해. 이게 중요한 거죠. 그게 아무리 소수더라도. 예수님도 봐봐. 제자가 많지도 않아. 그런데 딱 열두 명을 조직을 해놓으니까 유다같이 한 명 배신하고 그래도, 남은 사람들이 더 넓게넓게 조직을 해가는 거야. 뭐, 우리가 기독교처럼 그렇게 성공을 하리란 보장은 당연히 없지. 우리가 예수님 급도 아니고. 그런데 그 소수의 사람들이 없으면, 조직의 물리적 기반이라는 거, 권리를 쟁취하기 위한 조직화의 가능성이라는 거가 쌓일 희망이라도 있을까?

국회로 한 명 들어가면 희망이 보인다고요? 그럴 수도 있죠. 그런데 이 현장에서 한두 명이 조직된다는 거, 거리의 정치를 계속해 가겠다는 사람들이 조금씩 만들어지는 거, 이거는 그만큼의 희망이 아닌 건가? 전 아니라고 봐요. 이거는 국회만큼이나, 어쩌면 국회에서보다 더 엄청난 희망의 씨앗을 품고 있는 거야. 대의제의 한계들을 많이들 이야기하는데, 그 한계를 넘어서기 위한 가능성이란 것도 여기에서부터 출발해야 하는 거죠.

오뎅을 팔아서 먹고살려면은
오뎅을 다양한 방식으로 열심히 팔아봐야지

솔직히 말하면 이렇게 싸워간다는 게 정말 쉬운 일은 아니에요. 밖에서 아무리 아름답게 포장해봐야, 현장은 그다지 우아한 게 아니거든. 다른 운동도 다 힘들겠지만, 장애인운동도 장애인운동 특유의 힘든 게 있기도 해요.

당장 우리는 노동조합 같은 거랑 성격이 전혀 달라요. 노동조합은 이미 공장에 모여 있는 사람들이 있잖아. 그리고 임금 더 받아야 한다, 노동조건 어떤 걸 더 개선해야 한다 해가지고 이해관계가 직접적으로 딱 맞을 수가 있고 그러니, 거기도 어쨌거나 힘들기야 하겠지만 그래도 조직하기가 우리보다야 나을 거예요. 다른 운동들도 꼭 그렇지는 않을 수도 있지만, 그래도 참여자 대부분은 어쨌건 간에 최소한 사람들하고 이미 어떤 사회적 관계란 걸 맺고 살아온 사람들이잖아. 대부분은 글도 읽고 쓸 줄 아는 사람들 조직화하는 거고.

그런데 중증장애인들은요, 여태껏 방구석에 처박혀 있었죠, 글도 못 읽는 사람이 엄청 많지. 언어장애 심한 사람도 많고. 그러니 만나기도 힘들고, 이 투쟁 의제가 왜 중요한지 설득하기도 유난히 힘이 드는 거야. 이 사람들 꼬시려면 '상담'도 오랫동안 해야 되고, 맛있는 거랑 술도 사줘서 '약물 치료'도 해가면서('약물'이란

212

건 곧 '술'인데요, 사실 사람 조직하는 방법이야 여러 가지가 있겠죠. 지금은 시대도 많이 바뀌고 했지만은, 그런데 2000년대 초반에는 역시 술 먹으면서 하는 방법이 제일 잘 먹혔어) 열심히 같이 싸우자, 같이 싸우자, 해야 돼. 너 언제까지 그렇게 외롭게 살 거냐, 너 사회에서 무시받고 사니까 갈 데도 없지 않냐, 그렇게 사느니 우리 어떤 가치를 위해서 함께 싸워보지 않겠냐, 그래서 너 외롭게 만드는 이놈의 현실을 같이 바꿔보지 않겠냐, 니가 바로 정치의 주체다! 이러면서.

당연히 열 명을 그렇게 설득해도 열 명 다 안 남는 경우도 많죠. 중요한 거는 그럴 때도 좌절하지 않는 거야. 관계를 맺는다는 게 원래 다 쉽기만 한 게 아니잖아. 서로가 서로를 지지할 수 있으려면 교류하는 시간이 필요한 거고. 그러니 내 기대가 당장 충족이 안 됐다고 맨날 열을 내면은 내 혈압만 올라가는 거거든. 실패를 하면서도 차분히 시간을 두고서 그 설득의 과정, 조직의 과정 자체가 갖는 의미를 계속 되새기는 게 그래서 정말로 필요한 거죠.

활동가가 하는 일이라는 게 이게 가장 중요한 거잖아. 포장마차 차려서 오뎅 파는 사람이, 사람들이 오뎅을 안 사 먹는다고 포기하면 안 되잖아요. 오뎅을 팔아서 먹고살려면은 오뎅을 다양한 방식으로 열심히 팔아봐야지. 오뎅 안 팔리면 뭐 다른 걸 팔 수도 있지만요, 그런데 현장에서부터 희망의 진지를 꾸리려는 활동가는 사람을 조직하는 게 자기 일인 거잖아. 그러니 안 된다고 바로 포기하지 말고, 잘될 수 있는 방법을 계속 고민해가야 하는 거지. 오뎅 파는 사람은 오뎅 안 팔린다고 다른 걸로 바꿀 수 있지만, 거리의 정치 하겠다고 남은 사람들은 오뎅 파는 것처럼 업종을 바꿀 수도 없으니까. 업종을 바꿔서 이 과정 자체를 거치지 않으면 아래로부터의 운동이란 것도 결국 멸종하게 되는 건데. 그럼 그게 어떻게 하면 잘 먹힐까를 끊임없이 고민을 해야지.

그래가지고 어쨌거나 한두 명 조직을 하기는 했어. 그런데 그렇게 조직을 해놔도 이제 힘이 드는 게 또 생기는 거거든. 혼자 밥도 먹을 수 없고, 이동하기도 힘들고 그러니께네 비장애인 활동가들이 죄다 장애인들 활동지원을 해줘야지만 되는 거야. 2000년대 초반에 이동권 투쟁 할 때는 활동지원사 제도 자체가 없었으니까, 비장애인 활동가들이 용변 처리부터 식사 지원, 이동 지원 같은 거를 다 해야 했던 거죠. 그런데 우리는 활동가들 자체가 또 몇 없잖아. 2000년대 초반 때는 일박 농성 투쟁 하면 김도현이 같은 애가 다섯 명, 여섯 명 지원하고 있고. 아침에 화장실 왔다 갔다 하는 거 지원만 두 시간씩 하는 거야. 상황이 이러니 일단 조직하는 것도 힘이 들고, 조직을 해서 현장에 나와도 힘들고.

뭐, 박종필이가 만든 〈버스를 타자: 장애인 이동권 투쟁 보고서〉 같은 영상에 남아 있고 사진으로 남아 있는 현장들에는 그래도 사람들이 좀 보이죠. 그런데 그건 대부분 정말 많이 모였을 때인 거야. 그때 버스 타기 직접행동이나 지하철 타기 직접행동 하면은 대부분은 몇 명 있지도 않았어. 열 명 조직해가지고 집회 열면, 이야! 우리 오늘 성공했다! 이럴 정도였으니까. 휠체어 탄 중증장애인도 거기 나오는 사람 몇 없으니, 이야 오늘은 휠체어 탄 장애인이 두 명이나 왔네 이러면서 뿌듯해하기도 하고. 보통은 다 해가지고 한두 명 나와서 조그맣게 하다 가고 그랬죠. 집회에 올 사람들 더 필요할 때는 에바다대학생연대회의라고, 에바다 장애인 거주시설 비리 투쟁 때 왔던 대학생들한테 와달라고 부탁해서 꾸려가고.

그렇다고 뭐 장비라도 제대로 갖춰져 있었냐, 그것도 아니지. 그때는 집회 장비도 제대로 없었어. 앰프도 없어가지고 육성으로 발언하고. 소리통! 소리통! 외쳐가면서, 육성으로 다 같이 구호 외치고. 그래도 옆에서 민주노총 기자회견하거나 집회하고 있으면 좀 나아요. 노조한테 가가지고 잠깐 앰프 좀 빌려주세요 해서 쪼끄만 앰프라도 하나 겨우 빌려다가 쓸 수 있었으니까. 또 대학생들이 와서 하다 보니까, 어떤 대학생들은 행진하면은 집회 신고 되지 않은 차로 점거하거나 이런 거를 싫어하더라고. "법은 지켜야 돼요", "장애인들이 힘들어해요", 이러면서. 뭐 몇 명 있지도 않은데 제대로 소통도 안 되고, 갖춰진 것도 없고 하여간 콩가루도 이런 콩가루가 없었지.

그러니께네 제가 거리의 정치가 중요하다고 한 거를 현장 투쟁이란 게 정말 아름다운 거구나, 거기에 나가기만 하면 모든 게

215

해결되는구나 이렇게 받아들이면 안 돼요. 당연히 국회나 정당에서 권력투쟁하는 것보다 거리에서 권리 투쟁하는 게 아름다워 보이기도 하지. 그런데 그것도 보면은 대부분 나중에 돼서야 기록하는 사람들이나 공부하는 사람들한테 그렇게 치장이 되는 거고, 사실 현장이라는 거는 정말 엄청나게 열악한 거거든. 내부 갈등도 툭하면 벌어지니께네 골 아플 일도 맨날 생기고.

그런데도 진짜 목소리조차 못 내는 사람들을 위한 거리의 정치를 하려면 그 어려운 상황이란 거를 잘 뻐텨낼 수 있어야 돼요. 활동가한테 뻐틴다는 거는 그만큼 중요한 덕목인 거야. 그렇게 뻐텨야지만, 그 열악한 상황에서도 거리에 그런 장소가 만들어지는 거에서부터 전사들이 조직되기 시작하는 거니까. 조직하려면 결국엔 그 방법밖에 없어요.

그렇게 꾸려놔야지만이 거기에 뭐 큰 결의를 하고 나온 것도 아니고 별생각 없이 나온 사람들, 한 번만 나와달라 부탁해가지고 겨우겨우 나온 사람들 이런 사람들이 거기에서 자기도 목소리가 있는 사람이라는 걸 처음으로 알게 되는 거거든요. 모두가 그 자리에서 엄청나게 의식화가 이뤄지는 것도 아니고, 그런 장소 꾸릴 때마다 한 명씩이라도 전사로 조직되는 것도 아니죠. 그런데 그렇게 안 하면은 어차피 국회도 못 가고, 잘나지도 못한 사람들이 정치를 할 가능성 자체가 열릴 수가 있나? 옆에서 동지들 맞아가고, 누군가가 계속 죽어가고 그러는 거에 대해서 복수심이라도 품고 계속 싸워갈 생각을 가질 여지가 있나? 의리라는 감정이라도 품고 여기 남아야겠다고 다짐할 가능성이라도 있나? 이게 별거 아닌 거 같죠? 그런데 그렇게 조직된 한 명 한 명이 아무리 소수고, 아무리 당장 보기에 하찮은 의도로 시작하는 것처럼 보여도 또 그 기반을 같이 만들어가면서 다른 사람들한테 그 가능성을 열어줄 수 있는 힘이 되기도 하는 거거든.

　　활동가가 버티려면 일단 운동이란 게 지속 가능 해야 하죠. 그런데 이 지속 가능성이란 건 절대로 우리 투쟁이 당장 어떤 성과를 냈는가에만 집중했을 때는 잘 마련이 안 될 거예요. 성과가 전부라고 하면, 우리 투쟁 요구 관철 안 되면 좌절해서 관두고, 관두고 해버릴 거 아냐. 저는 당연히 성과도 중요하지만은 그게 당장 안 되더라도 조직 과정에서 고작 한두 명과 새로운 관계를 맺어나가게 된 거, 그 사람들의 존재가 거리의 정치 과정에서 조금씩 전환되는 거에 더 큰 의미를 둬야 한다고 봐요.

　　저는 장판을 넘어서 지금도 거리에서 열악한 상황 견뎌가며 아래로부터의 조직화에 힘쓰고 있는 많은 활동가들이 많이 힘들겠지만, 조금만 더 잘 버텨주길 바라요. 그 버티는 과정 하나하나가 아무리 비루하고 작아 보여도 사실은 그게 엄청 소중한 거란 걸 같이 깨달아 가면서요. 진짜 아래로부터의 정치란 건 이미 당신들이 꼴아박고 있는 그 거리에서 어마어마하게 이뤄지고 있는 거고, 사회와 정치의 근본적인 변혁의 씨앗이라는 것도 바로 그 작은 데서부터만 발아할 수 있는 거니까요. 여기만이, 사회에서 목소리도 없이 살아가던 사람들이 정치적 주체로서 자부심을 가질 수 있는 유일한 진지예요.

아이고 요놈의 운명

그러고 보면 나도 누군가 버티면서 만들어온 그런 진지들을 겪어내면서 운동에 조직화가 된 거야. 나는 뭐 처음부터 엄청난 신념이나 운동에 대한 열의가 있었겠어? 의식화 한 개도 안 되어 있었어. 대구 보수적인 기독교 집안에 태어나 가지고, 장애인 되기 전까지는 재미있게 사는 것밖에 관심 없는 날라리였지, 그 후에는 국가에 충성하는 해병대 수색대까지 다녀온 사람이었는데, 나한테 그런 게 어딨었겠어요. 그런데 나보다 먼저 한두 명씩 조직화하면서 그런 장소를 잘 꾸려보려고 열심히 노력했던 사람들 잘못 만난 덕분에 인식 자체가 조금씩조금씩 변화를 한 거지.

내가 처음 집회 나간 게 88년도였는데요. 서울장애자종합복지관에서 만난 홍수 형 같은 사람이 데모 나가자고 꼬셔서 나간 거였어요. 난 사실 데모보다도 다른 거에 관심이 더 많았지. 형이 국회 앞에 데모 가자길래 바로 물어봤어. "거기 나가면 맛있는 거 사줘요? 술 사줘요?" 이래 물어보고 "데모 끝나면 사줄게" 이래서 나갔던 거거든. 데모가 뭔지도 잘 모르고 뭐 가지고 싸우는지도 자세히 모르고. 그런데 거기 갔더니만 내가 휠체어를 탔으니까 목발 짚은 장애인들이 대오 앞쪽에다가 날 세워놓는 거야.

그래도 그때는 또 내가 이야! 해병대 수색대까지 나와가지고 자존심이 있지, 도망가면 안 되겠다 해서 막 앞으로 나가려고 했어. 다른 장애인들 아이, 무서워요 하면서 뒤로 빠질 때, 나는 기죽으면 안 된다 해가지고 경찰들이랑 눈싸움 팍 하고 있고. 그때는 그냥 경찰도 아냐, 백골단이 나와가지고. 백골단 앞에서 그렇게 했으니 진짜 용감한 해병대 출신 중도 장애인이었던 거지.

그런데 그때 막 우리 쪽서 선동하던 사람이 국회 안으로 돌진! 앞으로 가자! 그러면은 다른 사람들은 대부분 소아마비장애인이었으니까, 이 사람들이 목발 짚고 뒤에서 막 밀어요. 백골단이랑 나랑 부닥치건 말건 그냥 앞으로 밀어대는 거야. 나는 고 사이에 낑겨가지고 아주, 백골단 놈들은 그렇게 되면 발로다가 내 촛대[정강이]를 아주 팍팍 까대거든. 내가 다리가 마비돼서 감각이 없으니까, 아프지는 않았지. 나중에 보니까 정강이가 다 까졌어. 그래도 난 해병대서 그런 거 많이 경험했으니까 또 오기가 생겨가지고 계속 앞으로 나가면서 걔네랑 붙은 거야. 야네들도 촛대를 하도 까대는데, 내가 휠체어에 앉아가지고 눈 하나 깜박 않고 뒤로 도망도 안 가니까 엄청 당황을 하더라고. 눈치 보며 무서워 하는 아도 있고. 사실은 마비가 돼서 까대도 안 아파서 그랬던 건데. 으하하. 그때 나 있던 데만 안 밀리고 그래도 조금 전진은 했어. 다른 데는 목발 휘두르고 그렇게 싸워도 다 밀렸는데. 그때 방패는 철로 되어 있어서 그걸로 또 목발 한 대 팍 치면 목발이 다 깨지거든. 그러니 이길 수 있을 리가 있나. 그런데 내 쪽만 그렇게 전진하고 나니까 뭔가 뿌듯한 게 있더라고.

내가 처음 참여한 농성이란 것도 그래요. 88년도 서울장애자종합복지관에서 한 투쟁이었는데, 그래도 이때는 조금 갱생해가지고 이건 정말로 내 투쟁이다 끌어안고서 시작하긴 했지만, 그때도 엄청 의식화되어 있고 그런 건 아니었어요. 내가 그때 복지관 직업훈련 과정을 다니면서 거기 동문회 '싹틈'이라는 곳에서 활동을 하고 있었는데, 거기서 소식지 편집 일도 하고 그랬거든. 그런데 보니께네 직업훈련 과정 나온 동문들이 전부 다 제대로 취업도 안 되고 그러고 있는 거야. 그래서 어느 날 이 소식지에서 동문들 대상으로 설문 조사를 해보자고 했죠. 복지관에서는 동문들이 전부 다 취업 잘 된다고 하고 있었거든. 이상하잖아. 그래서 홍수 형이랑 태수랑 같이 조사해보자고 해서 정말로 조사를 해보니까, 사실은 20~30퍼센트만 고용이 돼 있는 거야.

고용된 사람들도 보면, 별로 좋은 데서 일하고 있는 사람들도 없었어요. 전부 '시다' 형태로 잠깐 일하다가 짤리는 거거든. 견습생이라고 하면서 월급도 제대로 못 받고, 동문 중에 한 청각장애여성은 6개월 동안 월급 만 원 받고 뜨개질하다가 짤리고. 그러니 기가 차는 거지. 그런데 이런 내용이 담긴 소식지를 발표를 하

려 했더니만, 복지관이 우리 소식지 인쇄해둔 거를 싹 다 훔쳐 가
버렸네. 그래서 홍수 형이랑 태수랑 같이 야 안 되겠다, 우리가 뭔
가를 해야겠다 해가지고, 복지관 로비를 점거를 한 거지.

그렇게 농성을 시작해서 5일 동안 뻐텼는데, 정태수는 원래
그냥 밀어붙이자 주의로 가는 애기 때문에 정말로 막가파인 거야.
아니 논의도 안 되어 있는데, 무슨 결사 투쟁 한다고 농성 첫날에
머리를 빡빡 밀고 나타났어. 기가 차지, 기가 차. 무슨 독재정권에
맞서 투쟁하는 것도 아니고, 이 농성 드간다고 체제가 전복되는
것도 아니고. 그만큼 그때 나는 태수랑 많이 달랐지. 나는 솔직히
농성 시작할 때도 무슨 결사 투쟁 한다라고 생각 안 하고 반쯤은
장난하는 마음도 있었어. 복지관 대할 때도 난 협상파였지. 복지
관에 나랑 친한 선생님이 있었거든. 그 선생님한테 몰래 가가지
고 "우리 이렇게 할 건데 그럼 힘들어지니까 협상할 거는 빨리 협
상하세요, 이 정도 선에서 협상하세요" 하면서 몰래 이야기하고.
내가 그렇게 정보 판 거, 아니 더 정확히는 우리 정보 조금 내주고
복지관 협박한 거는 태수도 모르고 있었지. 정말로 몰래 한 거야.
하하. 홍수 형은 기본적으로다가 좌파라 밀어붙이자 주의이긴 했
는데, 태수랑 나 사이에서 중재하는 역할도 좀 하고. 이렇게 세 명
이 나름 지도부를 만들어가지고 어설프게 농성을 한 거지.

그런데 지금 보면 그때 내가 한 게 맞았던 거 같아. 아니, 사
실은 애초에 이 농성이 얻을 수 있는 게 없었거든요. 얻을 수 있는

거는 싹틈 소식지 좀 돌려받고, 싹틈 사무실 책상 하나 얻을 수 있는 정도? 그런데 홍수 형이나 태수는 무슨 거기서 서울시장 면담을 요청한다고 하고.

어쨌거나 그렇게 5일을 뻐텼더니, 그래도 복지관에서 반응이 오데요? 그래도 조금은 전진을 하게 된 거지. 지금 와서 보면은 그때 그렇게 싸워가지고 얻어낸 것도 정말로 딱 내가 그때 얻어낼 수 있다고 생각한 것뿐이었어. 싹틈 소식지 돌려받고, 일부 내용 수정하는 조건으로 배포할 수 있도록 해준다, 싹틈 소식지 다음 호에 복지관 사과문을 게재한다 그리고 싹틈 사무실 안정적으로 보장해준다, 이런 거였지. 뭐, 명목상으로 서울시장 면담도 추진해보겠다고 이야기는 했는데, 이건 결국 잘 안 됐지.

사실 그때 홍수 형은 엄청 대단한 목표를 가지고 이 농성을 시작했을 거야. 이 농성이 "운명적인 거다" 그렇게 이야기를 했거든. 그러니 솔직히 농성 과정이나 결과 가지고서 실망하고 아쉬운 게 있었겠지. 그런데 그 농성을 통해서 얼마나 많은 성과를 냈느냐, 얼마나 대단한 구호를 걸고 있었느냐보다 중요한 거는, 그냥 지금 보면 엄청 엉성하고, 규모도 작고 그랬어도 장애인들이 자기 권리를 얻어내기 위해서 목소리를 내봤다는 거예요. 그 과정 속에서 얼마나 의미 있는 게 만들어졌느냐가 중요한 거지. 나 같은 사람도 그런 거 겪어가며 조금씩 조직이 된 거잖아. 박경석을 조직했다니, 이것만 해도 얼마나 대단한 일을 한 거야!

홍수 형도 투쟁 끝나고, 이 농성 두고서 "온갖 번민과 갈등 속에서 어설프게 투쟁했다"고 이야기했지만, 생각해보면 그렇게 장애인들이 하나둘 조직되는 거에서 희망을 느꼈던 거 같아요. 시혜와 보호, 재활의 시대에 취직도 안 되고 그런 제일 못났다는 사람들이 이런 게 가능했다는 거 자체가 대단하다고 본 거야. 그 엄혹했던 시기에. 그렇게 싸워보면은 이제 자부심이라는 게 생기는 거거든요. 투쟁 자체가 갖는 의미란 게 그만큼 큰 거예요. 이런 거를 무시하는 사람들은 야 그게 뭐 대단한 거냐 하겠지만, 그런 거는 정치권력을 가진 사람들, 권력투쟁을 할 힘이 있는 사람들이나 할 수 있는 이야기예요. 그 사람들은 목소리 못 내던 주체가 목소리를 냈다 이런 것보다 결과가 중요하고 규모가 중요하니까, 이런 거의 가치를 모르는 거지.

권리를 향한 투쟁이라는 거는요, 점점 밑으로 갈 수밖에 없고 그래야만 돼요. 주류 역사에서는 이런 농성을 기억할 이유가 없잖아요. 장애인운동사에서도 이런 농성 같은 거는 쳐주지도 않아. 그런데 그렇게 역사가 기억하지 않는 데서부터 싸움의 근거라는 게 조금씩 마련이 되는 거거든.

그때 그 농성이 없었어봐. 그때 홍수 형 말 안 듣고 착하게 잘 살았으면, 지금쯤 나도 꽤 성공한 사람이 되었을 수도 있잖아. 그런데 그때 그 경험을 해보니까, 내가 지금처럼 사는 게 운명이 되어버린 거지. 지금도 가끔 그런 생각을 해요. 그때 차린 그 농성장,

홍수 형이 운명이라고 표현했던 그곳 때문에, 아이고 요놈의 운명 그러면서 아직도 여기서 이러고 있다는 생각. 홍수 형이랑 태수는 2000년대 초반에 둘 다 세상을 떠나버려 가지고 그 운명의 굴레에서 벗어나게 됐는지는 모르겠어. 그런데 난 살아남아 가지고. 또 살아남았다는 게, 이게 힘든 거거든. 운명이라고 하고서 그렇게 싸워왔던 사람들이 먼저 죽어버리면, 살아남은 사람은 고거 또 배신할 수도 없어.

가능성이 마련되는 곳은 언제나 거리고, 제일 밑바닥에 있는 사람들의 정치 주체로서의 자부심이에요

우리는 선거철이 될 때마다 새로운 정치의 실험을 하고 있어요. 제도권 정치만이 아니라 또 다른 정치의 가능성을 보여주기 위한 거죠. 꼭 기억을 해주세요. 한국에는 정당이 국민의힘, 더불어민주당만 있는 게 아니에요. 기본소득당, 노동당, 녹색당, 정의당, 진보당 같은 정당만 있는 것도 아니죠. '탈시설장애인당'이라는 정당도 있어요. 하하. 진보적 장애인운동하는 사람들이 선거 대응 투쟁을 하는 정당인데요. 저희가 전국적으로다가 당원도 모집하고, 나름 후보도 내고, 투표도 해가지고 당선자도 뽑고 하고 있죠. 그렇다고 이 후보들이 정말로 국회에 들어가거나, 시장이 되겠다거나, 대통령이 되겠다거나 해서 만든 정당은 아닌 거거든. 후보 등록도 안 하지. 돈이 없으니까 못하기도 하고, 그게 목적이 아니기도 하고. 그러니까 사회 통념상으로 보면은 그냥 '가짜 정당'인 거지. 실제로 탈시설장애인당의 '당'은 '무리 당' 자가 아니라 '마땅할 당' 자를 써요. 모두가 가져야 할 마땅한 권리라는 거를 시민들한테 홍보하는 정당인 거지. 그래서 이 가짜 후보들, 가짜 당선자들 중심으로 해가지고, '진짜 후보'들, '진짜 정당'들 쫓아다니면서 우리 요구들을 알리고 전달해요.

대의제 체제에서 선거라는 건 결국에는 득표수를 계산해서 결과가 결정되는 거잖아요. 그런데 그 숫자 계산에서 장애인 권리는 언제나 포함되질 않거든. 장애인들이 던질 수 있는 표는 있지. 그런데 장애인들 목소리가 그 득표라는 거의 결과를 통해서 도무지가 반영이 되질 않는 거야. 장애문제를 정치가 책임져야 될 문제로 바라보지를 않으니까. 그냥 동정과 시혜 몇 번 베푸는 게 정치의 역할처럼 이야기되고. 그러니 지하철 리프트에서 떨어져 죽고, 활동지원사 없어서 불타 죽고, 얼어 죽고 그래도 정치적인 문제라고 생각하지를 않으니까.

세월호참사나 이태원참사같이 전 국민적으로 관심을 받는 참사들, 전세 사기 같은 엄청난 재난에 대해서도 이 사회는 제대로 다루고 해결해내지를 못하잖아. 선거철 되면 이 사건들이 영향력을 행사하고 그래서 민주당 정치인들이 관심 많이 가지는 것처럼 보이기도 하지만, 결국에는 권력투쟁을 위한 정쟁 도구로만 활용하고 끝나버리는 경우도 많고. 그런데 이 쬐끄만한 장애문제를 두고서 그렇게 나올 리가 없지.

그럼 우리는 투표는 한다지만, 대의제 체제 안에서 정말로 참정권을 제대로 발휘하고 있는 건가요? 거기서 우리 목소리를 반영할 수 없다면, '탈시설장애인당'같이 가짜 정당이라도 만들어서 새로운 실험이 필요한 게 아닐까? 거리에서 이렇게 정치를 하고 있다는 거를 계속 드러낼 필요가 있는 건 아닐까? 저는 이런 실험들이 자꾸 더 많이 창의적으로 이뤄졌으면 좋겠어요. 그래서 지금 세상을 바꾸는 길이라는 게 여의도나 용산에서만 가능한 게 아니라는 거를, 선거 득표에서 우리 입장이 반영이 안 된다고 해서 우리가 정치 영역에서 힘이 없는 사람이 아니라는 거를 아래에서부터, 거리에서 증명해 나가야죠.

혁명이요? 뭐, 정세가 어떻게 형성되느냐에 따라서 단숨에 가능할 수도 있겠죠. 그런데 거리의 정치라는 거에서 이 혁명을 준비하지 않고서야, 그 혁명이란 게 제대로 되기는 할까? 그 가능성이라도 마련이 되는 곳은 언제나 거리고, 제일 밑바닥에 있는 사람들의 정치 주체로서의 자부심이에요.

온건하게 합법적으로 권리를 요구할 순 없냐고요?

서울역 지하철 1호선 승강장, 수기로 쓰인 피켓을 든 십수 명의 군중이
모여들었다. 어떤 이들은 휠체어에 올라 있고, 어떤 이들은 두 발로
서 있다. 마침 도착한 지하철 한 대가 다음 역을 향해 떠나자, 긴장한
표정이 역력한 비장애인 두어 명이 급히 빈 선로로 뛰어든다. 이내
박경석도 이들의 지원을 받아 선로로 내려와 기습 점거에 성공했다.
다음 열차를 기다리던 시민들이 이 낯설다 못해 경악스런 광경에
손으로 입을 가리고서 당혹감을 내비치는 동안, 더 많은 이들이
앞다퉈 서로를 지탱해가며 선로로 뛰어들기 시작했다. 대오
선두에 자리 잡은 최옥란(장애빈민여성으로 88년 장애인운동을
시작했으며, 〈국민기초생활보장법〉 시행 이후 최저생계비 현실화 투쟁
중 독약을 마시고 입원 끝에 사망했다. 전장연은 매년 그의 기일인
3월 26일에 장애해방열사합동추모제를 열고 5월 1일 노동절까지
'420장애인차별철폐공동투쟁'을 진행한다)은 아예 휠체어 밑으로
내려와 피켓을 덮은 채 선로 바닥에 드러누웠다. 다음 열차가 요란한
경적 소리를 울리며 천천히 승강장에 진입할 때쯤엔, 이미 적지 않은
이들이 선로 일부를 가득 메우고선 서로 뒤엉켜 있는 힘껏 구호를
외치고 있었다. "더 이상 죽을 수 없다. 장애인 이동권 보장하라!"
2001년 2월 6일, 소위 '장애인 이동권 투쟁'의 서막이 오르는
순간이었다. 불과 보름 전 오이도역에서 벌어진 휠체어 리프트 추락

참사에 대한 항의의 의미로 시작된 이 기습 직접행동은 오랫동안 한국 진보적 장애인운동의 상징처럼 여겨져 왔다. 그리고 실제로 이 행동은 이후 23년간 이어진 진보적 장애인운동의 비폭력 시민불복종 직접행동 수백 건에 끊임없이 영감을 주기도 했다. 그러나 이 한 장면이 연출되기 위해서 지난한 계획과 준비 과정이 있었다는 사실 그리고 여기에 돌발적으로 벌어진 온갖 예기치 못한 행동들이 더해져 비로소 지금까지 기억되는 극적인 효과가 만들어졌다는 사실을 아는 이는 생각보다 많지 않다. 그러고 보면 '기억될 만한' 저항의 한 장면은 대개가 그 배후에 감춰진 어떤 망각의 파편들을 동반하는 법이다.

실제로 '선로 점거 사건'은 사실 그것이 세상에 드러나기 며칠 전에 이미 개시되었다. 오이도역참사 후, 박경석과 김도현은 수차례 장애인 이동권의 현실을 사회적으로 알리기 위한 방책을 논의했다. 얼마 후 선로 점거에 대한 아이디어가 나왔고, 그들은 이내 서울역에 직접 방문하여 열차가 승강장으로 들어오는 타이밍과 위치를 면밀하게 관찰한다. 열차가 항상 일정한 위치에 정차한다는 것을 확인한 그들은 곧 사고를 방지하기 위해서는 열차가 정차하는 지점 앞쪽을 점거해야 한다는 사실을 깨닫고야 만다. 그 후 그들은 이 투쟁에 함께할 동지들을 조직하기 시작했다. 그러나 사전에 선로 점거 결의를 받아낸 동지들은 생각보다 많지 않았다.

심지어 어떤 이들은 이날 선로 점거에 들어갈 것이라는 사실도 모른 채 그곳에 모였다. 하지만 이 계획을 모르던 이들 상당수마저 그 상황을 마주하고서 돌연 제 의지로 선로로 뛰어들었다. 그리고 마침내 선로 점거에 성공하자, 김도현은 사고를 막기 위해 곧장 역무실로 달려가 다음 열차가 동지들을 밀어버리고 지나치지 않도록 조치를 취했다.

이후 지금까지 이어지고 있는 진보적 장애인운동 활동가들의 시민불복종 직접행동이 연출한 장면들은 대부분이 이와 비슷한 과정과 절차를 거쳤다. 순간적인 판단(이는 특히 박경석의 주특기이다)으로 인한 기습 점거도 꽤 있었지만, 대부분의 직접행동은 동지들 간의 치열한 논쟁을 통해 계획이 수립되고, 몇 시간, 어떤 때는 며칠에 걸친 사전 준비 후에야 성사된다.

그동안 누군가는 투쟁이 이뤄질 장소에 현장 답사를 떠났고, 누군가는 피켓이나 현수막, 선전물, 음향 장비를 준비했으며, 누군가는 직접행동에 함께할 동지들을 모았고, 누군가는 투쟁의 기조를 정리하여 보도 자료와 성명서를 준비했다. 그리고 현장에서 발생하는 동지들의 예기치 못한 반응들과 행동들까지 여기에 덧붙여지면 그제야 전장연 특유 시민불복종 직접행동의 한 장면이 이 사회 곳곳에 상연된다.

이 모든 장면들을 준비해온 이들은 이미 알고 있었는지도 모른다. 우리는 곧 욕의 무덤에 파묻힐 것이다. 혐오의 파도 속에 허우적거리게 될 것이다. 급기야 2010년대 일베 청년들은 전장연을 '단순 무식한 좌파 세력의 전차부대'라 부르기 시작했다. 지하철행동이 2021년에 재개되자, 전장연에 대한 혐오는 더 확산되었고, 이는 심지어 장애인 전반에 대한 혐오로까지 연결되기도 했다. 그리고 윤석열 정권은 어느덧 전장연을 '3대 불법 폭력 시위 단체'로까지 호명하고 있다. 어떤 활동가는 그러한 혐오와 공격이 너무 힘들다고 하고, 어떤 활동가는 그 날선 반응에 지쳐 현장을 떠나기도 했다. 그러나 떠난 이도, 여기에 여전히 남은 이들도 확신하고 있는 게 있다. 그렇게 이 사회에 숨겨져 있던 혐오를 드러내는 것조차 사실은 우리가 승리해가는 과정이다. 그것이 이 사회에 만연한 폭력의 진실을 드러내는 우리의 유일한 무기다.

오늘도 우리는 이 사회에 새겨질 '새로운 장면'들을 준비하고 있다.

시민불복종 하면은 마틴 루서 킹이 유명하잖아요. 미국 민권 운동 이끌면서 인종차별에 저항한 행동들로 엄청 존경도 받고 있고. 그런데 마틴 루서 킹이 비폭력 직접행동으로 잘 알려져 있으니까, 이 사람이 아무 범죄도 안 저지른 사람인 줄 아는 사람들도 많더라고. 역사가 그냥 온건하게만 지 편한 대로 이 사람을 기억하고자 하는 거지. 딱 체제에 위협적이지 않은 수준으로다가. 그런데 좀 찾아보니까 아니에요. 마틴 루서 킹도 경찰한테 30번 넘게 잡혀갔어요. 거리에서 어마어마하게 싸운 거지. 나도 거리에서 싸우다 보니까 전과가 30범이 넘는데. 하하. 마틴 루서 킹이 뭐 땜에 잡혀갔나 보면은 우리가 하는 거랑 별로 다르지도 않아. 경찰 명령 안 들어서 붙잡혀 가고, 점거하고서 연좌 농성 하다 붙잡혀 가고, 허가 안 받고 데모하다 붙잡혀 가고, 행진하다가 붙잡혀 가고.

그런데 지금 이 사람을 단순하게 그냥 범죄자라고 부르는 사람 있나? 노벨평화상도 받았고 이후에 세계적으로 존경도 많이 받았으니까, 함부로 그렇게 부를 수 있을 리가 없을 거 아냐. 아마 국민의힘도 감히 그렇게는 못 할 거예요. 심지어 맬컴 엑스같이 차별에 방어하기 위해서 폭력 저항이 필요하다고 한 사람도 함부로 그렇게 매도해버리지 못하잖아. 민주화 투쟁 때 그렇게 빡세게 화염병 던져가며 싸우고, 독립운동할 때나 518 때 총까지 들고서 싸운 것도 처음에는 폭도다, 빨갱이다 이러면서 탄압해댔지만, 지금은 그렇게 폄훼를 못 하고. 그런데 우리가 장애인 차별에 맞서서 비폭력 불복종 직접행동 하는 거는 이 사람들한테 그냥 범죄고, 테러래. 정부 여당이 전장연을 '3대 불법 폭력 시위 단체'로 부르면서 조합원 백만이 넘는 민주노총 급으로다가 올려줘 가지고 고맙긴 한데요, 그래도 이러는 거 보면 참 기가 차는 거거든.

분명하게 말을 하고 싶은 게 있어요. 불복종 행동이 자꾸 이 사회에서 온건하게만 이야기되어서 그런데, 이건 착각이에요. 불복종 행동은 완전 순수한 증류수가 절대로 아냐. 비폭력 직접행동이라고 해서 일상에 불편을 하나도 안 끼치겠다는 게 아니거든. 아니, 그 일상이 잘못되어서 거기에 맞서 싸우는 건데 일상에 불편을 안 끼치면 어떻게 하나. 그건 비폭력이 아니라 그냥 아무런 효과도, 존재감도 없는 투쟁인 거 아닌가? 우릴 배제하고서 만들어진 일상인데, 그 일상을 어떻게든 잠시라도 멈춰 세워야 의미가 있는 거죠.

우리 행동의 정당성은요, UN에서도 이미 인정하고 있는 거예요. 그러니께네 2023년에 UN자유권위원회에서도 한국에서 장애인들이 지하철에서 시위하는 거 강압적으로 진압하고, 기준도 없이 막 체포해대고 벌금 때려대는 거 우려스럽다고까지 딱 직접적으로 이야기를 한 거지. 그런데 이런 말 나와봐야 뭐, 이 사람들한테 씨알이 먹히기나 하나. 이놈의 나라는 UN 권고는 어차피 북한 같은 데 압박할 때나 유용하게 써먹지, 사회적 소수자나 노동자 관련된 권고는 다 휴지 조각 취급을 하잖아.

폭력이 그렇게 문제라고 생각한다면요, 이렇게 UN에서도 인정할 정도로 정당하게 비폭력 직접행동 하고 있는 우리한테 뭐라 할 게 아니라, 자기들이 장애인들에게 가하고 있는 폭력을 먼저 반성해봐야죠. 맨날 자기들은 이미 이 불쌍한 사람들 충분히 잘 보살피고 있는데 도대체 왜 그러냐고 하는데, 총으로 쏴 죽이고, 미사일로 쏴 죽이는 거만 폭력인 게 아니거든. 당신들이 우리를 '보살피고 있다'는 발상 속에서, '보살피는 방식' 속에서 이미 폭력이 자행되고 있는 거야. 굉장히 우아하고 문명적인 방식으로 보이는 일상이 그 자체로 어떤 사람들에게는 이미 어마어마한 폭력이 되고 있는 거죠.

제가 한번 물어볼게요. 능력 없다고 시설이랑 방구석에 가둬두고서, 교육도 못 받게 하고, 노동도 못 하게 하고 사회적 관계들 다 끊어놓는 건 폭력 아닌가요? 뭐, 잘 돌봐준다고 말만 하면 땡인 건가? 이거 말고도 그래. 장애인들 싹 다 빼놓고서, 비장애인만 태워 가는 대중교통은 폭력이 아니에요? 그 상황을 유지하는 불의

한 정권은 폭력이 아닌가? 국가가 헌법의 기준을 지키지 않는 건 어떻고. 그런 국가의 행태를 방관하고서, 그냥 누가 죽어나가건 말건, 권리를 침해당하건 말건 그냥 아무 생각 없이 거기에 동참해서 살아가는 것도 사실은 어마어마한 폭력일 수 있어요.

이런 거가 폭력으로 잘 안 보인다고? 그렇겠지. 우리가 저항하는 건 이 일상을 딱 멈춰 세우니까 자극적으로다가 아주 잘 보이는데, 이런 거는 자기들 일상에서 당연한 거로 여겨지니까 폭력으로 보일 리가 있나. 더군다나 우리는 애초에 '저들만의 일상' 속에서 존재감도 별로 없는 사람들이잖아.

우리가 일상을 멈춰 세우면서 싸워온 건요, 바로 이 일상의 당연함이라는 게 얼마나 폭력적인지를 이 사회에다가 딱 하고 보여주기 위한 거예요. 그 일상을 당연하다고 생각하고서 그냥 살아가는 게 우리 같은 사람들에게는 얼마나 위험한 것인지를 분명하게 드러내 보여줘야만 한다고 생각하기 때문인 거죠.

이렇게 합법적이고 착한 장애인들이 어딨어

그래도 지금보다 조금 더 온건하게 합법적으로 장애인 권리를 요구할 수 없냐, 합리적으로 절차를 거칠 수 없냐고 말을 참 많이들 하는데요. 합법적 절차 거쳐도 충분히 효과적인 투쟁을 할 수 있다면서. 그래가지고 어떤 사람은 촛불집회에까지 빗대서 이야기를 하더라고. 하하. 하긴 뭐, 물론 박근혜 대통령 퇴진 촛불 때 그랬던 것처럼 애초에 사람이 엄청나게 모일 수 있는 주제라면은 우리처럼 빡세게 싸우지도 않고, 법 다 지켜가면서 그냥 딱 모이 기만 해도 힘을 가질 수 있을 거야. 그것만으로도 엄청난 압박을 줄 수 있기도 하겠고.

그런데 투쟁 방식에 언제나 어떤 것이 옳다, 그르다라는 걸 이렇게 미리 전제해두면 안 되는 거예요. 투쟁 주체나 투쟁 이슈, 고 이슈 가지고 싸울 수 있는 사람들의 규모, 정세 등을 다 따져서 그 투쟁 방식이 적절했는지를 판단해야 하는 거거든.

잘 생각해봐요. 박근혜 퇴진 걸고 있는 촛불이랑 우리랑 같 은 게 아니잖아. 장애문제 관련해서도 촛불처럼 해서 그 정도 힘 을 발휘하는 게 가능해요? 일단 그만큼 사람이 모이기나 하나? 정 말로 국가나 사회가 장애문제를 박근혜 퇴진이란 이슈만큼 우리 사회 전체의 문제, 정치에서 핵심적으로 다뤄야 하는 문제로 생각 하고 있나? 그럴 리가 없잖아. 그럼 어떻게 해. 우리 같은 사람들 이 힘을 가지려면, 계속 일상에 불편을 끼쳐야지.

정확히 알고 계셔야 할 것 같은데요, 사실 따지고 보면 우리 가 온건하게 장애인 권리를 요구 안 해본 것도 아니에요. 맨날 절 차 안 지킨다고 하는데, 알고 보면 우리 절차 진짜 잘 지키거든. 이 제는 경험이 많이 쌓여서, 솔직히 절차 다 지키고 착하게 아무리 말해봐야 어차피 안 될 거 당연히 알아요. 그런데도 투쟁 사안들

하나하나마다 우리는 언제나 그 과정을 꼭 거치는 거야. 일단은 국가가 요구하는 대로, 법에 쓰여 있는 대로 절차 다 갖춰서 민원도 넣어보고, 공문 보내가지고 부탁도 드려보고 다 하는 거지. 이렇게 합법적이고 착한 장애인들이 어딨어.

그런데 그렇게 하면 요구가 받아들여지기는 무슨. 대부분은 만나주지도 않아요. 그러거나 말거나 완전히 무시해버리지. 그럴 때 우리도 이제 직접행동에 나서는 거거든. 우리 이야기를 아예 들어주지도 않으니까 우리한테도 협상 자리라도 만들 수 있는 최소한의 무기가 있어야 되는 거잖아. 그럼 온건하게 절차 다 갖춰서 했는데 이렇게까지 신경도 안 쓰면 어떻게 해야 하는 걸까? 계속 이동도 못 하고, 교육도 못 받고, 노동도 못 하고, 시설에 갇혀 있고, 이거 안 바꿔내면 당장 사람이 죽어나가게 생겼는데. 절차 다 지켰는데도 안 해주면 우리는 아무것도 안 하고 그냥 기다려야 하나요?

그럼 안 되지. 싸워야지. 이게 불법이라고? 우리가 하는 행동들 중에 불법인 행동들도 있지만, 이게 법의 기본 정신에 어긋나는 건 아니잖아. 헌법은 전문에서부터 떡하니 저항권이라는 거를 인정하고 있고, 집회와 결사의 자유도 헌법에 딱 적혀 있는데 무슨 소리예요. 그래도 너희 방식이 합의를 더 힘들게 한다고? 웃기지 말라고 해요. 이 저항권, 집회와 결사의 자유를 인정하는 헌법적 가치라는 게 가장 기본이 되는 사회적 합의인데, 왜 그거는 보

237

려고 하지를 않나? 여기가 입헌 민주주의 사회라면, 그게 합의의 가장 기본적인 기준으로 받아들여져야지. 이걸 무시하고 자의적으로 제약하는 거 자체가, 실제로 장애인들이나 소수자들이 이미 겪고 있는 다양한 차별을 그대로 놔두는 거 자체가 도리어 사회적 합의를 깨는 거죠.

헌법이 실질적으로 효과를 발휘하지 못한다는 건 나도 당연히 잘 알아요. 저항권이나 집회와 결사의 자유 차원에서만 그런 게 아니지. 정치인이나 공무원 들한테 장애인 권리 요구하면서, "이거 헌법에 명시된 권리다"라고 이야기하면 "대표님, 헌법이 그런 힘을 가진 게 아니라는 거 다 아시면서 왜 그러시나. 순진하시네" 이런 말들 습관처럼 툭툭 뱉어대기도 하거든. 그런데 이건 그 사람들이 문제인 거지, 우리가 문제인 게 아니잖아. 나랏일한다는 사람들이 나라 근간이 되는 법을 이따위로 취급하는 게, 얼마나 사회적 합의를 무시하는 거야. 이렇게 정치인, 공무원 들부터 앞장서서 그딴 태도를 보이니까, 사회적으로도 이런 합의를 무시하는 게 당연한 것마냥 퍼져버리는 거기도 하고. 제발 좀 이 가장 기본적인 이 사회의 합의, 그러니께네 헌법적 가치부터 지키는 모습을 보여줬음 좋겠어요. 이건 진짜 기본 중의 기본 아닌가?

물론 지금 헌법에도 문제가 많긴 하죠. 87년에 민주화 투쟁하고서 만든 거니까, 그 시대의 기준이 많이 적용되어 있다 보니, 지금은 변화해야 할 것도 많은 거야. 장애인과 관련된 조항만 봐도 그래요. '장애'란 표현은 기껏해야 34조 5항에 꼴랑 한 개 담겨 있는데요. 거기 보면 이렇게 되어 있어요. "신체장애자 및 질병·노령 기타의 사유로 생활능력이 없는 국민은 법률이 정하는 바에 의하여 국가의 보호를 받는다." 일단 '장애인'도 아니고, '장애자'란 표현 자체가 옛날 표현이잖아요. 그리고 장애라는 게 신체장애만 있는 게 아닌데, 이 조항에는 그런 것도 제대로 반영이 안 되어 있어. 더 문제가 될 수 있는 건 '보호'란 표현이에요. 34조 1항이 "모든 국민은 인간다운 생활을 할 권리를 가진다"인데, 사실 권리를 갖는다는 거하고, 보호를 받는다는 건 개념이 다른 거거든. 보호를 받아야 한다는 건 사실상 이 사람들이 동등하지 않은 사람이라는 걸 전제로 하는 경우가 많으니까, 이건 굉장히 장애인을 시혜적으로 바라보고 있는 거라고도 생각할 수 있는 거죠.

헌법이 이렇게 한계를 가지고 있다지만, 그렇다고 해서 기본적으로 자유, 평등의 정신을 깔고 있지 않은 건 아니잖아. 헌법 11조에 당장 이렇게 되어 있죠. "모든 국민은 법 앞에 평등하다. 누구든지 성별·종교 또는 사회적 신분에 의하여 정치적·경제적·사회적·문화적 생활의 모든 영역에 있어서 차별을 받지 아니한다." 이 조항에서 직접적으로다가 장애인이 언급이 되고 있지는 않지만, 당연히 장애인도 국민이니까 법 앞에서 평등하고 차별을 받지 않아야죠. 또 헌법에 보장된 저항권 행사의 권리, 집회 및 결사의 자유도 당연히 지금처럼 어마어마하게 탄압을 가하면 안 되는 거고.

"기다려라!"라는 말은 거의 언제나
"안 돼"를 의미했습니다

우리가 헌법적 가치에 의거해서 그러건 말건, 너희처럼 과격하게 싸우면 장애인 혐오만 심해지지 않냐고들 하죠. 그러니까네 장애인 전체에게 더 안 좋은 거 아니냐고. 전장연이 과격하게 직접행동을 할 때마다 장애인들이 엄청나게 욕 들어먹고, 곳곳에서 장애인 혐오 발언들 난무하고 하니까, 대충 보면 그런 것 같기도 할 거야.

그런데요, 혐오가 어떤 의미로까지 쓰일 수 있는 건지 다 해석이 다를 수 있는데, 저는 장애인을 아예 없는 사람 취급 하거나 기껏해야 그냥 동정받아야 하는 사람, 시혜를 베풀어서 도와줘야 하는 사람쯤으로만 보는 것도 어떤 혐오를 바탕으로 하고 있는 거라고 생각을 해요. 자기도 모르게 장애인들을 자기들이랑 동등한 사람으로 보지를 않으니까, 결국에는 비정상적인 사람쯤으로 보고 무시하고 있으니까 저런 반응도 나오는 거잖아. 그런데 이 사회엔 이미 이런 반응들이 넘쳐나고, 그럼 이미 이 사회에는 장애인 혐오가 넘쳐나는 거 아닌가?

그런 건 혐오가 아니다, 어떤 사람들 싸잡아서 '꼴 보기 싫다, 꺼림칙하다' 하는 거가 진짜 혐오다라고 말하는 사람들도 있지. 뭐 그렇게 볼 수도 있어요. 혐오 개념의 해석이 다 다를 수 있잖아.

그런데 혐오를 그렇게만 봐도 여전히 문제거든요. 왜냐면 이런 관점에선 장애인들이 여태까지 '혐오를 당할 자격도 없었던 사람'이었던 거니까. 혐오가 이런 거라면, 혐오를 받는다는 거도 어떤 자격이 있어야 하는 건데요. 존재 자체가 생각도 안 되는 사람들, 아예 사회에서 없는 사람 취급 받아온 사람들은 제대로 혐오를 당할 수도 없어요. 뭐 보이기라도 해야지 혐오라도 할 거 아냐.

그런데 우리가 직접행동을 하면은 어떻게 되나요? 그래도 예전에는 장애인 동정도 했고 도와주고는 싶었는데, 이제는 동정도 하기 싫고 도와주기도 싫어지는 거거든. 이제 어떤 사람한테는 장애인들 전체가 정말로 싫어지고, 꺼림칙해지는 거야. 이런 직접적인 혐오 반응들이 나왔다는 건, 사실 그 자체만으로도 우리가 어마어마하게 성과를 낸 거예요. 동정받는 존재라는 인식을 완전히 전환시켰으니까. 우리가 일단 저 사람들 눈에 보이게 만든 거고, 심지어 맞서 싸워야 하는 사람으로 만든 거잖아.

마틴 루서 킹이 버밍햄에서 인종차별 반대 시위를 하다가 체포돼서 감옥에 갇혔는데, 그때 어떤 성직자들이 마틴 루서 킹을 이렇게 비판했대요. 마틴 루서 킹, 너는 너무 극단주의자다, 과격분자다. 흑인들 이미지 더 망치지 말고 좀 현명하게 대처를 하라는 거지. 우리가 지금 듣는 소리랑 똑같아요. 인내심을 가져라, 합리적으로 법 좀 지켜라부터 해가지고, 넌 버밍햄 사람도 아닌데 여기까지 와서 이러는 거는 외부 세력 개입이다 이러기도 하고.

사실 마틴 루서 킹도 절차 다 거쳤는데 잘 되지를 않으니까 직접 행동을 한 거거든. 그렇게 최후 수단으로 직접행동하다가 잡혀갔는데 저렇게 떠들어대니까, 마틴 루서 킹도 기가 찼겠지. 그래서 감옥에서 바깥에다가 이런 내용이 담긴 편지를 보냈어요.

"우리는 지금까지 완강한 법적, 비폭력적 압박을 가하지 않고서 시민권을 얻어낸 적이 단 한 번도 없었습니다. 통탄스런 일이지만, 특권을 가진 그룹들이 그들의 특권을 자발적으로 포기한 적이 없다는 것은 역사적인 사실입니다. (…) 솔직히 말해서, 나는 인종차별주의로 인해 커다란 고통을 겪어보지 않은 사람들이 보기에 '시의적절한' 직접행동을 벌여본 적이 없습니다. 오랫동안 나는 '기다려라!'라는 말을 들어왔습니다. '기다려라'라는 말은 모든 흑인들이 귀가 닳도록 들어온 말입니다. '기다려라!'라는 말은 거의 언제나 '안 돼'를 의미했습니다." "좀 온건하게 접근해서 일단 사회적 합의를 이끌어내야 하는 거 아니냐"라고 말한 거에 대해서 마틴 루서 킹이 정면으로 반박을 한 거지.

혐오 발언을 직접 안 하더라도
혐오를 조장하는 건 가능한 거예요

우리가 빡세게 싸우건 말건, 어쩌면 이후에 우리 사회에서는 장애인이나 소수자들 혐오가 더 강력한 힘을 가지게 되고, 이에 따라 이 사람들의 직접행동에 대한 공격도 더 강력해질지 몰라요. 백래시 조장하고 지지해가면서 인기 얻어가지고 권력 쟁취해낸 정치인들 해외에도 엄청 많잖아. 한국에서는 이준석이가 이런 거 잘하는 대표적인 정치인으로 흔히 여겨지고 있고.

물론 이준석이는 자기는 혐오 정치인 아니라고 할 거야. 페미니즘이랑 붙을 때도 그랬고, 우리 지하철행동하고서 붙을 때도 그랬던 것처럼, 정말로 억울한 표정 짓고서 아주 열을 내면서 이런 말들에 반박을 하겠지. "나는 미국에 살다 와서 혐오 개념에 대해 엄청 잘 안다, 장애인들 싸잡아서 '난 장애인이 싫어! 역겨워!'라고 하는 게 장애인 혐오다, 그런데 나는 그렇게 한 적이 없다. 나는 전장연 니네가 하는 투쟁 방식만 가지고서 뭐라고 하는 거다" 하면서.

난 미국 살다 오지도 않았고 하버드 나오지도 않아가지고 미국에서 혐오가 뭘 의미하는지 이준석만큼 모르겠는데요, 하하(근데 이준석이 굳이 미국까지 들먹이며 이야기하는 게, 사실은 이미 한국에서 오래전부터 혐오 세력들이 사용했던 혐오 개념이랑 똑같은 게 좀 웃기긴 해요). 이준석이 지금까지 한 말들을 워딩만 보면, 정말로 그 자체로는 직접적으로 장애인 혐오 발언이 아닐 수도 있어요. 이준석이는 정말로 머리가 좋게 그런 말들 참 잘 피해서 발언을 하는 것 같더라고.

그런데요, 혐오 발언을 직접 안 꺼내더라도 혐오를 조장하는 건 가능한 거예요. 이준석이처럼 말 잘하는 엘리트가 자기한테 유리한 대로 사실들을 다 조작하고 편집을 해가지고, 온갖 합리적으로 보이는 이유까지 덧붙여 가며 그렇게 하면은 이게 소수자들 입장에서는 더 위협적인 거거든. 이런 방식의 공격은 직접 대놓고 꼴통스러운 발언 해대는 거하고는 성격이 굉장히 달라요. 훨씬 더 합리적인 것 같고 얼핏 보면 맞는 말 같아 보이기도 하니까, 그게 어떤 때는 더 큰 힘을 가지게 되는 거지.

실제로 이준석이가 그렇게 사실 왜곡해가지고 합리적으로 잘 포장해다가 전장연 직접행동 공격해대니까 어떤 일이 벌어졌나요? 그러자마자 전장연에 대한 혐오 발언이 대중들 사이에서 압도적으로 증가를 했어요. 카이스트 졸업식에서 윤석열에게 항의하다가 끌려가신 신민기란 분께서 고맙게도 이걸 트위터에다가(그때는 '익명의 데이터 분석가'라는 이름으로) 딱 데이터 분석해서 올려주기도 했잖아. 그거 보니까 실제로 이준석이 나타나자마자 혐오 발언이 급증했더라고. 특히 '에펨코리아' 같은 데서. 이거뿐인가? 내내 절 따라다니면서 스토킹하는 사람도 생겨나고, "너도 지하철 막지 않냐"면서 제가 가는 길 앞을 막는 사람도 생겨나고. 전장연 사무실 직접 와서 불 질러버리겠다고 하는 사람도 나타나고. 전장연 유튜브 영상에 "히틀러 나치가 장애인 학살 프로그램 T4 참 잘했다, 우리도 T4 같은 거 도입해야 한다" 같은 댓글도 마구 달리고. 우리 전장연의 유진우라는 장애인 활동가는요,

"너 다리 병신이니까, 이제 팔도 부러뜨려 줄까?" 이런 말까지 들었어요.

상황이 이런데, 직접 혐오 발언 안 했다고 주장하는 걸 수용한다고 쳐도, 이런 사태에 이준석은 책임이 없는 건가? 이준석은 정치인이잖아요. 그것도 청년들 상당수의 담론을 주도할 만큼 영향력이 큰 정치인이에요. 이런 위치에 있는 사람이 지금까지 차별받아왔던 사람들에 대해 이야기할 때는 그냥 자기만 직접적으로 혐오 발언 잘 피해 가면 그만이라고 생각하면 안 돼요. 그 정도로밖에 생각을 못 하고 있다면, 정말로 정치인으로서 자격이 부족한 거지.

이준석이 혐오 정치인이란 소리를 안 들으려면요, 전장연이랑 소수자운동만 공격할 게 아니라 전장연이나 소수자운동 진영 직접행동 앞에서 혐오 발언 쏟아내는 사람들에게도 뭐라고 해야 돼요. 당장 이준석이 불복종 직접행동 비난하는 페이스북 글들에 달린 댓글만 봐도 장애인 혐오 발언으로 가득 차 있는데 그렇잖아도 페이스북 정말 열심히 하는 사람이 상황이 이런 걸 모를 리가 없잖아. 자기가 정말로 혐오 정치를 하는 사람이 아니라면, 최소한 "그런 방식의 혐오 발언과 공격들은 좋지 않다, 그런 방식은 내가 원하는 방향이 아니다"란 말 정도라도 해야죠. 그런데 이준석 같은 정치꾼이 그렇게 할 리가 있나? 이렇게 소수자 혐오 남발하는 사람들이 딱 봐도 자기 지지 기반인데.

245

우리 직접행동 앞에서 그렇게 혐오 발언 쏟아내건 말건 사실 어떤 측면에서는 그리 나쁜 상황은 아닐 수 있어요. 우리 활동가들 중에서 그런 거에 많이 상처받는 사람들도 있지만, 이게 한편으로는 사회 변화를 위해서 겪어내야만 하는 운명일 수도 있거든. 예전에는 장애인들이 진지하게 공격할 만한 대상 축에도 못 끼었잖아. 그런데 우리들이 직접행동을 하니까, 우리도 이제는 공격받을 만한 사람들이 된 거야. 이 사회에 잠재되어 있던 어떤 진실이, 그러니께네 장애인에 대한 직접적인 혐오의 씨앗이란 거가 이제부터는 대놓고 표현될 수 있게 만든 거지. 이것만 해도 우리 직접행동은 진짜 의미 있게 잘 싸운 거라고 봐요. 적어도 우리 존재를 그 사람들한테 각인시킨 거잖아. 너네 직접행동할 때마다 장애인 혐오가 늘어난다고요? 계속 혐오하라고 하세요. 그만큼 우리는 우리가 어떤 존재인지를 더 정확히 드러내 보여주고, 더 빡세게 싸울 테니까.

이순신 장군한테 꼰지르러 가자

이런 맘을 품고 있었던 건 단지 2021년 지하철행동 시작하고 나서부터가 아니에요. 우리는 그 전부터도 계속 이런 맘을 품고서, 어마어마하게 다양한 전술들을 사용해가며 이 사회와 맞서왔어요. 요새는 우리가 지하철행동이나 버스행동으로 유명해졌으니까, 우리가 계속 그 투쟁 방식만 사용한 줄 아는 사람도 많더라고. 그런데 아니에요. 돌이켜 보면 우리는 2001년 이동권 투쟁 때 선로에 내려가서 지하철 막고 싸우기도 했지만은, 그 이후로 정말 어마어마하게 많은 전법을 써가면서 직접행동을 해왔죠. 직접행동에서 어떤 방식을 활용할 건가에는 맨날 똑같이 정해진 답이란 게 없는 거거든. 그러니께네 투쟁을 할 때는 언제나 정세를 열심히 읽어야 하고, 상황을 잘 읽어서 그때그때 다르게 판단을 해야 돼요. 지금은 어떤 문제를 새롭게 정의하는 데 집중해야 하는지, 당장 뭐에 맞서 싸울 것인지도 열심히 고민을 해야 하고.

제가 틈만 나면 전쟁 영화나 전쟁 동영상을 많이 봐가지고, 저를 무슨 전쟁광인 줄 아는 사람들이 있는데요, 사실은 내가 정말로 전쟁광이라서 고런 거 열심히 보는 게 아냐. 내가 안 그래 보여도 얼마나 평화를 사랑하는 사람인데. 그런데도 고런 거 열심히 보는 건, (그게 그냥 재밌어서기도 하지만) 거기서 전략, 전술이라는 것들이 아주 많이 나오기 때문이에요. 전쟁도 영토를 빼앗건, 자원을 빼앗건, 권력을 빼앗건, 뭘 빼앗기 위해서 하는 거잖아요. 잘 생각해보면, 비폭력 직접행동을 하는 우리도 뭔가를 빼앗기 위해 싸우는 거예요. 빼앗긴 권리를 다시 쟁취하기 위해 그렇게 하는 거니까. 그러다 보니까는 나한테는 그 과거 전쟁들에서 뭔가를 빼앗기 위해 사용된 전략, 전술 들이 직접행동을 꾸릴 때도 참 많은 아이디어를 주더라고. 이념이나 철학, 사상 같은 거는 책을 통

247

해서 배울 수 있죠. 그런데 직접행동하는 방법은 결국 사실 몸으로 부딪쳐 가면서 배워가야 하는 거잖아. 그러니 몸 부딪쳐 가면서 하는 거 잘하기 위해서 작은 아이디어라도 얻으려면 전쟁에서 몸 부딪쳐 가며 만들어놓은 전략 같은 것도 잘 써먹어야지.

어떤 때는 고공에 올라가서 우리가 싸우는 의제를 캠페인하는 게 한 방법이 될 수도 있죠. 2001년도에 지하철 오이도역 휠체어 리프트에서 장애인이 떨어져 죽어서 이동권 투쟁 시작하고서, 2002년도에 이제 딱 오이도역참사 1주기가 되었는데요. 1년 동안참 여러 가지를 해봤지. 서울시 찾아가고, 국토부 찾아가고, 복지부 찾아가서 호소하는 건 당연한 거고. 몇 번은 지하철, 버스 멈춰세우고 철로 내려가고 하는 것도 했지만, 그래봐야 그때는 한 달에 한 번 버스 타기 정도로 정말 온건하게 투쟁을 했었어요. 시민불편을 최소화하면서 시민들에게 다가가자, 이런 기조도 있었고. 그래서 백만 인 서명운동도 한 거지. 그런데 그렇게 온건하게 1년을 해봐야, 시민들 공감 열심히 얻어봐야 되지를 않는 거야.

그래서 짱구를 열심히 굴려봤지. 아니 이렇게만 해서는 도무지 응답을 받을 수 있을 거 같지가 않다, 이제 1주기인데 뭔가 획기적으로 사회에 경종을 울릴 직접행동이 있어야 되지 않겠냐, 그래서 몇 명 되지도 않는 동지들하고 같이 그걸 막 고민을 했어요.

고민을 하다 보니까 야, 광화문 앞에 있는 이순신 동상에라도 올라가 보자, 복지부나 서울시나 국토부는 듣지도 않는데 이순신 장군한테라도 꼰지르러 가자, 그런 생각이 번뜩 드는 거야. 주변에서 그게 되겠냐고 막 뭐라 했지. 이게 진짜 안 될 거 같아 보이기도 했던 게 이순신 동상이 생각보다 엄청나게 높아요. 우리가 구할 수 있는 제일 긴 사다리를 보니까 이것도 거기 올라갈 정도 높이는 안 나와. 거기다가 우리가 이순신 동상 주위로 막 모여 있고 그러면은 경찰들도 아예 못 올라가게 엄청나게 몰려들 거 아냐. 그래서 사전 답사를 열심히 하면서, 방법을 계속 고민을 해봤죠. 작전을 잘 짜면은 안 될 거 같은 직접행동도 성공을 할 수 있는 거거든.

일단은 이순신 동상 올라갈 사람 두 명을 먼저 섭외를 했어요. 김도현이를 올려 보낼까 했는데, 야는 실무도 해야 하고, 또 앞으로 잡혀갈 일도 많을 거 같으니까 잡혀가게 하기가 그렇잖아. 그래서 에바다 투쟁 할 때 연대했던 대학생들한테 이야기했더니, 학생들이 자기가 하겠다고 자원을 하더라고. 운동권 학생들이어서 그런 거에 되게 적극적이었거든. 빈곤사회연대에서 활동하다가 지금은 민주노총 서울본부에서 활동하고 있는 최예륜 활동가도 그때는 대학생이었는데, 최예륜이는 거기서 내릴 현수막 글씨를 쓰고.

이제 남은 문제는 경찰이 막는 걸 어떻게 뚫을 건가, 사다리를 어떻게 올릴 건가잖아요. 우선은 양동작전을 썼죠. 그날 오이도역참사 1주기 투쟁 본 집회를 혜화동로터리로 잡아놨어. 그때

249

노들야학이 마침 혜화동으로 와 있었으니까, 그쪽으로 모이기도 좋았지. 그럼 경찰들이 혜화동으로 몰려들 거 아네요. 그렇게 되면 광화문 쪽은 비교적 관심을 덜 받게 되는 거고. 이런 걸 '성동격서聲東擊西'라고 하는 거야.

그런데 우리가 구할 수 있는 제일 긴 사다리로도 이순신 동상까진 안 닿는다고 했잖아요. 그래서 일단은 대형 트럭을 빌렸어요. 평택에서 에바다 투쟁 할 때 알게 된 농민운동하는 동지가 있었거든. 그분한테 말을 싸바싸바 해가지고 트럭을 끌고 가서 이순신 장군 옆에다가 딱 세워놔 버린 거지. 그때는 광화문광장이 없었고, 이순신 동상 옆으로 차들이 다녔으니까, 그게 가능했거든. 그래서 사다리를 트럭 지붕 위에 세워가지고 쫙 펴서 동지 두 명이 올라갔어요. 그렇게 올라가기 시작하면은 경찰들은 눈치채도 이미 늦은 거야. 진짜 악랄한 경찰이 아니고서야 올라가고 있는데 흔들어대지는 않을 거 아냐, 떨어져서 다칠 수도 있는데. 그래서 사다리에 오르는 순간, 이미 성공했다 딱 감이 왔지. 그렇게 올라간 동지들이 거기서 최예륜 활동가가 쓴 현수막을 쫙 하고 내린 거야. "장애인도 버스를 타고 싶다" 이렇게 쓰인 현수막이 서울 한복판에서 쫙 보이게 된 거지. 이순신 장군 옆에서 열심히 전단지도 뿌려대고.

3일은 무슨 개뿔.
그렇게 굶고 있는데 눈 하나 깜빡을 안 해요

이렇게 성공해서 뿌듯하긴 했는데, 당장 바뀌는 건 또 없데요? 그 와중에 얼마 안 있어서 또 발산역에서 장애인 한 분이 리프트 타고 내려가다가 추락해가지고 돌아가신 거야. 정말로 화가 많이 났죠. 우리 이야기 진작에 들었으면 그렇게 안 됐을 텐데. 그래서 일단 싸워야 되니까 서울시청으로 갔어. 아니, 근데 원래 거기 점거 안 하려고 했는데, 막 싸우다 보니까는 우리도 모르게 시청을 점거를 해버렸네? 그런데 뭐, 점거를 해도 효과가 없는 거예요. 시청은 진짜 별로 신경도 안 쓰더라고.

사실 시청에 이렇게 들어온 것만 해도 어마어마한 성과긴 한데, 서울시가 그렇게 나오니까 너무 무력하잖아. 그래서 김도현이한테 물어봤지. 야, 이 상황을 돌파할 방법이 이제 뭐가 남았냐. 쟤네 관심도 없는데 좀 압박을 가할 수 있는 투쟁이 뭐냐? 이랬더니 야가 이제는 삭발하고 단식밖에 안 남았대. 이야! 이거 한 명이라도 단식하겠다고 결의하면은 나도 같이 굶어야 할 판이잖아. 나 배고프긴 싫은데. 그래서 막 안 하려고 꾀를 쓰고 있었는데, 강경파들이 갑자기 어쩔 수 없다 이거밖에 안 남았다 이러면서 단식을 시작하자고 하는 거야. 그리고 몇 명이 바로 결의를 하데? 그럼 어떻게 해. 나도 이제 어쩔 수가 없잖아. 결국 나도 한다고 결의를

251

했지. 그런데 그때 시청 점거한 장소가 하필이면 또 공무원들 식당 앞이었어요. 아니, 그래 단식은 겨우 한다고 결의를 했는데, 아무리 그래도 공무원들은 밥 다 먹고 있는데 그거 보면서는 도무지 못할 거 같은 거야. 이건 진짜 고문이잖아.

그래서 또 짱구를 굴리다 보니까, 바로 옆에 국가인권위원회가 있네? 자! 그럼 저기에 가서 점거를 하고 단식을 하자 그렇게 이야기를 하고 있었죠. 그런데 무작정 들어가서 하면은 좀 그렇잖아. 인권위라고 하면은 뭔가 점거하기가 좀 그런 곳인가 싶기도 하고. 그때는 또 인권위가 만들어진 지 얼마 되지도 않았을 때였고, 나름 인권위에 기대를 걸 수 있지 않을까 하는 분위기가 조금은 있었거든.

그래서 당시 인권운동으로 유명했던 박래군 선생님한테 전화를 해서 물어봤어. 그랬더니 상관없다는 거야. 그런데 박래군 선생님 한 분에게만 물어보면 불안하잖아. 돌다리도 두들겨봐야한다는 심정으로, 박래군 선생님한테 또 당시 인권운동으로 유명했던 서준식 선생님 전화번호 좀 알려주세요 해가지고 서준식 선생님한테도 전화를 걸어 물어봤지(내가 또 그때 서준식 선생님이 쓴 《서준식 옥중서한 1971-1988》이란 책을 읽고서 엄청 감명을 받았었거든). 딱 전화해가지고 우선은 제가 선생님 존경한다고, 통화를 하게 돼서 영광이라고 했어. 그담에 우리 지금 이렇게 힘든 상황인데, 인권위를 점거하고 단식투쟁해도 문제가 없는 거냐

252

고 여쭤봤죠. 그랬더니 서준식 선생님께서 웃으면서 왜 그걸 나한테 물어보냐 하시더니 금방 그렇게 해도 된다는 거야. 의미 있는 투쟁이 될 거라고. 그래서 이야! 허락받았다! 자! 그럼 가자! 해가 지고 인권위원회를 점거를 하고 단식을 시작했지.

처음에만 해도 김도현이가 나한테 3일 정도만 굶으면 서울시에서 반응이 올 거다, 그럼 바로 단식 마치고 협상 시작하면 된다고 했거든? 난 정말로 김도현이 그 말 믿고서 단식을 시작했는데, 이야 김도현이 이 자식, 3일은 무슨 개뿔. 그렇게 굶고 있는데 서울시는 며칠이 지나도 눈 하나 깜빡을 안 해요. 그때 시장이 이명박이었거든. 이명박이는 진짜 이렇게 싸우건 저렇게 싸우건, 누가 죽어나가건 꿈쩍도 안 하는 사람이잖아. 그렇게 3일이 혹 지나가 버리고 그러니까 단식하던 중증장애인들 대부분은 다 나가떨어지더라고요. 처음에는 꽤 많이 시작했는데, 좀 더 지나니까 이제 나하고 최재호하고 딱 둘만 남았어. 그래서 나도 언제 그만둘까 짱구를 굴리다가, 재호한테 물어봤죠. 야, 너 언제까지 할 거야. 그랬더니 야가 또 자기는 끝까지 갈 거래. 그렇게 26일을 둘이서 같이 뻐텼어요.

그런데 난 그쯤 되니까 도무지 안 되겠는 거야. 그래서 눈치 보면서 내가 관두려고 했는데, 아이고. 최재호가 또 먼저 실신을 해서 관둬버린 거야. 선수를 빼앗긴 거지. 그때부터는 이제 그냥 맘을 놔버렸어요. 그래, 내가 대표가 되어가지고 끝까지 버텨야지, 이렇게까지 싸워왔는데 또 저상버스 도입 안 되고, 지하철 엘리베이터 계속 설치 안 되면 어떻게 하나. 차라리 여기서 굶어 뒈져버려야 되겠다 다짐을 한 거지. 보통은 단식투쟁할 때도 최소한의 생명 유지를 위해서 물이랑 효소, 소금 같은 거를 먹거든. 그런데 그때부터는 그런 것도 아예 싹 다 끊어버렸어. 조금 남아 있던 비겁한 맘까지 싹 다 버리고서 진짜 제대로 결사 항전 모드로 들어간 거지. 그때쯤 되니까 우리가 어떻게 싸워도 차별을 계속 용인하겠다는 거를 더 이상은 도무지 용납할 수가 없더라고. 당장 우리 노들야학 학생들 그렇게 개고생해 왔는데, 계속 학교 나오기도 힘들고, 지하철에서 떨어져 죽고 하면 안 되는 거니까, 이참에 내 한 목숨 끊어서라도 꼭 바꾸고야 말아야 했던 상황이었던 거야. 굶는 내내 계속해서 이렇게 다짐을 하게 되더라고. 그래 이 새끼들, 내가 죽어도 이명박 니가 안 하나 보자, 니가 이기나 내가 이기나 보자.

그런데 이렇게 단식을 할 때는요, 그렇게 싸워도 관심도 못 받으면 그냥 놔두는 것보다 주위에서 막 싸워주는 것도 필요하거든요. 내가 정말로 죽겠다 싶었는지, 동지들이 시의회에서 이명박이가 시정 질문 응답할 때 기습 시위도 하고, 결정적으로 나 단식 31일째 되는 날에 시청역 지하철 선로를 점거하고서 엄청 빡세게 싸웠어요. 2001년에 처음 철로 점거할 때하고는 수준이 달랐죠. 일흔여섯 명이 연행될 정도였으니까. 그렇게 빡세게 싸워서였는지, 서울시도 나 단식 38일째 되는 날에 딱 발표를 해버리더라고. 우리랑 협상하는 모양새로 보이기 싫었는지, 그냥 일방적으로다가 그러긴 했지만, 하하. 어쨌거나 2004년도까지 지하철 엘리베이터 설치하겠다, 저상버스 도입하겠다 한 거지. 그래서 다음 날인 단식 39일 차[2002년 9월 19일]에 드디어 단식을 접었죠. 이야, 어머니가 나 굶어 죽을까 봐서 걱정 엄청 했는데, 나도 겨우 살아났어. 당시로서는 어마어마하게 생각할 수밖에 없었던 성과도 있었고.

실제로 그때 서울시가 발표한 게 이후 장애인 이동권 보장 정책 만들어가는 데 중요한 근거가 됐거든요. 온건하게 할 때는 되지도 않더만, 목숨을 걸고 직접행동을 해가지고 결국 이후에 정말로 이동권 보장을 실질화할 수 있는 근거를 얻어낸 거야.

우리 존재를 다 꼴아박아서 그 한 장소를 차지한 거야

농성장을 꾸리는 것도 직접행동에서 중요한 방법이 될 수 있어요. 그런 장소를 마련한다는 거는 시민들에게 우리의 존재와 우리 목소리를 알리고, 우리에게 관심도 없는 국가나 지자체가 부담을 느끼도록 하는 데 아주 중요한 역할을 할 수 있는 거거든.

저희가 그동안 셀 수 없이 많은 농성을 해왔는데요. 그중에서도 가장 길게 뻐틴 거는 장애등급제·부양의무자 기준 폐지, 장애인 탈시설이라는 3대 요구를 걸고서 광화문역 지하통로에서

2012년부터 시작한 농성이야. 이 농성은 1842일이나 지속이 됐거든요.

장애등급제라는 건 장애인들을 의학적 등급으로 나눠가지고 고 등급에 맞춰서 복지 서비스를 제공하는 제도예요. 이게 그냥 들으면 합리적으로 보이기도 할 텐데, 절대 그렇지가 않거든요. 일단 사람을 의학적 등급으로 나누는 거 자체가 문제고, 그렇게 의학적 등급으로 나눠놓은 걸 가지고 복지 서비스를 짜버리면 장애인들 사회적 조건도 반영이 안 된 채로 복지 서비스가 제공되는 거잖아. 장애인 당사자들이 원하는 복지 서비스들을 욕구에 맞춰 제공할 수도 없게 되는 거고. 거기다가 국가는 그동안 장애인들한테 들어가는 돈 아끼려고 이거를 장애인들 복지 서비스 최소한으로 주는 데 어마어마하게 활용해 먹었거든.

그래서 발생하는 제일 큰 문제가 활동지원서비스 제공이 제대로 안 되는 거였어요. 활동지원서비스가 제대로 보장이 안 되면 당장 일상을 살아갈 수 없는 장애인들인데도, 지네 기준으로 등급 딱 매겨놓고서, 얘는 경증이니까 활동지원서비스 안 줘도 된다, 이런 식이었던 거지. 그렇게 활동지원 제공 못 받아서 보일러 고장 나면 그냥 얼어 죽고, 불 나면 그대로 또 침대에서 불타 죽고 그런 일들이 계속해서 반복되었어요.

그때 또 이거랑 같이 부양의무자 기준 폐지를 전면에 내건 이유도 있었죠. 장애인들 대부분이 가난하니까, 이 사람들은 기초생활수급비를 제대로 받아야지만 그나마 생존을 유지할 수가 있는 거거든. 그런데 돈 벌 수 있는 부양의무자가 있다고, 그러니께 네 가족들이 소득이 좀 있다고 수급비 안 줘버리고 그러고 있는 거야. 심지어 가족들이랑 연락 안 하고 산 지 수십 년이 된 장애인들한테도 너 어쨌거나 가족들 살아 있고 이 가족들이 소득이 좀 있더라 이러면서 수급비를 안 줘버려요. 그럼 장애인들은 계속 가난 감내해가면서 굶어 죽어야 하는 거거든요. 공적으로다가 복지 서비스가 이렇게 제대로 제공이 안 되다 보니께네, 얘는 지역사회에서 사는 게 힘들 거다 시설에 보내버리자 그래가지고 시설에 수용되어서 삶을 완전히 빼앗겨 가는 장애인들도 정말 많았고.

그만큼 장애등급제·부양의무자 기준 폐지, 시설 수용 문제는 그때 우리한테 정말 절박한 문제였어요. 그리고 그게 절박했던 만큼 우리가 어떻게든 싸워내야 했고, 그 방법이 천막 농성이 된 거였죠. 마침 이 농성 시작할 때가 대선이 얼마 안 남은 때였는데, 대선 기간에 특별히 장애인들을 억압하고 있는 이 세 가지를 두고서 싸울 필요가 있지 않겠느냐라는 이야기가 우리 내부에서 많이 나왔어요. 그래서 대선까지 4개월 동안 한번 빡세게 싸워서 대선후보들에게 공약을 제대로 받아내 보자란 취지로다가 농성을 시작하자고 맘을 먹게 된 거지.

그런데 농성할 때 가장 중요한 게 뭐겠어요? 일단은 장소를 잘 잡아야 해요. 농성이란 거는 무엇보다도 지리적인 조건이 잘 갖춰져 있어야 하는 거야. 투쟁의 효과를 가져올 곳이 어디인가도 중요하지, 장애인들이 이용할 수 있는 화장실이 있는지도 봐야지, 휠체어가 이동할 수 있는 곳인지도 점검을 해봐야지, 오래 뻐티려면 안정적으로 천막을 칠 수 있는지도 살펴봐야지. 그래야 우리 동지들도 여기에 근거를 두고서 열심히 싸워갈 수 있을 거 아네요.

그래서 그때도 농성 들어가기 몇 달 전부터 이곳저곳을 돌아다니면서 어디서 농성하는 게 좋을지 염탐을 했죠. 그러다가 딱 광화문광장을 지나가는데, 거기에 있는 세종대왕님이 장소를 점지해 주더라고. 광화문광장 중간쯤에 광화문 지하철역으로 연결되는 지하통로가 있다, 여기가 딱 너네가 싸울 곳이다, 이러면서. 거기에 보니까 사람들도 어마어마하게 지나다녀. 광화문광장 위로 올라갈 수 있는 경사로도 있고, 엘리베이터도 있지, 보니까 화장실도 바로 옆에 있어. 전기도 쓸 수 있을 것 같고, 먹을 거 파는데도 가까이 있지, 조금만 더 가면 교보문고도 있으니까 마음의 양식 쌓기도 좋지. 또 밖으로 나가기만 하면 청와대 바로 보이지. 그러니께네 이야! 바로 이곳이다! 여기서는 어마어마하게 전술을 구사하는 게 가능하겠다! 싶었죠.

결의를 딱 하고서 2012년 8월 21일에 거기를 쳐들어가 버렸어요. 그런데 처음부터 우리 계획이 막혀버리면 안 되니까, 우선은 그 근처 동화면세점 앞에다가 집회 신고를 내놓고서 거기서 집회를 했어. 거기서 집회만 하는 척하면서 결국에는 딱 집결을 해가지고 광화문 지하통로로 쫙 내려가려고 했던 거죠.

그런데 경찰들이 어떻게 알았는지 지하통로로 들어가는 경사로를 금세 접근도 못 하게 싹 다 막아 버렸더라고, 하하. 그래가지고 거기는 안 되겠다 싶어서 출구들을 좀 뚫으려 했거든? 휠체어 탄 사람들은 비장애인들이 들고서라도 내려가려고. 마침 광화문역 보면 지하도 쪽으로 가는 출입구가 여러 개가 있잖아. 교보문고 쪽으로 들어올 수도 있고. 세종문화회관 쪽으로 들어올 수도 있고. 동화면세점이나 청계광장 쪽으로 들어올 수도 있고. 이야! 그런데 거기들도 전부 다 경찰들이 진을 치고 서 있는 거야. 쭉 방패 벽으로 빽빽하게 둘러싸 가지고, 진짜 철옹성처럼. 치사하게 비장애인들은 다 왔다 갔다 하는데 장애인만 못 가게 하면서 말이에요. 경찰들한테 아무리 호소해도 얘네가 듣기나 해요? 협상 좀 하려고 해도 들어주지도 않아. 그럼 어떻게 해야 할까? 이제 어쩔 수 없이 우리 힘으로 거기를 뚫어야지.

그래가지고 한두 명씩 몰래몰래 시위대 아닌 척하고서 여러 출구들을 통해서 농성장 꾸리기로 계획한 장소로 들어오기 시작했어요. 시간 좀 지나고 전화로 물어보니까 그래도 몇 명은 거기 들어와 있다고 하더라고. 그런데 이거는 휠체어 안 탄 활동가들한테나 가능한 거잖아. 거기가 다 계단이 있는 데기도 하고, 장애인들이 들어가려고 하면 또 경찰들이 아주 무자비하게 막아버리기도 하니까, 장애인 활동가들은 광화문역 출구들 근처로 접근도 할 수가 없었던 거지.

나도 출입구로는 도무지 들어갈 수가 없으니께네 애초에 다른 역에서부터 지하철을 타고 와서 광화문역 승강장에 내려가지고 거기서 올라와서 계획한 곳으로 들어가려 했죠. 그런데 그것도 금방 경찰들한테 다 막혀 버리더라고. 그래서 그냥 아예 에스컬레이터 있는 데서 휠체어 바닥으로 내려와서 고걸 타고 올라가 버렸어. 이야! 그렇게 올라갔는데도 위에 또 경찰들 수십 명이 아주 개찰구를 몇 겹으로 둘러싸 놨더라고. 그럼 어떻게 해. 그냥 경찰들 다리 밑에 내 모가지 조금씩이라도 넣어가지고 조금이라도 앞으로 나아가려고 엄청 버텨댔지. 몇 시간을 그러고 있었어요. 우리 입장에서도 더 이상 물러날 곳이 없는 상황이었잖아. 이렇게라도 해야지.

나랑 몇 명은 그렇게 올라오긴 했는데, 내 올라온 거 보고서 그랬는지 경찰이 이제는 에스컬레이터도 꺼버렸네? 그때부터는 이제 휠체어를 탄 우리 동지들이 승강장에서 광화문 지하도로 연결된 계단 있는 데서 바닥으로 내려와 기어 올라가기 시작했어요. 아주 몸 다 까져가면서, 냅다 몸으로 부딪쳐 가지고 몇 시간을 걸려서 엄청 천천히 조금조금씩 위쪽으로 올라온 거야.

그렇게 열두 시간을 기어가며 싸웠어요. 그래도 그렇게 싸웠더니 조금씩 뚫리더라고. 한 시간 지나서 한 명 들어가고, 또 한 시간 지나서 한 명 들어가고, 어디는 그래도 한꺼번에 조금 많이 뚫어서 들어가기도 하고. 그렇게 조금조금씩 우리가 점거하려는 장소로 모여든 거죠. 결국 하루 죙일 완전 우리 존재를 다 꼴아박아서 그 광화문 지하통로에 한 장소를 차지한 거야. 그렇게 차지하고 나니까 진짜 뿌듯하더라고. 일단 장기적으로 큰 성과를 낼 수 있겠다 이런 생각도 없기도 했지만, 지방에서 동지들이 오늘 이 싸움 하려고 많이 올라와 있는데 '아, 오늘 밤 이 동지들이랑 같이 잠잘 곳은 얻었구나'란 생각이 제일 컸어. 겨우 차지한 이 자리마저 빼앗기면 어떻게 하지, 이러면서 계속 긴장하고 있긴 했지만, 그것만으로도 이미 어마어마하게 성취를 해낸 것 같았지.

비장애인들만이 누리던 영토에다가
우리의 존재를 새겨둔 거야

그렇게 성취감을 느끼고 있었어도, 처음엔 그렇게 오래 농성하게 될 줄은 사실 몰랐어요, 하하. 처음에는 진짜 딱 대선할 때까지만 버티려고 했어. 그런데 그렇게 진지를 만들어놓고 보니까, 대선 끝나고도 거기를 빼기가 아까운 거야. 아니, 그렇게 열두 시간을 박 터지게 싸워서 얻어낸 공간인데, 대선 끝났다고 그냥 빼버리기가 좀 그렇잖아. 거기다가 또 하필이면 그 대선에서 박근혜가 승리를 해버렸네?

261

박근혜는요, 애초에 우리 요구한 것들을 하나도 제대로 공약으로 수용하질 않았어요. 정권 들어서고도 장애등급제 폐지, 부양의무자 기준 폐지, 탈시설 같은 거를 추진할 생각도 안 하고. 그런데 거기 농성장을 뺄 수가 있는 상황인 건가?

결국에는 농성 처음 들어갈 때는 상상도 못 했던 시간을 버텨버렸어요. 1842일. 그러니께네 박근혜 정권 내내 한 거야. 박근혜 탄핵당하고 다음 정권 들어선 이후에 복지부장관이 찾아와서 우리 요구에 대한 약속을 할 때까지. 사실 장기 농성을 할 때는 언제 농성장을 뺄 건지도 판단을 잘해야 돼요. 그냥 맨날 두들겨 맞기만 하고 우리들 체력만 소모하는 상황인데, 결사 항전! 이러고서 남아 있으면 얻는 것도 없이 동지들도 지쳐서 떠나버리고, 조직의 힘도 약해져 버리고 그러니까요. 그런데 광화문 농성장은 그렇지 않을 거라 판단을 했고, 실제로도 그랬어요.

물론 어마어마하게 힘들어하는 사람도 있었지. 박근혜 정권이니까 더 희망도 안 보이는 것 같고. 그런데요, 그 진지가 있었기 때문에 그 엄혹했던 시절도 우리가 잘 버텨낼 수 있었던 거라고 생각을 해요. 그렇게 빡세게 싸운 덕에 문재인 정권 들어서서 완전히 만족스럽지는 않아도 어쨌거나 장애등급제·부양의무자 기준 '가짜' 폐지, 탈시설 로드맵 정도는 얻어내게 된 거기도 하고.

그 정도면 엄청 불완전한 성과인데, 고작 이거 얻어내려고 거기 있었냐고요? 단순히 그런 건 아니죠. 우리는 이 농성을 통해서 비장애인들만이 누리고 있던 영토에다가 우리의 존재를 새겨둔 거야. 우리가 설 자리 하나, 우리가 목소리를 낼 기회 한 번 없는 그 영토에 우리의 영토를 조금이나마 만들어낸 거지. 그러니께 네 지나가는 사람 한두 명이라도 관심을 가져주고, 또 서명도 해주고. 또 한편에서는 태극기 부대가 와서 가끔 욕도 해주고 비닐에 똥 담아 와가지고 던져가며 테러도 해주고. 박근혜 정권 말기에 우리 농성장 있던 광화문역을 박근혜퇴진역으로 바꿔가지고 하니까 촛불집회에 나왔던 어마어마한 규모의 시민들도 우리 지지해주고 가고. 옆에 대한문에서 농성하던 쌍용자동차 정리해고 노동자 동지들이나, 광화문광장에 있던 세월호참사 유가족들, 텐트 치고 싸우던 블랙리스트 오른 문화예술인들이랑 연대해서 함께 싸우기도 하고.

그것만으로도 우리는 이미 성공한 거예요

진보적 장애인운동이 그래도 투쟁하면서 뭐라도 성과를 계속 내간다고 평가해주는 사람도 있는데요. 그건 실제로 우리가 잘 싸워서 그런 것도 있다고 자부하지만, 좀 더 냉정하게 따져보면 사실 그동안 장애인들이 너무 열악한 삶을 살아왔기 때문에, 그래도 국가 입장에서 양보를 안 할 수 없는 것들이 많아서였을 수도 있어요. 장애인들은 정말로 -100의 위치에 놓여 있는 거야. 그러니 국가가 이제 더 이상 우리 요구를 무시할 수만은 없고, 그래서 어쩔 수 없이 보장해줘야만 되겠다 하는 것들이 -10쯤에 있는 사람들보다 많을 수밖에 없는 거지. 그러니께네 우리 말고 많은 다른 투쟁 단위들이 우리만큼 가시적인 성과를 못 내고 그냥 깨진 것처럼만 보일 수도 있는 거고.

그런데요, 제가 지금 이런 말을 하는 거는 직접행동 투쟁에서 언제나 성과가 제일 중요한 건 아니란 이야기를 여러분께 전하고 싶기 때문이에요. 당연히 성과를 완전 무시해서는 안 되겠지만은 직접행동에서는 그냥 눈앞에 보이는 어떤 성과들보다 중요한 게 있다는 말을 분명하게 하고 싶어요. 너네들만의 영토에서 배제된 사람들이 우리의 영토를 만든다는 것, 그 싸움의 진지를 만들고 거기에서 사람들이 한 명 한 명씩 조직된다는 거, 그렇게 우리가 계속 싸워갈 수 있는 희망의 물리적 기반이 만들어진다는 거, 단기적 성과보다도 그게 가장 중요한 거죠.

당연히 직접행동이 바로 원하는 결과로 이어지지 않을 수도 있어요. 직접행동이 계속 실패를 거듭할 수도 있죠. 앞으로 몇 년간은 이 패배가 더 많이 이어질 수도 있지. 윤석열 정권 들어서고는 탄압이 엄청나게 교묘한 방식으로 이뤄지고 있거든요. 예전 독재정권 때는 저항하는 사람들을 그냥 망치로다가 때려잡았잖아. 박근혜, 이명박 때 조금은 억압 방식이 교묘해지긴 했지만, 그래도 지금처럼 하지는 않았거든. 노무현, 문재인 때는 민주적인 절

차는 다 거친다고 대화는 대화대로 다 하고, 적어도 장애인운동에 대해서는 억압의 수위가 조금 낮아지기도 했지만(물론 그때라고 운동 단체들에 대한 망치질이 없었다는 건 아니고), 결국 요구를 제대로 받아들이고 실질화한 경우가 없었으니까 문제였던 거고.

그런데 지금 여당은 법의 잣대를 엄청나게 들이밀고 언론 플레이도 잘하면서, 나름 합리적인 척은 또 다 하면서 직접행동 자체를 가로막으려고 하거든. 뜬금없이 문제도 없는 회계 건드려가지고 운동 단체들을 부패한 세력으로 만들어버리고, 법 해석 이상하게 해가지고 아예 직접행동 자체를 차단해 버리려고 하기도 하고. 그냥 다 범죄자, 부패한 사람들로 만들어버리는 거지 뭐. 그런데 그런 방식으로 어거지로 털어대면은 문제 하나 발견 안 되는 사람이 어딨어? 권력 있는 사람들이 이렇게 맘먹고 하면은 문제가 아닌 것도 문제로 만들어버릴 수가 있는 거거든.

요새 보면은 정말로 사시미 칼로 운동 단체들을 회를 치고 있는 거 같아. 망치로 단숨에 때려 죽이는 게 아니라, 살아 있는 상태에서 신체 어느 부위를 사시미 칼로 도려내 버리고, 그래도 굴복을 안 하면 또 다른 부위도 회를 쳐서 먹어버리고. 이게 사람 돌게 만드는 거거든요. 단체들이 스스로 검열하게 되고, 그렇게 하더라도 계속 당장 불리한 입장에 처해버리고.

그런데 그렇다고 굴복하면 안 되잖아. 억압 때문에 발생하는 실패 없이는 승리란 것도 절대 큰 의미가 없을 거라고 봐요. 운동도 그 실패들 속에서, 억압에 대한 저항들 속에서 더 단단해지고, 지속 가능성이란 게 마련이 되는 거죠. 성과라는 건 굉장히 중요하지만요. 곧바로 성과가 나오지 못한 게 곧 실패를 의미하는 건 아닌 거예요. 실패라는 거는 오히려 우리가 기획한 직접행동, 그러니께네 아무도 들으려 하지 않는 우리 목소리를 사회에 알릴 기회 자체를 우리 스스로 날려먹는 거야. 힘들 거다라고 딱 단정 지어버리고서, 그 실행 자체를 시도도 하지 않는 태도 말이야.

불복종 직접행동이라는 건요, 결국 그것이 이뤄지는 장소 자체에서 이미 사회적 관계의 전환이 이뤄진다는 거에 의미가 있는 거예요. 그것이 아무리 작은 거라도, 크게 영향력이 없는 거라도 상관이 없어. 이 일상적 폭력의 균열은 바로 거기에서부터 시작이 되니까. 포기하지 않고 계속 싸움을 이어갈 수 있는 사람이 한두 명이라도 있다는 거, 그것만으로도 이미 우리는 성공한 거예요.

7

해방되려면,
원형경기장 바깥으로
나가야 돼요

2011년 7월 10일 새벽, 부산 영도 봉래교차로에는 거대한 차벽이
세워져 있었다. 차벽 사이사이로는 경찰 방패가 빼곡하다. 밤새
쏟아진 최루액 세례 속에서 경찰 벽을 뚫으려 안간힘을 써대던
시민들은 이제 지칠 만큼 지쳤다. 동이 틀 무렵이 되자 이들 대부분은
아스팔트 위 곳곳에 아무렇게나 주저앉았다. 깃발을 덮고 새우잠을
자는 사람들. 몸에 생수를 부어가며 최루액을 닦아내는 사람들.
아무 표정도 없이 눅눅해진 김밥을 주워 먹던 사람들. 한진중공업
노동자 정리해고에 맞서 85호 크레인에 오른 김진숙 앞에 도달하고야
말겠다던 아우성들도 잠시 잦아들고, 어느덧 거리에는 적막만이
흐르고 있었다.
그 순간, 휠체어를 탄 장애인 십수 명이 돌연 대오의 선두로 나섰다.
그들은 차벽 앞에 일렬로 진을 치고는 목이 터져라 구호를 외쳐댔다.
"폭력 경찰 물러가라! 폭! 력! 경! 찰! 물! 러! 가! 라!" "연행 동지
석방하라! 연! 행! 동! 지! 석! 방! 하! 라!" 정체 모를 전율이 잠시 시위대
사이를 감돌더니, 급기야 힘없이 처져 있던 깃발들 사이로 열띤 환호가
일었다. 그러나 어쩐지 그 환호에는 어떤 기이함이 숨겨져 있는 듯도
보였다. 저들은 노동자들의 싸움 현장에서 왜 저렇게 열심히 싸우는
걸까? 정리해고 같은 건 그저 남 일인 것 같은 사람들, 그러니까
솔직히 말하자면 도무지 노동을 하지 못할 것 같은 사람들도 꽤 많은

것 같은데.

박경석도 그 대오 안에 있었다. 흰 꽁지머리를 휘날리던 그의 외모는
멀리서도 유난히 눈에 띄었다. 그는 곁에 자리한 역시 머리가 새하얀
대구 지역 활동가 박명애와 구호 사이사이로 담소를 나누며 다소
짓궂은 표정을 짓고 있었다.

몇 달 후, 노들장애인야학에서 박경석과 희망버스 승객들 간에
작은 간담회가 열렸다. 그 자리에서 누군가 박경석에게 물었다.
"2차 희망버스 때, 장애인들이 연대 투쟁 하는 모습이 너무 인상
깊었습니다. 노동자들의 투쟁에 장애인들이 연대해서 싸운다는 것의
의미는 무엇일까요? 그리고 장애인들의 투쟁에 노동자들은 어떻게
연대해야 하는 걸까요?"

꽤 난해하고 추상적인 질문이었는지도 모르는데, 박경석은
씨익 웃으며 주저 없이 답을 건넸다. "연대라는 거는 단순히
시혜적으로 이뤄지는 게 아니라고 봐요. 저희가 희망버스를 탄 것도
마찬가지예요. 저희 노들야학의 슬로건 중 하나가 이거인데요. 모두가
이 말을 한 번씩 진지하게 고민해봤으면 좋겠어요. '만약 나를 도우러
여기에 오셨다면, 당신은 시간을 낭비하고 있는 것입니다. 그러나
만약 당신이 여기에 온 이유가 당신의 해방이 나의 해방과 긴밀하게
결합되어 있기 때문이라면, 그렇다면 함께 일해봅시다.'"

11년 후, 영도에 출몰했던 그 장애인 대오는 출근길 지하철에 나타나
'문명'을 멈춰 세웠다. '비문명적'이라는 비난이 쇄도하는 와중에,

어느덧 한국 사회 최강의 바바리안(?)으로 등극한 박경석은 지금도 시민들에게 연대를 호소하며 저 말을 곳곳에 퍼뜨리고 다닌다. 심지어 이 말은 비정규직 노동자들, 산재 노동자들, 성소수자, 빈민과 노점상, 내쫓기는 세입자들의 싸움에서도, 이태원참사 현장에서도, 밀양 송전탑의 투쟁 현장, 촛불집회나 민중대회에서도 종종 울려 퍼진다. 그러는 동안 전장연에게도 어김없이 '외부 세력'이라는 진부한 멸칭이 따라붙었고, 이 탓인지(?) '장애인운동의 순수성'을 의심하는 이들도 생겨나기 시작했다. "장애인들이 장애문제에나 신경 쓸 것이지. 다른 데까지 가서 저러는 건 의도가 순수하지 않은 거 아니야?"

누군가는 전장연이 어디에 가서 연대를 하거나 말거나, 이 야만인들과 나의 해방이 연결되어 있을 리 없다고 확신할 것이다. 선량한 문명인들의 권리를 침해하는 당신들은 이 말을 할 자격이 없다는 말도 이미 귀에 못이 박히게 들어왔다. 그럼에도 박경석은 왜 아직까지 저 말 속에서 희망을 발견하려 하는 것일까?

전장연이 지하철행동 시작하고 4개월쯤 지나서일 거예요. 이준석 당시 국민의힘 당 대표가 우리를 '비문명'이라며 공격하기 시작하더라고요. 그 덕에 '선한 시민'과 '범죄자 장애인' 간의 갈라치기 프레임이 더 강화됐죠. 덕분에 욕도 신나게 먹고.

그런데요, 저는 솔직히 말하면 이준석의 그런 태도가 엄청 허망하면서도 한편으로는 고맙기도 하더라고요. 의도야 어떻든 간에, 예전엔 거대 정당 대표씩이나 되는 사람들이 우릴 잘 언급하지도 않았잖아. 그러니께네 우리는 어떻게 싸워봐도 기껏해야 '불법을 저지르는 놈들', 그것도 '잡범'일 뿐이었던 거야. 그런데 이준석이 저 말을 하고 나니까 어떻게 됐나? 이야! 우리가 순식간에 문명사회의 속도를 막아서는 존재로까지 업그레이드가 되어버렸어요. 실제로 '문명이란 무엇일까?'라는 엄청 거대하고 보편적인 물음이 고작 변두리 한구석에 처박혀 있던 이 쪼끄만 전장연을 통해 사회적으로 확산이 되기도 했잖아. '문명 대 전장연'이라니, 정말로 어마어마하게 거대한 전선에 우리가 갑자기 서버리게 된

271

거지. 원래 적이 커지면 우리도 커져버리는 법이거든.

그런데 마침 올해 설 연휴 시작할 때[24년 2월 8일] 이준석하고 다시 만날 일이 생겼어요. 이준석이가 개혁신당 사람들이랑 시민들한테 설날 인사 한다고 수서역에 왔는데, 우리가 거기에서 이번 총선에서는 "장애시민 권리에 투표합시다!"라고 딱 피켓을 들고 버티고 있으니까 딱 마주치게 된 거지. 웃으면서 수서역 들어와서 나한테 먼저 악수도 청하고, 진심으로 엄청 반가워하는 것 같더라고. 뭐 그냥 정치적인 태도일 수도 있지만. 또 이준석이 개혁신당 사람들하고 설 귀성길 인사 마치고 나서, 좀 이따 개인적으로 전화를 하더니 잠깐 만나서 이야기를 나누자고 하데? 그래서 거기 카페에서 모처럼 이야기를 나누게 됐죠.

그때 내가 이준석이한테 대놓고 말을 했어요. 우리 요구 가지고서 정책적으로 논의를 좀 해보자, 그리고 그 전에 일단 우리보고 비문명이라고 표현을 해서 비하한 거에 대해서는 좀 사과를 해달라고. 그랬더니 이준석이가 이렇게 답을 하더라고요. "저는 지금 어떤 사람을 두고서 비문명이라고 한 게 아니에요. 그렇게 하시는 행위가 비문명이라고 한 거죠. 제가 여기 나가가지고 노상방뇨 해봐요. 그런 게 바로 비문명이에요."

이 이야기 듣는데, 갑자기 벙찌더라고. 당연히요, 우리가 한 행동이 비문명이 맞을 수도 있어요. 사실 문명이란 게 마냥 좋은 게 아니잖아. 어차피 장애인들 다 배제하고서 만들어진 게 문명인데, 우리가 이런 거에 맞서 싸우면서 차라리 비문명이 되는 게 좋은 걸 수도 있는 거고. 그런데 이거를 노상 방뇨 따위에 비교를 하나? 그럼 우리가 여태까지 이 문명에 맞서 싸워온 거, 2001년부터 우리 존엄까지 다 버려가면서 저항해온 거는 고작해야 길거리에 오줌 싸는 수준이었던 건가. 뭐, 그 사람이야 별생각 없이 이런 말을 했을 수도 있는데요, 이건 너무 심하게 우리가 해온 투쟁들의 격을 떨어뜨리는 거잖아요. 안 그래요?

노상 방뇨 이야기 듣기 전까지는, 그러니께네 한창 우리가 지하철 잘 막던 22년도쯤에는 내 스스로 계속 물어보고 있었거든요. 도대체가 우리 투쟁이 이 거대한 문명 전체와 맞설 만한 힘이 있는 투쟁인지에 대해서요. 생각해보세요. 장애인운동은 운동 진영 전체를 놓고 보면 사실 한 줌도 안 되잖아요. 그렇다고 우리 이슈가 체제 변혁이다 조국 해방이다, 이런 엄청난 목표를 대놓고 내걸고 있는 것도 아니고. 그런데도 우리 투쟁에 이 문명을 전환할 수 있는 어떤 힘이 조금이나마 숨겨져 있는 건 아닐까, 그렇게 생각을 해보고 싶었던 거야. 무려 정부 여당 대표란 사람과 우리가 제대로 맞붙으면서, 잠시 우리 수준이 높다고 착각을 했던 거지, 하하.

그런데 이준석이한테 다시 말을 들어보니까, 이 사람한테는 우리 투쟁이 그 정도 질문을 던질 만한 사안도 전혀 아니었던 거예요. 안 그랬음 노상 방뇨 이야기가 그렇게 툭 튀어나왔겠어? 그러고 보면 많은 사람들이 이준석이하고 비슷하게 생각을 하고 있었을 거예요. 진짜로 나는 꿈보다 해몽이 좋게만 생각하고 있었던 건 아니었을까. 혼자 헛물이나 켜면서. 문명의 속도를 막아버리고, 피 터지게 싸우고 그래봐야, 우리는 여전히 잡범이야. 그것도 고작해야 노상 방뇨 수준의 짓거리나 해대는 잡범. 그게 진짜 진실인지도 몰라요.

그런데 아무리 그렇게 비하를 당한다고 하더라도, 문명—비문명 논쟁이 한창 벌어질 때 내가 품었던 그 질문만큼은 절대 놓칠 수가 없더라고요. 문명—비문명 논쟁을 이 정도로 축소해버리면 안 될 것 같아서 더 심도 깊게 고민을 하다 보니까, 혹시 우리의 이 작은 투쟁에는 이 문명 자체를 바꿔낼 수 있는, 그런 엄청난 목표를 향해 갈 수 있는 어떤 발아 지점이 있는 건 아닐까 하는 생각이 다시 들더라고. 설령 정말로 우리가 고작 노상 방뇨 수준이라고 하더라도, 혹시 이 노상 방뇨 수준의 투쟁에 문명을 넘어설 수 있는 가능성이 담겨 있는 건 아닐까?

내 스스로 이런 질문을 계속 던지고 있는 걸 이준석이가 보면 엄청 비웃을 거 같긴 한데요. 그래도 저는 진지하게 이 물음을 계속 곱씹어 봐야 한다고 생각해요. 어쩌면 이 물음은 저뿐만 아니라, 운동 사회 모두가 정말로 절실하게 생각해봐야 하는 건지도 몰라. 이 고민이 지속될 때만이 진보적 장애인운동뿐만이 아니라, 사회운동 각자의 단위 안에서 이 체제 전체와 싸워갈 수 있는 힘과 전망이란 것도 계속 만들어질 수 있을 거 같거든.

정말로 지금 이놈의 문명은 이대로 가만히 두면 안 되는 거 잖아요.

문명은 일종의 원형경기장 같아요

문명은요, 일종의 원형경기장 같아요. 어떤 문명이든 그래. 우리들 사는 거 한번 봐봐요. 칼만 안 들었다 뿐이지, 사실 검투사 랑 다를 게 없어요. 노동자들은 살아남으려면 다른 노동자들과 생 존경쟁을 해야 하고, 누군가를 계속 짓밟고 올라서야 하죠. 이 정 도면 다행이게? 노동자들만 자기 살아보겠다고 서로 그렇게 싸 워대는 게 아니잖아. 이 사회에는 장애인도 있고, 여성도 있고, 성 소수자도, 난민도 있고, 청소년도 있고, 선생님도 있고…… 요새는 비인간 동물의 목소리에 대해서까지 이야기가 나오고 있어요. 세 상이 애초부터 온갖 억압이 얽히고설켜 있다고는 하지만, 지금은 특히나 수많은 요구들이 교차되고 복합적으로 터져 나오고 있는 시대인 거죠.

문제는 이 서로 다른 목소리들이 잘 맞아떨어져 가지고 그 러면 참 좋을 텐데, 하필이면 직접적으로 충돌하는 게 엄청나게 많다는 거야. 그러니 결국 내가 경기장 안에서 조금이라도 파이 를 더 차지하려면, 상대가 누가 되었건 간에 서로 피가 터지게 싸울 수밖에 없어요. 원형경기장 안에서 검투사로 생존하려면, 자기 '이권들'을 조금이라도 더 보장받으려면, 그건 어쩔 수가 없는 거거든. 심지어 각 진영 운동들끼리도 지향에서야 연대한다고 하지만, 사실 그 내부에서 서로의 이권을 두고서 충돌을 하게 되기도 하잖아.

상황이 이런데 사람들이 단결이 잘될 리가 있겠어요? 계급적 이해관계를 공유하고 있다고 말해지는 노동자들끼리도 사실은 잘 안 그러잖아. "노동자는 하나다!" 열심히 외치는 사람들도 있지만, 그 말이 어디 통하기나 해요? 정규직, 비정규직끼리 서로 죽어라 싸우는 거 봐봐. 당장 눈앞의 이해관계가 안 맞으니까, 서로가 서로를 죽이려고 전투를 벌여댈 수밖에 없는 거지. 선생님이 권리 보장받으려면 학생들 권리를 빼앗아야 하는 것 같고, 여성들이 권리 보장받으려면 남성들 권리 빼앗아야 하는 것 같고. 중증장애인들이 탈시설해서 지역사회에서 함께 살자고 외치면, 거주시설에 자식 넣어놓은 가족들 부담 주고 시설 노동자들 밥줄 빼앗는 것 같고. 우리 지하철행동할 때처럼 장애인들 권리 제대로 보장받게 하라고 하면은 비장애인들이 권리를 빼앗기는 것 같고…….

다들 이렇게 당장 자기 눈앞의 싸움만 하느라 정신이 없는데, 자기 싸움이랑 관계없어 보이는 데까지 굳이 검투사로 나서가지고 싸울 필요는 없잖아. 노동자들도요, 대부분은 자기 이익이랑 직접적으로 상관없어 보이는 노동자 투쟁에는 웬만해서는 참여하지 않아요. 같은 노동자더라도 당장의 자기 생존 문제랑 직결된 거 아니면 서로가 서로에게 크게 관심이 없는 거야. 노동자들끼리도 그 지경인데, 이 사람들이 자기랑 관계없어 보이는 소수자들 싸움에 직접 참여하려 하겠어요? 뭐 노동자들 중에 일부 소수자 정체성 가진 사람들은 안 그러겠지만, 이런 사람들은 수적으로 보면 사실 소수잖아요. 대부분의 사람들은요, 그런 사안들을 마주하게 되면 그냥 관객으로만 남아 있으려고 해요.. 그게 좋잖아. 피곤할 일도 없고. 관심 생기면 좀 지켜보다가 재미없으면 언제든 관심 꺼버리면 되고.

이렇게 말하는 나라고 해서 사실 딱히 다르지도 않아. 내가 장애인으로서 원형경기장에서 장애인 권리 보장하라고 싸울 때는 분명 검투사지. 그것도 엄청나게 잘 싸우는 검투사일 수도 있어. 그런데 이런 검투사도요, 다른 문제들에서는 그냥 객석에 남아 있게 되는 경우가 많아요. 당장 여성들이 성차별당하고, 성착취를 당하고 할 때, 나는 그걸 그냥 남 일 보듯 방관하게 되는 거야. 아무리 내가 신경을 쓴다고 하고, 공부를 한다고 해도 조건상 어쩔 수가 없는 게 있는 거거든. 내가 보수적인 집안에서 태어나서 남자로 살아온 세월이 얼마나 긴데, 어느 날 딱 각성을 해가지고 모든 억압에 앞장서서 맞서 싸울 수는 없는 거잖아.

그런데 관객 입장에서는 또 남들 싸우는 거 보는 게 재밌거든. 저 사람들 어떻게들 싸우나 대강 보면서 서로 평가하기도 하고. 요즘 사람들 낮에 내내 직장에서 다른 노동자들하고 경쟁하면서 검투사마냥 싸우고는 겨우 생존하고 집에 돌아와서 하는 행동들 봐봐. 저녁에 딱 컴퓨터 앞에 앉아가지고, 아니면 핸드폰 들고 누워가지고 포르노 보듯이 다른 사건들 관망하고 있잖아. TV나 언론, SNS로 소수자들과 관련된 자극적인 장면들 자기 일 아닌 것마냥 관람하고, 가끔은 거기다가 누가 누가 잘 싸운다 의견도 좀 보태고, 또 때로는 혐오 발언에도 동참해가면서 스트레스 풀기도 하고.

어떻게 보면 로마 시민들이 콜로세움에서 노예들 싸우는 거 구경하면서 스트레스 풀었던 것처럼, 지금 시민들도 비슷한 짓을 하고 있는지도 몰라요.

이 문명에서 장애인들도
나름의 역할을 해왔다고 봐야 할 거예요

더군다나 지금은 정말로 남들 억압받는 거나, 억압받는 사람들이 권리를 두고 싸우는 것들도 포르노처럼 소비되어 버리는 시대잖아. 불쌍한 사람들 막 아름답게 보듬어주고 하는 것들 소비하는 것도 그중 하나야. 포르노라고 하니까 여성들 성상품화하는 거를 주로 떠올리실 텐데요, 이 사회는 실제로 그런 포르노들로 가득하기도 하지만, 포르노가 또 그런 거만 있는 게 아니거든.

언론 같은 데서도 자주 나오는 말 중에 '빈곤 포르노'란 말이 있어요. 가난을 자극적으로 전시해가지고, 막 동정심 유발해가면서 그러는 거. 장애도 그것처럼 포르노 소재로 딱 써먹기가 좋아요. 뭔가 보는 것만으로도 심하게 안타까움이 자극되고, 난 저렇지 않아서 다행이구나 안도하기도 하고. 이게 또 조금만 방향을 돌리면 따뜻함이나 인정을 발휘하는 거 같은 걸로 미화될 수 있기도 한 거거든. 착한 일 해서 뿌듯해질 수 있는 재료가 되기도 하고. 정치인들이나 유명 인사들이 장애인 거주시설 가가지고 TV 카메라가 다 찍고 있는 데서 장애인들 빨가벗겨 놓고 씻겨주고, 품 안에 안아주고 그러는 장면에 대중들이 왜 따스함을 느끼겠어요. 이게 비장애인들 입장에서는 나름의 방식대로 '장애'와 관련된 사안을 즐기는 거거든요. 진짜로 '장애 포르노'인 거지, 장애 포르노.

사실은 장애인 본인들도요, 그렇게 장애를 포르노처럼 소비해온 사회의 분위기를 이용할 수밖에 없었어요. 이 사람들이 원형경기장 안에서 살아남으려면 그 방법밖에 없거든. 이 사람들이 가진 무기가 뭐가 있나. 다른 검투사들처럼 칼을 잘 휘두르나, 많이 배우기를 했나, 아님 돈이라도 좀 많나, 이동도 제대로 못 하는데 무슨. 장애인들한테는 관객들에게 더 불쌍해 보이는 게 유일한 생존의 무기였던 거예요. 이 무기를 잘 활용해야지만, 그나마 다른 사람들 동정이라도 사가지고 떡고물이라도 빌어먹고 살 수 있었던 거죠.

많은 사람들이 잘 모르고 있는데요. 이렇게 더 불쌍해 보이려고 노력하는 것도 경쟁이에요. '동정 투쟁'이란 것도 알고 보면 엄청나게 치열한 거거든. 내가 다른 장애인들보다 더 불쌍해 보여야지만, 사람들이 저 사람이 아니라 내게 더 시혜를 베풀 거 아냐. 80년대, 90년대 앵벌이로 생존해온 장애인들 생각해봐요. 지하철 입구나 차내에서 엎드려 배를 깔고 깡통을 앞세워 기면서 "내 주를 가까이……" 찬송가 틀어놓고 동전 구걸하던 장애인들이 아직도 내 기억에 선명해. 이분들은 자기 몸을 포르노처럼 전시해가지고 서로 경쟁하듯이 자기 몸을 남들보다 더 불쌍한 모습으로 드러내지 못했다면, 아마 먹고살 수도 없었을 거야.

장애인 당사자뿐만 아니라, 장애인을 위한다는 사람들, 장애인 복지 업계에 종사하는 전문가들도 동정 투쟁을 엄청 앞장서서 하고 있죠. 특히 장애인 거주시설 운영자들은 이게 말 그대로 자기 밥줄이고 자기 힘 유지하는 기반이기도 한 거거든. 자기네 시설에 가둬놓은 장애인들이 다른 장애인들보다 더 불쌍해 보여야지만, 관객들이 그 광경을 보고 시설에 돈을 후원해줄 거 아냐. 공무원들도 그런 거 봐야 조금이라도 더 시혜를 베풀려 할 테고, 정치인들도 그래야 선거기간에라도 봉사활동하러 찾아가거나 할 테니까. 이 사람이나 저 사람이나 아직도 장애인들 불쌍하게 전시하려고 난리들인 거에는 다 이런 맥락이 있는 거거든.

그러고 보면 이 문명의 건설과 유지에서 장애인들도 나름의 역할을 해왔다고 봐야 할 거예요. 이 원형경기장은 어떤 사람들에 대한 배제, 격리, 감금 그리고 동정과 시혜 없이는 이렇게 건설되기가 힘들었을 거잖아요. 이런 것들은 지금 통념에서는 장애인들한테 제일 적합한 것들이기도 하죠. 불쌍한 사람들 도와주면 그게 또 이 사회의 따뜻함을 증명해주는 거고, 그런 게 지금 이 문명에서는 아름다움으로 그려지는 거고, 미덕으로 여겨지는 거고 하니까. 원형경기장은 사실 아주 철벽같은 건데, 이런 것들이 그게 말랑말랑한 것인 양 착각을 심어주거든.

사실은 당장 눈앞에 보이는 검투사들이
진짜 적이 아닌 거지

그런데 고작 이렇게 구경거리일 뿐이었던 사람들이 갑자기 포르노를 즐기는 관객들의 적이 될 때가 있거든요. 갑자기 나 너네한테 일방적으로 돌봄받는 사람 아니다! 이러면서 평등한 권리를 주장하기 시작하는 거야. 그러면 이야기가 완전히 달라져 버려요. 이제 객석에 앉아 구경만 하던 사람들도 갑자기 칼을 들고 원형경기장 안으로 뛰어들 수밖에 없어지는 거거든. 검투사 개개인들이 매일 생존을 위해 서야 하는 전선이 기존보다 훨씬 넓어져

버리게 되는 거야.

그럴 때 사람들은 유난히 더 잔인해져요. 그렇잖아도 모두가 원형경기장 안에서 살아남기 위해 싸우느라 쌓여온 억울한 것들이 참 많이 있거든. 그런데 상대해야 될 검투사가 더 많아져봐. 그것도 진짜로 하찮게 봐왔던 사람들이 뜬금없이 덤벼드는 상황이 된 거야. 이야! 이거 얼마나 피곤하고 열이 받겠어. 이런 거를 또 기회주의자 같은 정치인들이 참 잘 활용을 해먹거든. 그러니께네 소수자들이나 소수자운동을 딱 타깃으로 공격하면서 자기 지지세력을 어마어마하게 확장해가는 거야. 니네 힘들게 하는 거는 저 소수자들이다, 이러면서 혐오나 확산시키고 말이야.

지하철행동에서도 마찬가지였잖아요. 원래 대부분의 노동자들은 우리가 빡세게 투쟁하기 전까지는 TV나 언론, SNS 같은 데서 그려지는 불쌍한 장애인들 보면서, '아이고 참 안타깝다', '난 저렇게 안 태어나서 얼마나 다행이야' 정도로만 생각했을 거예요. 기껏해야 좀 마음이 착한 문명인들은 '이 사람들 불쌍하니까 그냥 잘 보살펴야지', '만나면 그래도 잘 배려해줘야지' 정도로만 생각을 했겠죠.

그런데 이런 사람들이 바빠죽겠는데 갑자기 내 눈앞에 나타나 가지고 출근길을 막아대기 시작하네. 자기들한테도 시민의 권리를 내놓으라고 하면서. 그럼 이제 아주 진짜 돌아버리겠는 거거든. 지하철 타고 다니는 자기는 자가용 가지고 있는 돈 잘 버는 노동자도 아니고, 그러니께네 우리는 노동자 중에서도 약자 축에 속하는 사람인데 왜 하필 우리를 볼모로 잡느냐고. 어떤 분은 그래서 강남에 가서 집회하라고 말하기도 하죠. 이준석 같은 정치인들은 딱 이때다 싶어가지고 그런 주장들이 계속 나오게끔 막 부추기고. 자기도 지지 세력한테 당신들 힘들게 하는 진짜 적은 저 장애인들이다, 이렇게 갈라쳐야 인기를 얻어갈 거 아냐. 가난한 사람들이 만만하고 힘도 없으니까, 서민들 많이 타는 4호선 막는 거다 이렇게 내용을 완전히 호도해 버리기까지 하면서요.

우씨, 이건 꼭 짚고 넘어가야 할 것 같은데요. 우리가 4호선만 탄 것도 아닌데 이렇게 말을 해요. 우리는 매번 상황과 우리 요구를 들어야 할 주체들에 맞춰가지고 이 호선, 저 호선 왔다 갔다 하면서 지하철행동을 해왔거든. 4호선 혜화역에서 지하철행동 많이 한 것도 맞긴 한데요, 그건 혜화역이 이동권 투쟁의 도화선이라는 상징성이 있어서 그런 거였잖아요. 여기는 99년에 이규식이가 야학 수업 땡땡이치고 휠체어 리프트 타고 가다가 추락해가지고 이동권 투쟁이 시작된 곳이니까. 서울 지하철 역사 중에서 가장 처음으로 엘리베이터가 생긴 곳이기도 해. 4호선 삼각지역에서도 많이 한 것도 그래. 아니, 그럼 대통령 집무실이 삼각지역 근처에 있으니까 거기에 간 거잖아. 누가 뭐, 청와대에서 그리로 옮겨 갈 거 알았나요? 이렇게 맥락을 조금만 들여다봐도 전혀 그렇지 않은데, 이준석이 하는 이런 말들은 대중들에게 왜 이렇게 잘 통할까? 뻔하죠. 그렇잖아도 자기 몫을 빼앗겨 가며 살아왔는데, 그렇잖아도 다른 검투사들 사이에서 생존하느라 죽겠는데, 갑자기 새로운 검투사들이 나타나 가지고 이 사람들까지 자기 몫을 빼앗으려 하는 것처럼 보이니까 열이 받아 그러는 거지.

그런데 잘 생각을 해봐야 돼요. 우리 지하철행동뿐만 아니라, 다른 많은 권리 쟁탈전들까지 다 포함해 가지고요, 이렇게 우리끼리 싸우게 되는 거, 너의 권리를 빼앗아야지만 내 권리가 보장될 것만 같은 거, 그렇게 싸우는 과정에서 서로 치사하게 되는 거, 이거 사실은 이 사람들을 모두 가둬서 서로 싸우게 만드는 원형경기장이란 구조가 있기 때문에 벌어지는 일이에요. 사실은 당장 눈앞에 보이는 검투사들이 진짜 적이 아닌 거지. 너무나도 쉽게 대중들의 적으로 낙인찍혀 버리는 소수자들 같은 경우에도 마찬가지고. 원형경기장을 설계하고 운영하는 사람들 입장에서는 이렇게 검투사들끼리 아등바등 싸워대는 게 자기들한테는 이득이 되니까 이 원형경기장이란 것도 계속 유지가 되는 거라고 봐요. 국가가 하는 역할이란 것도 이렇게 체제를 지배하는 설계자들을 지원하고, 원형경기장을 계속 관리해가는 거고.

문제는 검투사들 입장에선 당장 자기 몫을 위협하는 것 같은 다른 검투사들만 눈앞에 보이니까, 정작 이 원형경기장을 통해 제일 이득을 보고 권력을 유지해가는 사람들을 전혀 문제로 인지하지 못한다는 거예요. 이렇게 살아가고 있는데, 원형경기장 자체가 문제라는 생각을 할 수나 있을까? 아마 대부분의 사람들은 원형경기장을 벗어날 생각 자체를 안 해봤을 거고, 해봤더라도 이미 좌절을 하도 경험해서 원형경기장 자체를 깨는 건 안 될 거라고 확신하고 있을 테니까 그냥 계속 거기 갇혀가지고 승리하거나 목숨이라도 부지하는 게 가장 좋은 거라고 생각을 하겠죠.

그 안에서 이뤄지는 경기란 거 자체가 서로를 비참하게 만들고 있는 건데, 아무도 이 경기를 멈출 생각을 안 하게 되는 거야. 그렇게 모두가 객석과 경기장을 오락가락하면서, 남들 싸우는 거 보고 즐기기도 하고 또 언제는 서로 열심히 죽이기도 하면서, 스스로 그 원형경기장을 유지해가는 거죠.

이제는 좀 다르게 싸울 필요도 있다고 봐요

그런데요, 사실 검투사들끼리는 아무리 싸워봐야 문제가 절대로 해결이 되질 않아요. 누가 잠깐 경쟁에서 승리를 한다? 누가 조금 더 불쌍해 보이고, 누가 조금 더 섹시함을 잘 어필해서, 그러니께네 자기가 활용할 수 있는 포르노를 이용해가지고 잠깐 동안 생존하기 좋은 위치에 놓인다? 그게 얼마나 갈 것 같아요? 어차피 내가 다른 검투사를 죽이고 이렇게 살아남았듯이 곧 또 다른 검투사가 날 죽이러 올 텐데.

어떤 장애인들도요, 잘난 사람들 모여 있는 문명 중심부에 포함되려고 온 힘을 기울이고 있거든요. 동정으로만 먹고사는 게 아니라, 이제 원형경기장 안에서 비장애인 검투사들에게도 승리하는 검투사가 되려고 하는 거지. 그 노력이 사회에서 전반적으로 얼마나 인정을 받는지의 문제와는 별개로, 이 사람들 중 일부는 가끔씩 성공해서 장애 극복 서사와 함께 미화되기도 해요. 저는 그런 장애인들의 노력을 폄하할 생각은 없어요.

그런데 아무리 노력해도 이 문명에 포함될 수 없는 사람들도 있잖아요. 이런 사람들에게 언제까지 "너는 존재 자체가 잘못됐어. 그러니까 더 노력해서 이 문명이 요구하는 능력 있는 사람이 돼!"라고 꼬실 건가요? 그게 실제로 되긴 해요? 그리고 뭐 장애 극복 성공해가지고 주류 사회에서 이름 날리고 그렇게 살면은 그 사람은 정말로 해방된 건가?

저는 장애인이 원형경기장에서 싸워나가는 게, 이런 방법만 있는 게 아니라고 생각해요. 이제는 좀 다르게 싸울 필요도 있다고 봐요. 전장연의 투쟁이 가진 문제의식이란 게 딱 이런 거예요. 저런 방식 말고 새로운 싸움 방식이 필요하다고 보고, 그걸 택해서 실천하고 있는 거죠. 이제 더 이상 누가 더 불쌍하냐를 두고서 싸우지 말고, 장애인들이 이렇게 값싼 동정을 가지고서 서로 경쟁을 하게끔 만드는 이 시스템, 구조 자체에 대항해서 싸우자는 거지. 사회가 "너네가 주류 사회에 편입되려면, 주류 사회 기준에 맞춰 경쟁해야 돼!"라고 말해왔고, 어떤 장애인들도 거기에 순응해서 열심히 장애 극복하려고 해왔다면, 이제는 그런 관점을 거부하고 우리를 그렇게 검투사마냥 경쟁하게 만드는 이 문명 자체에 맞서 싸우자는 거야.

사실 그래야지만 진짜 해방되는 거 아닌가? 원형경기장 안에서 아무리 승리해봤자, 결국 거기 안에 갇혀 있는 거잖아요. 언제 승리자의 지위를 빼앗길지도 모르는 거고. 스파르타쿠스가 내 우상 중 한 사람인데요(내가 코가 좀 크잖아. 어릴 적 '코 큰 더글러스'라 놀림을 받은 적이 있는데 코 큰 더글러스[커크 더글러스]가 〈스파르타쿠스〉 영화에 나온 거야. 그래서 장애인운동하기 전부터도 스파르타쿠스에 완전 반해 있었어). 영화나 드라마 보니까 그 사람이 그런 걸 잘 보여주더라고. 원형경기장에서 다른 검투사들 다 죽이고 검투사 챔피언 되면 뭐 해. 그래봤자 계속 노예인데.

사실은요, 장애인도, 노동자도 그리고 그 누구더라도 제대로 해방되려면, 원형경기장 바깥으로 나가야 돼요. 누군가에 대한 배제와 억압 위에서 굴러가는 문명을 지배하는 시스템에 문제 제기를 해야 하는 거죠. 우리 모두를 이렇게 힘들게 만드는 사람들, 너희는 서로 싸워야 생존할 수 있다는 생각 심어주는 사람들은 원형경기장을 설계하고 운영하는 사람들과 그러한 설계와 운영을 지원하고 관리해주는 사람들이잖아요. 문명의 지배 구조가, 우리 문명의 진실이 이런 거라는 거를 널리 알려가야 하는 거지.

더 나아가서 우리들끼리 벌이고 있는 싸움의 장소에 쳐둔 벽을 부숴나가야 하는 거야. 애먼 사람들한테 내 권리 빼앗긴다는 둥, 니네 때문에 내가 못 살겠다는 둥 이야기해 대면서 언제까지 서로 싸울 건데요? 그것도 한 줌도 안 되는 파이 가지고서 말이야. 이제는 서로 적으로 삼는 거 그만두고 진짜 적에다가 화살을 돌려야지. 그게 당장 안 돼도 원형경기장 벽에다가 작은 돌멩이라도 던져대고.

지하철행동도요, 저는 이 문명이라는 원형경기장에 작은 돌멩이라도 던지고 있는 거라고 봐요. 마침 또 이 원형경기장에서 서로 싸우게 만드는 데 결정적인 역할을 하고 있는 게 이 지하철이라는 공간이잖아요. 우리 같은 장애인들은 출근할 수도 없고 그 빽빽한 지하철 구조상 휠체어가 들어갈 수도 없으니까 계속 태우지도 않고 떠나버리고, 거기 실려 있는 노동력들도 그러고 보면 다들 우리 나타나기 전부터도 이미 다 괴롭게 살고 있고.

우리는 설거지쯤이나 하는 사람들이라고 생각을 했던 거지

그런데 우리 투쟁이란 게 정말로 이 원형경기장 자체에 맞선 싸움을 잘해낼 힘이 있긴 한 것일까? 내가 이런 말을 할 자격이 있긴 한 걸까? 이준석이가 고작 노상 방뇨 수준으로 보는 우리 투쟁들이 말이야, 하하. 그래도 요새 많은 분들께서 만나면 고맙게도 장애인운동이 제일 잘되고 있는 것 같다, 사회운동이 나아갈 길을 보여주고 있다라고 말들을 해주는데, 저는 단순히 그런 차원의 문제를 이야기하고자 하는 게 아니에요. 아무리 그렇게 우리를 좋게 평가해줘 봐야, 장애문제는 결국 다른 사람들과 상관없는 특별한 어떤 사람들의 해방에만 국한된 것처럼 여겨지잖아.

운동 진영에서도 모든 억압이 다 중요하다고들 흔히 말을 하지만, 결국에는 어떤 주제들이 유난히 더 힘을 갖는 것처럼 보이는 경우도 많더라고. 주로 보편적 의제라고 이야기되는 것에 집중하는 투쟁들, 그러니께네 계급해방운동이니, 민족해방운동이니, 기후정의운동이니, 민주주의 가치 쟁취니, 공공성 회복이니 같은 거랑 비교를 해봐. 대중들이 장애인운동이 다루는 문제들에서 사회 전체의 억압 패러다임과 연결된 지점들을 발견할 수나 있는지. 그러니께네 장애문제는 전혀 보편성이 없는 문제, 모두랑 연결된 문제가 아니라 그냥 인구 중 일부일 뿐인 장애인들만의 문제로 받아들여지고 있는 거야. 장애인운동 말고 다른 운동들 열심히 하시는 분들도요, 장애문제에 아무리 신경을 쓰고 전장연 투쟁에 관심을 많이 가지고 연대를 한다고 해도, 실제로는 결국 전장연 투쟁을 단순히 '부문 운동'쯤으로 보는 경우가 많아요.

어떤 거대한 사회운동 연대체에서 사회적으로다가 거대해 보이는 의제 가지고 공동 테이블 꾸리면, 그냥 형식상, 구색 맞추

기용으로다가 "야! 장애인을 빼면은 되겠냐? 그럼 안 되지. 얘네도 넣자" 정도의 발상만 가진 분도 많지. 흔히 보편적이라 여겨지는 이슈들이랑 장애문제랑 어떻게 연결되어 있는지에 대한 고민은 우리를 불러주는 사람들에게서조차 진지하게 이뤄지지 않는 거야. 아마 장애인운동만 그렇게 취급당하는 건 아닐 거예요. 이건 소수자운동, 소위 어떤 사람들이 '부문 운동'으로 치부해버리는 운동들이 현실적으로 가질 수밖에 없는 한계죠.

그렇다고 이런 태도가 이해가 안 되는 건 또 아니거든. 소위 거대한 투쟁 이슈들 붙잡고 있는 사람들도 얼마나 힘들겠어. 지금도 맨날 거대한 의제 가지고서 집중해서 싸우고 하느라고 머리가 깨지게 아플 텐데. 엄청 바빠죽겠고, 자기 몸도 축내가면서. 그런 현실적인 한계도 당연히 고려를 해야겠죠. 그러니 우리도 솔직히 어떤 운동 간 연대체 꾸리거나 할 때 보면은 우리를 끼워주기만 해도 좋겠다, 우리도 호명만 해주면 좋겠다, 이 정도 생각을 가지게 되는 것도 사실이고. 우리랑 분명 연결되어 있는 의제더라도, 우리 의제는 그 보편적 의제 안에서 사실 진지한 고민거리도 안 되고 넘어가는 경우가 대부분이니까.

그런데도 저는 이 문명 변방으로 쫓겨난 사람들이 하고 있는 전장연의 투쟁이 단순히 장애문제에 국한되는 게 아니라, 이 문명 전체에 대해 문제 제기를 하는 투쟁은 아닌지 함께 물어가야 한다고 생각해요. 진짜로 우리가 이준석이 말처럼 노상 방뇨 수준으로만 싸워온 게 아니잖아. 이건 단순히 우리가 단숨에 어떤 거대한 구호를 외치기 때문이 아니야. 오히려 거대한 구호에만 집중하는 과정에서 어떤 중요한 목소리들이 그냥 작은 걸로 치부되어버리면서 지워지는 경우가 너무 많거든요. 그런 태도 안에서는 원형경기장을 허물어가는 데서 매우 중요한 역할을 할 수 있는 것들을 도리어 너무 쉽게 놓쳐버리는 경우도 많은 거지.

장애인운동이 초창기에 분명 사회적으로 엄청 의미 있는 투쟁을 만들어 왔는데도, 제대로 자리를 못 잡고 그랬던 것도 이런 문제와 연결되어 있어요. 80년대 후반 장애인운동이 이제 막 시작될 때 장애인운동하던 젊은 대학생들은 엄청 '위대한' 지향을 가지고 투쟁을 했어요. 계급 해방이다, 민족 해방이다, 군부독재 타도 민주주의다 이런 걸 걸고서. 단순히 이슈 자체가 작다 크다를 넘어서 가지고, 뭐랄까 어떤 혁명적(?) 에너지 자체가 엄청나게 강력했지.

그 당시에 장애인운동 열심히 하던 선배 활동가들이 그런 말들을 많이 했거든요. 장애인들이 해방되려면 결국 이런 보편적인 해방 투쟁이 잘되어야 한다. 물론 그때도 계급 해방이나 민족 해방, 민주화 쟁취 이런 게 곧장 장애문제를 한 번에 해결해줄 거라고 생각은 안 했지만, 그래도 이런 운동들이 잘되어야 장애인운동도 영향력을 더 가지게 될 것이다 이런 감각이 굉장히 강했던 거죠. 그러니 이런 장애 해방을 위해서라도 제국주의 타파가 먼저

다, 자본주의 체제 변혁, 독재정권 퇴진이 먼저다 이렇게들 많이 생각했었고. 그러니께네 장애인운동하자고 꼬셔놓으면 자기는 대학에서 민주화 투쟁을 해야 한다, 장애인운동보다 더 큰 다른 운동을 할 거다 하고 떠나는 사람들도 있었고. 우씨, 아주 섭섭하게 말이야.

실제로 장애인운동은 그 운동들의 세례를 받아서 시작되었고, 그 기반 위에서 성장한 것도 분명한 사실이기 때문에 전 그게 꼭 나쁘다고는 지금도 생각하지 않는데요. 문제는 그러다 보니 그때는 장애인운동의 어떤 독자성이라든가, 그런 거에 대해서 꽤 오랫동안 특별한 문제의식을 갖지 못했다는 거예요. 충분히 의미가 있는 운동이었지만은, 그 상황 나름의 역사적인 한계가 있었던 거지.

그런데 보편성이라는 거는요. 단순히 거대한 의제를 붙잡고 있는다고 해서 만들어지는 게 아니더라고. 구체적으로 보편성을 이루는 각각의 부분들이 질적으로 어떻게 다른지를 정확히 파악해야 하고, 그래서 그 부분들에서 모두랑 연결되는 지점들, 이 체제 전체의 패러다임과 연결되는 지점들을 발견하고 그랬을 때 모든 걸 포괄할 수 있는 보편성이란 것도 만들어지는 거지. 그러니 장애인운동도 보편성을 가지려면, 먼저 장애문제가 노동문제나 여성문제랑 질적으로 다른 차원이 있다는 것도 정확히 깨달아야 해요.

그런데 1세대 장애인운동가들은 우리 내부에서도 거대한 이슈가 더 중요한가 보다 이러면서, 이런 거는 부차적인 걸로 치부해 버리고서 제대로 바라보거나 해석할 생각도 안 했던 거야. 어떻게 보면 운동판 전체에서 우리는 하찮은 설거지쯤이나 하는 사람들이었던 걸로 우리 스스로도 생각을 했던 거지.

그러니 거대한 의제 잡고 투쟁하는 사람들이 우리 행사나 집회 한 번이라도 와주면 그게 그렇게도 고마웠어요. 미안하기도 했지. 우리는 정말로 당장 우리의 '사소한' 생존을 가지고 투쟁을 하고 있었지만은 저 사람들은 바깥에서 저렇게나 위대한 투쟁을 하는데, 이렇게 작은 데에 찾아와 줬으니까. 비유해보자면 그런 거야. 조국, 계급을 해방시키겠다고 만주 벌판 달리는 독립투사들한테 설거지하는 사람들이 심려를 끼치는 것 같은 기분? 아빠가 밖에 나가서 돈도 벌어오고 아주 큰일을 하는데, 저 사람들한테 굳이 설거지쯤이나 하는 우리 싸움을 이렇게까지 신경을 쓰게 하면 될까, 라거나. 우리한테는 참 절실한 문제라지만, 이건 저 보편적 의제 투쟁에 비하면 엄청 작은 일이잖아.

그런데 그런 생각을 우리 스스로도 하면서 살다 보니까는 정작 우리 의제는 사라져 버리더라고. 저 사람들도 거대한 요구 걸고서 참 열심히 싸워가고 있고, 우리도 거기에 열심히 지원을 하고 있는데, 정작 우리 삶은 나아지지가 않는 거야. 그렇다고 원형경기장이 허물어져 가고 있는 것 같지도 않고.

어쩌면 설거지를 한다는 거가
그렇게나 중요한 거였는지도 몰라요

그런데 반대로 거대한 지향 속에 완전히 녹아들지 않고서, 사소하다고 치부해왔던 문제들, 우리 당장의 생존 문제, 이동 문제 같은 정말로 우리에게 절실한 것들에 집중을 해서 싸워나가다 보니까, 도리어 바깥에서 우리 운동이 사회 전체에서 갖는 보편성이 조금씩 발견되는 것 같더라고요.

2001년부터 시작된 이동권 투쟁만 봐도 그래요. 이 투쟁이 어떤 거대한 지향을 가지고서 시작한 게 아니었거든. 정말로 당장의 이동 문제가 해결이 되지를 않으니까, 노들장애인야학 학생들이 학교에 나와서 수업을 들을 수가 없는 거야. 또 이규식이도 그렇고, 계속 장애인들이 지하철 리프트 타다가 떨어져서 다치고 죽어. 그래서 수업 좀 들어보자고 해가지고, 그리고 교육 좀 받겠다는데 오는 길에 다치거나 죽어서는 안 되잖냐 해가지고 학생들이랑 교사들이랑 뭉쳐가지고 싸움을 시작했던 거였거든요.

그런데 이렇게 싸우다 보니까 신기하게도 이게 세상 전체를 움직이고 있는 거다라는 이야기들이 바깥에서 들려와요. 그 말 듣고서 잘 생각을 해보니까, 이야! 우리가 지금 싸우고 있는 게 정말로 사회적 기준을 움직이고 있는 거구나 싶더라고요. 그냥 우리가 버스를 타겠다, 지하철을 타겠다 하는 게, 그 사소한 것들이 우리를 쓸모없는 사람들로 버려두고서 계속해서 내달리는 이 자본주의 체제의 속도 문제가 되고. 그러면 또 이 속도가 장애인뿐만 아니라 모두에게 억압적인 걸로 드러날 수 있겠구나 하는 문제의식으로 연결되기도 하고.

중증장애인들에게 특히나 절실한 활동지원서비스 같은 것도 마찬가지야. 비장애인들이야 얼핏 보면 잘 모를 뿐만 아니라 이건 전혀 보편적인 문제로 보이지도 않겠죠. 아주 극소수 중증장애인들만의 특별한 문제라고 보겠지. 활동지원 24시간 제공받지 않으면 안 되는 장애인에게 24시간 활동지원 제공해라라고 저희가 요구를 하고 있는데, 그러면 지금 돈으로 대강 1년에 1억 5000만 원정도 예산이 이 한 명의 장애인에게 투입이 되어야 하는 거거든요. 보편적으로 기본소득을 제공해라, 보편적으로 복지 수준을 올려라, 보편적으로 무상급식을 해라 같은 요구 차원에서 보면, 어떤 분들한테 이건 보편적인 요구라고는 전혀 이해가 안 될 거예요. 심지어 운동판에 있는 많은 분들한테도 우리 이야기는 씨알도 안 먹히는 경우도 꽤 많거든.

그런데 장애인들에게 정말로 필요한 만큼 활동지원서비스가 제대로 제공되면요, 정말로 이 원형경기장의 운영 자체를 뒤흔들 수 있는 근거가 생겨요. 이게 안 되는 이유가 다 비용 핑계 때문인데요, 이 사람들에게 활동지원서비스를 제대로 제공하라는 건 결국 비용보다 인간 존엄성이 중요하다는 걸 정확히 보여주는 거잖아요. 이건 우리뿐만이 아니라, 다른 싸움에서도 충분히 근거로 삼을 만한 것들이야. 돈, 생산성 논리가 가장 중요한 이 문명에서 그런 것들보다 더 중요한 게 있다는 걸 드러내 보여준다는 건, 이 싸움이 단순히 우리만의 문제가 아니라는 거잖아. 이건 사회적 자원의 분배를 어떻게 할 것인가의 문제와 직접 연결되어 있는 거고, 그건 또 결국 이 체제 전체의 민주주의 문제랑 직결되어 있는 거고.

그것도 세상에서 제일 무능해 보이는 사람들이 이런 변화를 이끌어낸다? 아무리 우리 투쟁이 너무 작다고 평가가 되고 그래서 역사에 담길 가치도 없다고 여겨지더라도, 사실은 그 자체로 이미 원형경기장의 벽을 한 줌 정도는 허물어낸 거 아닌가? 원형경기장 무너뜨리려면 이 한 줌이 작은 거 같지만 절대 작은 게 아닐 수도 있는 거고.

어쩌면 설거지를 한다는 거가 그렇게나 중요한 거였는지도 몰라요. 사실 90년대에는 몰랐지만, 잘 생각해보면 설거지가 바깥에서 돈 벌어 오는 것보다 가치가 없는 게 아니잖아. 둘 다 참 소중한 활동인데, 그 가치를 우리 스스로가 너무 평가절하할 필요 자체가 없었던 거지. 이건 장애인운동뿐만이 아닐 거야. 함부로 작다고 치부되어온 각자의 운동들 속에 다 그런 희망들이 잠재해 있었는지도 몰라.

그러고 보면 사소한 것으로 치부해왔던 것들에서 보편적

인 해방, 사회적 변혁을 이끌어낼 수 있는 발아 지점이 얼마나 많나요. 그러니 단순히 그냥 구호로 "우리 운동도 보편성을 가져야 돼!" 하면서 거대한 것들에만 관심을 갖는 것보다, 작게만 보이지만 너무나도 절실한 싸움들을 하나하나씩 해가면서 독자성을 형성하고, 거기에서부터 어떤 보편성을 함께 발견해가는 게 더 중요한 거죠. 분명히 다른 이슈들이랑 문제의 성격도, 투쟁의 방식도 질적으로 다를 수밖에 없는 장애문제를 우리가 독자적으로 잘 다뤄낼 수 있는 힘을 갖는다는 게, 다른 운동들이나 거대한 이슈랑 완전히 별개로 나가겠다, 폐쇄적으로다가 정체성 정치 하겠다 이런 게 아니거든. 이 작은 데에서부터, 우리뿐만이 아니라 각자의 작은 투쟁 영역에서부터 출발해서 이 문명 자체의 전환 가능성이란 거를 찾아보자는 것뿐이지.

저는요, 이런 차원에서 원형경기장에 던져지는 작은 돌멩이 하나하나가, 그러니께네 어떤 노동자들의 작은 투쟁이건 소수자들의 작은 투쟁이건 모두가 그 가치를 동등하게 인정받아야 한다고 봐요. 그 돌멩이 중 하나를 무시해 버리면은 그만큼 누구든 이후에 이 문명 전체에 맞서 싸워나갈 수 있는 물리적 근거를 하나씩 잃어버리는 거거든. 어느 투쟁에건 어마어마한 변혁의 씨앗이 잠재해 있는 거야. 지금은 당장 수십만 명 모인 광장만큼 힘이 없겠지만, 그 광장보다 더 큰 변혁의 가능성이 숨겨져 있는 곳은 바로 이 작은 곳들 하나하나인지도 몰라.

당신의 해방이 나의 해방과
결합되어 있기 때문에 여기 왔다면
함께 일해봅시다

요새는 각자의 운동들이 너무 파편화되고 있어서 서로 연결고리를 잘 찾지 못하고 있다는 반성들이 꽤 많이 나오잖아요. 운동 사회 전반에서 말이야. 현실적으로 각자의 운동들이 자기들에게 주어진 당장의 이슈들을 처리하느라 바쁘고 정신이 없어서 그렇게 되는 것도 있고. 그렇지만 이렇게 각자의 작은 자리에서 원형경기장 전체의 문제를 발견해가다 보면은 그래도 조금은 가능성이 보일 거라고 봐요.

연대와 관련해서 제가 참 좋아하는 말이 있어요. 90년대 후반에 이 말 보고서 딱 꽂혀가지고, 지금은 노들야학 슬로건이 되기도 한 건데요. 사파티스타 민족해방군[1994년에 멕시코에서 빈곤이나 억압, 차별 등에 대항하기 위해 만들어진 조직] 이었던 치아파스 선주민이 어떤 사람이 연대를 오니깐 이렇게 말을 했대요. "만약 당신이 나를 도우러 여기 왔다면 그건 시간 낭비입니다. 그러나 당신의 해방이 나의 해방과 결합되어 있기 때문에 여기 왔다면 함께 일해봅시다."

저는 이 말이 단순히 각각의 운동들이 가지고 있는 특정 의제들에서 너의 '이익'이 나의 '이익'과 연결되어 있으면 함께하겠다, 정도의 생각에 머무르지 않기를 바라고 있어요. 이익도 당연히 중요하지. 그런데 단기적으로 얻는 이익이란 게 곧 해방은 아니거든. 이런 거는 얻는다고 해도 그냥 원래보다 조금 더 잘나가는 검투사 수준이 되는 것뿐이야. 연대가 단순히 그냥 당장 이익에 대한 발상 정도에만 머물러 있으면, 장기적으로 같이 계속 싸워나갈 방향도 잡히지가 않을 거기도 하고. 어떤 의제에서 서로의 이익끼리 좀 닿아 있으면 그 투쟁을 함께하겠다는 게 때로는 가치 있는 운동의 방향을 제시해주기도 하지만, 그게 언제나 모두의 해방의 길을 열어주나? 그럼 당장 이익이 연결 안 되어 있는 것처럼 보이면, 지금처럼 운동 진영들끼리도 서로 계속 싸우면 되는 건가? 절대로 그렇지 않잖아요.

서울교통공사 노동자들하고 지하철행동하고 있는 우리만 봐도 그렇죠. 대강 보면은 전혀 이익을 공유하고 있지 않은 것처럼 보일 거야. 서로 싸워댈 일밖에 없는 것 같기도 하고. 솔직히 말해서 우리 입장에서도 보면은 서교공 노동자들이 진짜로 밉기도 하거든. 우리는 정당한 권리 외치면서 투쟁을 하고 있는데, 진짜 말도 안 되는 근거 막 끄집어내 가면서 아주 완장을 차고 나와서 탄압해대니까. 그 노동자들은 또 저 장애인들 때문에, 자기들 노동권이 어마어마하게 침해되고 있다고들 말을 하잖아. 그렇잖아도 지하철 노동자들 힘들어 죽겠는데, 저 장애인들 때문에 더 힘들어지고 있다고. 그런 말 퍼뜨리면 또 그렇잖아도 우리 싫어하는 사람들한테 너네는 너네 권리만 생각하지, 저 노동자들 권리 생각도 안 한다는 비난까지 나오고. 그러니께네 서로 이익을 두고 대립만 하는 것처럼 보이는 거야. 상황이 이러면 우리랑 서울교통공사 노동자들은 함께 싸울 수가 없는 건가?

그런데 장애인들이나 서교공 노동자들이나 각자의 조건과 투쟁, 심지어 우리들 간의 싸움 안에서 이 사회 전체의 메커니즘을 발견하게 되면은 그제야 연결되는 지점이 보이기 시작하는 거거든요. 사실은 이게 우리 둘이서 싸울 일이 아닌 게 드러나는 거죠. 장애인들이 여기까지 나와서 이렇게 싸울 정도로 배제되어온 건 이 원형경기장이 속도가 다른 사람들을 차별하기 때문인 거고, 서울교통공사 노동자들이 우리 때문에 일 많아지니까 노동권 침해당한다고 주장하는 것도, 평소에 열악한 노동조건 때문에 힘들어하는 것도 사실은 이 원형경기장의 속도랑 무관한 게 아니거든요. 맨날 정시성 외쳐대면서 돈 논리에 따라서 지하철 노동자들 인원 제대로 확충도 안 해주고, 도리어 줄이려고만 하고, 싼값에 빨리빨리 부려먹으려고만 하니까 이런 일이 벌어지는 거잖아.

그러니 장애인이건, 서교공 노동자들이건 사실은 이 원형경기장을 지배하는 어떤 메커니즘 때문에 억압을 당하고 있는 거야. 이 작은 삶의 조건 하나하나가 다 원형경기장 전체랑 연결된 문제였던 거지. 서로 검투사마냥 맨날 싸워대는 우리 둘을 힘들게 하는 건, 알고 보면 진짜로 이 체제 자체였던 거야. 그러니께네 사

300

실은 궁극적으로 우리들이 같이 해방되기 위해서는 지금 잠깐의 이익만 두고서 싸울 게 아니라 원형경기장에 맞서 함께 싸워야 한다는 것도 당위적으로는 맞는 거고.

이게 되겠냐고? 물론 지금 당장은 연대해서 함께 싸우는 게 불가능해 보일 수도 있어요. 그렇잖아. 현실적으로 서교공 노동자랑 우리랑 어떻게 하루아침에 함께 손을 잡고 싸움을 하나. 그래도요, 이렇게 각자의 조건과 싸움 속에서 우리를 억압하는 이 문명의 보편적인 원리를 끄집어내려고 노력은 해봐야죠. 거기서부터 나온 궁극적인 지향을 놓치는 순간, 우리는 진짜 원형경기장 자체가 아니라 계속 우리끼리만 검투사마냥 싸우게 될 테니까.

우리가 23년에 서교공 노동자들 파업을 지지하고, 함께 싸워나가자고 제안을 했던 것도 이것 때문이었어요. 그래봐야 서교공 노동자들은 우리 말 잘 듣지도 않아 줬지만. 이 사회도 이런 건 하나도 관심이 없고, 우씨. 그래도 이런 시도들을 계속 해봐야 하지 않나? 되든 안 되든, 그래야 가능성이라도 열리는 거니까.

모든 게 연결되어 있다, 나비 날갯짓 하나로도 지구 반대편에 엄청 큰 영향이 불어닥친다, 이런 말들을 요새 여기저기서 많이 하잖아요. 운동 진영에서도 그래서 관계니, 연결이니, 교차성이니 하는 게 많이 언급이 되고 있고요. 저는 이게 단순히 논리적인 차원에서 말해지는 거에 머물러 있으면 안 된다고 봐요. 진짜 이런 가치를 각각의 작은 현장에서 우리가 심각하게 고민을 해보고 실천해낼 수 있을 때, 그럴 때만이 우리는 어마어마하게 큰 청동 대포를 손에 넣게 될 거야.

콘스탄티노플 성벽을 무너뜨린 오스만제국의 대포보다 더 강력한 힘을 가진 거대한 변혁을 위한 우리들의 무기 말이야.

지금은 아주
작은 점일 수 있지만,
언젠가는

2018년 4월 19일, '장애인차별철폐의 날'을 하루 앞두고 광화문 앞 도로에 '420장애인차별철폐공동투쟁단' 소속 회원들이 모여들었다. 어째선지 이들 가운데 몇몇의 팔꿈치와 무릎에는 하얀색 보호대가 씌워져 있었다. 어떤 이는 손에 목장갑을 몇 겹이나 끼기도 했다. 박경석 역시 보호대를 차고 목장갑을 낀 채로 마이크를 건네받았다. "촛불혁명으로 들어섰다는 이 정부가 약속했던 장애등급제 폐지, 부양의무자 기준 폐지, 탈시설 정책, 모두 어떻게 되고 있습니까. 민관협의체 꾸려서 대화만 하더니, 예산은 제대로 넣지도 않고선 가짜 폐지 하겠다고 합니다. 시설에 아직도 3만 명의 장애인이 살고 있는데 내년엔 고작 100명 탈시설한다고 합니다. 동지 여러분, 이러려고 우리가 촛불을 들었습니까? 이러려고 우리가 박근혜 정권 그 탄압의 시간을 견뎌가며 광화문 지하도 농성장에서 버텼습니까? 이제 다시 한번 우리의 존재를 이 세상에 보여줍시다. 이 도시의 중심에서, 저들만의 속도가 아니라 우리의 속도로 청와대를 향해 행진합시다." 이 외침이 끝나기가 무섭게 박경석은 활동가들의 지원을 받아가며 휠체어 밑으로 내려와 바닥을 기기 시작했다. 77명의 장애인들 역시 그 신호에 맞춰 재빨리 휠체어에서 내려와 앞을 향해 전진했다. 장애인들은 자신들의 이 행위를 스스로 '오체투지'라 불렀으나, 이는 보통의 오체투지와는 어딘가 달랐다. 정갈한 몸짓과 절제된 리듬으로 표상되는 오체투지의 미학은 이 공간에 들어설 여지가 없었다. 누군가는 팔꿈치로 바닥을 한 뼘가량씩 빠르게 내딛으며 힘차게 앞으로 나아갔다. 누군가는 두 팔을 허우적거리며 두 무릎만을 사용해 조금씩 바닥을 걸었다. 활동지원사의 지탱에 의존해가며 엉덩이만으로 아주 조심스레 이동을 하는 이도 있었다.

한편 기운차게 오체투지를 선동(?)한 박경석은 좀처럼 앞으로 나아가질 못했다. 온 힘을 다해 뻗은 두 손바닥을 바닥에 꽉 붙이고서 몸 전체를 끌어봐야, 그의 몸은 거의 제자리에 머물러 있었다. 조금 시간이 흐르자, 분명 선두에 있던 그의 신체는 어느새 대오의 맨 끝자락에 자리하게 되었다. 결국 활동지원사와 활동가 두세 명이 붙어 그의 몸을 옆으로 돌려서 굴리기 시작했고, 그제야 그의 몸도 조금씩 속도가 붙었다. 그러나 아무리 그래봐야 그는 여전히 (평소 휠체어로 장애인 행진 대오 선두에서 돌진을 잘하기로 유명한) 이형숙과 꼴찌를 다투고 있었다.

이들의 오체투지가 이어지는 동안, 어느덧 광화문 앞부터 효자로 입구까지 이어진 대로에서는 시간이 멈춰 섰다. 네비게이션으로 250미터, 도보 4분 거리라고 안내되던 그 장소는 순식간에 한 시간짜리 거리가 되었고, 동시에 두 시간짜리 거리가 됐다. 그리고 유난히 느린 몸을 가진 박경석 같은 이에게는 두 시간 반짜리 거리가 되기도 했다.

그렇게 한 장소에 여러 시간들이 동시에 새겨졌다. 감히 추측건대,

이 낯선 광경 앞에서 장애인들을 불쌍하게 보는 이는 없었던 것 같다. 여행객으로 보이는 한 외국인은 이 장면 앞에서 두 팔을 치켜올리며 함성을 질렀다. 처음 마주해보는 속도감에 당황한 경찰들도 어쩔 줄 모른 채 경고 방송만 계속 반복해댈 뿐이었다.

그 와중에 박경석은 유난히 행복해 보였다. 말할 기운도 없는지 평소 그렇게 습관처럼 내뱉던 농담 한마디 건네지 못하고, 괜찮냐는 활동가들의 물음에 제대로 대꾸조차 하지 못했음에도 그랬다. 한 바퀴를 구를 때마다 있는 힘껏 표정을 일그러뜨리고, 옷과 보호대 사이사이로 삐져나온 그의 살갗 곳곳도 조금씩 벗겨지고 있었음에도, 그 자신에게도, 그를 지원하는 이들에게도 그 사실은 점차 희미해졌다. 겨우 한 바퀴를 구를 때마다 대자로 뻗어 하늘을 바라보던 그의 표정에는 툭하면 세상을 다 가진 듯한 미소가 일었다.

그는 그 장소에서 무엇을 감각하고 있었던 것일까? 무엇을 상상하고 있었던 것일까?

장애를 입고서 갑자기 찾아온 무감각, 그게 저한테는 그렇게 나 끔찍했어요. 앞으로는 걷지 못할 거라는 좌절감, 앞으로는 도대체 어떻게 살아가야 하나 하는 무게감 같은 것들도 이 무감각이란 거에 비하면 정말이지 아무것도 아니더라고.

그 전까지 난 어마어마하게 활동적이고 반항적인 사람이었어요. 그렇다고 막 독재 타도 외치고 화염병 던지고 그러고 살았다는 건 전혀 아니고. 내가 장애를 입은 게 83년도니까 진짜 엄혹했던 시절이었잖아. 그런데도 난 이 체제에 대한 투쟁 의지 같은 건 하나도 없었어. 그냥 인생 잘 즐기면서 잘 먹고 잘 사는 게 내 꿈이었지. 내 하고 싶은 대로 다 하고 다닌다고 맨날 사고나 쳐대고. 제가 그때는 억지로 군대 끌려갈 나이가 되니까, 끌려갈 바에야 내가 자원해서 군대에 가겠다 이런 맘 먹고서 해병대 수색대도 다녀왔거든요. 군대에서 낙하산 타고 내려오는 거에 재미가 들려서, 제대하고서도 하늘 날고 싶다고 대학 행글라이딩 동아리에 들어가기도 했고.

그런데 주일에 교회 땡가먹고 토함산에 올라가 행글라이더 타고서 밑으로 쫙 내려오는데, 갑자기 똑 하고서 떨어져 버린 거야. 그러고는 기억이 없더라고. 병원 이송차에서 정신이 딱 들고 보니까는 하반신에 아무런 감각이 없네? 이게 진짜 무서운 게요, 신체의 절반에 감각이 사라지고 나니깐 정말로 죽은 기분이 들더라고요. 그래가 어떤 감각이라도 좀 느껴보고 싶어서 허벅지에 칼 대고서 벅벅 그어보기도 하고, 그래도 아무것도 안 느껴지니까 감각 남아 있는 팔에다가 담뱃불로 지져보기도 하고. 그 덕에 그땐 맨날 내 팔이 퉁퉁 부어 있었지.

그래봐야 뭐 해. 팔이 그래 되어도 사람이 아무렇지가 않은 거야. 심지어 그렇게 되고 나니까는 관계에 대한 감각, 세상에 대한 감각까지 싹 다 없어지더라고요. 그때 고등학교 다닐 때부터 엄청 사랑하던 내 인생 첫 애인이 있었는데, 내가 다시는 찾아오지 말라고 하고서 그렇게 헤어졌는데도 아무런 감정이 안 들 정도였어. 사람이 산다는 건 슬픔도 느끼고 고통도 겪고, 그런 거잖아요. 그런데 이런 것들을 느낄 수가 없으니까 완전히 시체랑 똑같았지, 뭐. 내가 지금은 책 잘 안 보지만은 어렸을 때는 도스토옙스키도 보고, 톨스토이도 열심히 보고 그랬는데요, 이래 되니까 책 읽고 싶은 맘도 싹 사라져 버리더라고. 뭘 느낄 수가 있어야 책도 재미가 있을 거 아냐. 그냥 방구석에 처박혀 가지고 TV나 보다가 잠이나 자고, 잠도 잘 안 오니까는 잠자는 연습이나 하고.

그렇게 5년을 보냈는데 어느 순간부터는 도대체 이래 살아가 뭐 하나 싶더라고요. 그래서 딱 죽으려고 맘을 먹었지. 그런데 죽더라도 집에서 죽으면 안 되겠는 거예요. 내가 집에서 죽으면 어머니가 너무 슬퍼할 거 아냐. 그전에도 어머니가 나 때문에 많이 힘들어했는데, 이건 너무 불효자가 되는 것 같고. 그래서 죽으려면 일단 집 밖으로 나가는 방법을 배워야겠다 싶어서 쌍둥이 형 도움받아 가면서 일주일에 한 번씩 교회에 나가기 시작했어요. 우리 집이 엄청 독실한 기독교 집안이었거든. 또 마침 매형이 성경 100번 읽으면 나한테 돈을 준다고 하데? 그래가지고 참 잘됐다, 집 밖에 나가서 죽으려면 어쨌든 돈 좀 필요할 거 같은데, 일단 돈부터 좀 모으자 해서 성경을 열심히 읽었죠.

그런데요, 이렇게 목표 의식이 조금 생기니까 또 죽을 맘이 조금씩 사라지더라고요. 교회 수련회 따라갔다가 선교사로 살아 보고 싶다는 마음도 품게 됐고. 죽으려고 맘먹고서 교회를 나가고 성경을 읽기 시작한 건데, 그게 오히려 세상에 대한 어떤 감각을 조금 찾아준 거야.

우씨, 여기서 끝이었으면 나도 그 이후엔 좀 편하고 우아하게 살 수도 있었을 텐데. 어떻게 인연이 닿아가지고 88년도부터 서울장애자종합복지관 직업훈련 과정에 다니기 시작했는데, 여기 왔다 갔다 하다 보니까는 그게 나한테는 또 어떤 감각을 계속 일깨우더라고요. 진짜로 휠체어를 타고 이동을 하려고 보니까 거

309

리를 다니는 거 자체가 쉽지가 않은 거야. 툭하면은 휠체어로 못 지나다니는 경계석 나오지, 거리가 울퉁불퉁하니까는 조금만 움직여도 몸 전체가 덜덜 떨려서 다리에 경련 일어나지, 바퀴가 보도에 끼어버리지. 그렇다고 버스를 탈 수가 있나, 택시를 탈 수가 있나. 길 가다 보면은 꼬마 애들이 뒤에 쫓아와서 놀리고 있고. 복지관에서 같이 직업교육받던 친구들이랑 술 좀 먹으려고 해도 휠체어 타고 들어갈 수 있는 술집도 별로 없어요. 내가 이 세상에서 장애인으로서 겪을 수밖에 없는 차별의 감각을 이때부터 매일같이 마주하게 된 거야.

이야! 하필이면 또 그럴 때 복지관에서 홍수 형이랑 태수를 딱 하고 만나버렸네? 홍수 형이나 태수 같은 장애인들은 장애인이 당하는 고통이나 차별, 이런 것들이 개인의 문제가 아니라 사회의 문제라고 말을 하고 다니던 사람들이었어요. 막 사회변혁이 필요하다고 외치면서 맨날 데모나 나가고. 처음엔 이 빨갱이 장애인들이랑 친해지면은 진짜로 인생 조지겠다 싶어서 술만 같이 먹고 친해질 생각도 별로 없었거든? 말도 대강 흘려듣고. 그런데 이 사람들 이야기를 자꾸 듣고, 술 사준다고 해서 데모도 몇 번 따라가 보니까는 이 사람들이 하는 말에도 조금은 일리가 있어 보이긴 하더라고. 내가 당하고 있는 차별이 내 다리 무감각 문제인 줄로만 알았는데, 그게 정말로 이 사람들 말처럼 이 사회랑 긴밀하게 연결이 되어 있다는 걸 알게 된 거야.

그러고 보면 장애인운동과의 만남이라는 게, 이런 식으로 세상에 대한 내 감각을 조금씩 일깨워 줬던 거라고 봐야 할 거예요. 내 다리 무감각과는 종류가 다른 어떤 무감각을 점차 감각하게 된 거죠. 장애인들에 대한 이 세상의 무감각 말이야. 다리의 무감각은 생물학적인 영역의 것이잖아요. 그런데 이렇게 새로 깨달은 무감각은 굉장히 사회적인 거고 관계적인 거야. 장애인운동을 만나지 않았더라면, 나는 아마 내 다리를 치료해서 감각 찾는 거, 그러니께네 생물학적 무감각 문제만을 더 중요하게 생각했을 거예요. 그러고서 어차피 그게 안 될 걸 금방 깨닫고 그냥 나 혼자 열심히 생존할 길을 찾았겠죠. 그게 내 무감각으로부터 벗어나는 과정이라고 믿으면서.

그런데 장애인운동을 조금씩 겪어가다 보니까는 어느 순간부터는 그게 다가 아닌 것 같더라고요. 그렇게 해서 나 혼자만 무감각으로부터 좀 벗어난다고 해도, 여전히 이 사회의 장애인에 대한 무감각은 남아 있을 거잖아. 그럼 나는 계속해서 차별을 받을 테고.

심지어 어느 순간부터는요, 이 사회의 무감각에 맞서 싸워간다는 거 자체가 내가 살아 있다는 감각을 계속 가져다주기 시작했어요. 지금까지도 그래. 이 사회와 맞서 싸우면서 생기는 감각들 덕에 계속해서 나의 존재를 다시 확인하고 있는 거지. 내가 지금도 투쟁하면서 아무리 힘든 일이 닥쳐와도 그 고통마저도 즐겁게 버틸 수 있는 힘은요, 바로 이런 감각들에서부터 오는 게 아닐까 싶어요.

그 작은 거 하나하나에서
정말로 우주가 보이기도 하더라고

저는 장애인운동이 제 무감각을 일깨우고서 어떤 감각을 가져다줬던 것처럼, 이 사회의 무감각 상태를 깨는 운동이 되기를 계속 바라왔던 것 같아요. 앞으로도 그러길 바라고 있고.

제가 볼 때 요거를 하려면은 일단 현미경으로 무언가를 관찰하듯이, 이 세상에 있는 작은 것들, 잘 볼 수가 없었던 것들을 바라보고서 계속 겪어가는 과정이란 게 굉장히 중요해. 그렇게 해야지만 자기가 여태껏 놓쳐왔던 것들에 대한 무감각 상태를 제대로 자각을 할 수 있는 거거든.

물론 누군가는 세상을 바꾸는 운동을 하기 위해서 망원경을 들고 세상을 보려고 할 거예요. 엄청 멀리 떠 있는 별, 어마어마한 크기의 천체를 망원경으로 딱 하고 바라보듯이, 이 체제 전체가 궁극적으로 나아가야 하는 방향이 무엇인지를 아주 넓고 장기적인 관점에서 보려고 하는 거야. 자본주의 생산 시스템 타도와 제국주의 타파, 민족 해방같이 거대한 걸 딱 걸어두고서 이후 세상에 대한 전망을 바라보듯이.

당연히 이런 과정도 운동에서 엄청 중요하고 꼭 필요하죠. 당장 눈앞의 일들 해결하느라 바쁘고 정신이 없어서 우리가 이런 걸 잘하고 있는지는 꼭 반성을 해봐야 하겠지만, 사실은 우리에게도 이런 관점을 두고서 논쟁하는 과정이 정말 필수적이거든. 장애인운동이 아무리 부문 운동으로 치부된다고 하지만, 우리 안에서도 우리 운동을 그렇게 묶어버린 채 이런 거대한 전망들을 같이 안 보면 안 되는 거야. 그럼 진짜 작고 폐쇄적인 운동이 되어버리고 말 거거든. 우리 안에만 딱 갇혀가지고, 맨날 우리끼리만 서로 북돋아 주고 돌보면서 우리는 아름답다, 아름답다 그러고만 있겠지.

그런데요, 망원경 보는 사람들이 말하는 근본 모순이란 것들도 잘 보면은 이게 장애인 개개인에 대한 차별하고 관계가 없는 게 아니거든요. 그러니께네 그 차별하고 다음 체제에 대한 전망 같은 거를 잘 연결을 시켜서 계속 고민을 해봐야 우리한테도 어떤 장기적이고 거대한 방향이란 게 형성이 될 수가 있는 거야.

그런데 그렇다고 해서요, 이렇게 망원경으로만 세상을 바라보려고 하면은 또 어마어마하게 중요한 어떤 걸 놓쳐버릴 수 있는 거거든요. 거대하고 큰 것들, 멀리 있어 보이는 것들에만 집중을 하다 보면 그게 아무리 멋진 거더라도 당장 내 옆에 있는 것들, 눈앞에 있는 작은 것들을 볼 수가 없어져 버리잖아. 그럼 안 되죠. 아무리 거대한 걸 이야기한다고 해봐야, 거기에서 작은 것들의 해방을 발견할 수 없다면 그게 무슨 의미가 있나. 또 보면은 사실은 그 작은 데서부터 어마어마하게 거대한 전망이라는 게 발견될 수 있기도 한 거거든.

그런데 현미경으로 무언가를 들여다보면은 미생물도 그렇고, 세포도 그렇고, 그냥 보면 보이지 않던 게 쫙 보이기 시작하잖아요. 없는 줄로만 알았던 존재들, 그것도 바로 내 주변에 있었는데도 놓쳐왔던 것들이 쫙 보이기 시작하는 거야. 움직이지도 않는 건 줄 알았던 게 움직이고 있고 말이야. 그리고 그 작은 것들을 잘 들여다보면은 거기에서 또 우주 전체가 어떻게 생겨먹었나, 어떻게 움직이는지가 조금씩 보이기도 하는 거거든.

내가 보기에 장애인운동이 하는 일도 똑같아. 현미경으로 엄청 작은 것들을 바라보듯이, 보이지도 않았던 것들, 보이지 않으니까 아무도 목소리도 들으려 하지 않아 왔던 존재들을 세밀하게 발견하려 하는 거지. 그냥 아무 의미 없이 죽어 있는 것 같은 존재들이 현미경으로 보면은 막 움직이듯이, 평소엔 완전 시체나 다름없어서 감각할 필요도 없는 것처럼 보였던 존재들이 서로 자기도 잘 살아보고 싶다고 움직여 대면서 막 목소리를 내고 있고. 거기에서부터 어마어마한 해방의 전망을 고민할 수밖에 없는 것들이 생겨나기도 하고.

이렇게 세상을 들여다보는 게 우리 같은 사람들한테 진짜 중요할 수밖에 없는 게요, 장애인에 대한 무감각은 진짜 말 그대로 장애인이 잘 보이지도 않기 때문에 벌어지는 일이라서 그런 거예요. 사실은 우리 주변 곳곳에 있는데, 완전 없는 사람으로 취급할 수밖에 없게 만드니까 아예 신경도 안 쓰게 되는 거지. 감각한다고 해봐야 기껏해야 동정과 시혜를 발휘할 대상쯤으로만 감각하는 거 아닌가? 제가 정확하게 말을 할 수 있는데요, 이런 거는 동정과 시혜 베푸는 사람들한테나 따뜻함의 감각을 줄 뿐이지, 장애인의 존재와 목소리 자체를 감각하는 게 아니에요. 그러니께네 이것도 아무리 아름답게 포장을 해봤자 여전히 일종의 장애인에 대한 무감각 상태인 거야. 어디에다가 건물을 지어도, 도로를 깔고, 누구를 고용하려고 하고, 어떤 정책을 만들고 해도, 하다못해 사회변혁의 전망을 바라볼 때조차도 장애인들은 생각할 필요도 없게 되는 거, 기껏해야 시설에 가둬두고 불쌍한 사람 취급이나 하면서 보호나 해주는 것쯤에서 머무는 게 도대체 왜 그런 걸까? 다 이렇게 장애인들 각자의 존재를 전혀 감각하지 못하기 때문에 벌어지는 일인 거잖아.

하긴 저만 해도요, 장애를 입기 전까지는 장애인들을 거의 만나보지도 못했어요. 제대로 감각해볼 생각도 없었지. 비장애인 시절에 교회 봉사활동 따라가서 가끔 장애인 보고서 이불 빨래도 열심히 해주고 그러기도 했지만, 이 사람들 조건이나 욕구 같은 거는 들여다볼 생각도 안 했거든. 그냥 아이고, 저런 사람도 있구나, 참 불쌍하다 정도 생각만 하고 잠깐 돕고서 거길 떠나버린 거야. 나도 장애인들을 직접 마주하고 볼 때조차 이 사람들 존재와 목소리를 전혀 감각하지 못했던 거죠.

그러고 보면 장애를 입기 전부터 나는 어떤 무감각 상태에 계속 빠져 있었던 건지도 몰라요. 하반신에 찾아온 무감각 말고, 이 세상을 함께 살아가고 있는 어떤 존재들에 대한 무감각 말이야.

그러다가 딱 복지관 직업훈련 과정에 가서 보니까는 그제야 이 사회에 이렇게나 장애인들이 많았구나 싶더라고. 봉사 가서 보살핌의 대상으로 만나는 거랑 이렇게 동료로 만나는 거는 완전히 다른 거거든. 장애인들 존재를 감각할 수 있는 수준이 아예 달라져 버린 거지. 그런데 이 사람들이랑 같이 술 먹으면서 이야기를 나누다 보니까는 이 사람들도 다들 내가 장애인 되어서 세상 돌아다니면서 겪은 차별들을 비슷하게 겪고 있네? 그때는 나보다 중증인 사람도 별로 없었거든요. 대부분은 목발 정도 짚고 다니는 소아마비 경증장애인이었고 그런데도 다들 그렇게 차별을 받고서 살고 있었던 거야.

이게 끝이 아니지. 조금 더 지나서 노들야학에서 본격적으로 활동을 하다 보니까는 이제 더 중증인 뇌병변장애인들을 만나기 시작했어. 그런데 이 사람들은 내가 예전에 만나던 소아마비 경증장애인들하고는 또 완전히 다르더라고. 사회에서 겪는 차별의 내용도, 이 사람들의 욕구랑 사회와의 갈등도 나 같은 지체장애인하고는 또 어마어마한 차이가 있기도 하고. 이 장애인들이 세상과 관계 맺어가며 이것저것 하는 속도란 것도 비장애인들은 물론이고, 소아마비 경증장애인들이랑도 아예 차원이 다른 거야.

그런데 이 사람들 만난 것도 참 신세계였는데, 이야, 나중에 관계가 더 쌓이다 보니까는 뇌병변장애인들도 정말 장애인의 세계에서는 빙산의 일각이더라고. 바다 밑에 잠겨 있는 빙산을 보면은 여전히 드러나지 않아 왔던 장애인들, 그러니께네 나도 그동안 전혀 감각하지 못했던 존재들이 또 어마어마하게 많아지는 거야. 2010년대부터 본격적으로 발달장애인들을 참 많이 만나게 됐는데요, 그때 그걸 딱 절실하게 깨닫게 됐죠. 사회에서 엄청 중증으로 취급받는 탈시설한 장애인들도 점점 더 많이 만나게 되기도 했고. 이 사람들 만나고 보니까는 이 사람들은 또 내가 기존에 만나왔던 장애인들이랑 어마어마하게 다르더라고. 내가 이 사람들과 관계를 맺으려면 또 기준을 완전히 다르게 해야 할 것 같기도 하고.

장애인운동을 하다 보면은 이런 일들이 계속해서 반복돼요. 나도 장애인이고 이 사람들도 장애인이라고 하는데, 같은 장애인들끼리도 서로 너무나 다른 거야. 청각장애인 만나보면 이 사람들은 또 다르고, 시각장애인 만나보면 이 사람들은 또 다르고…… 아주 무한 반복이지. 더 중요한 거는요, 같은 유형 장애인이더라도 개인별로도 보면은 다들 속도나 개성이 어마어마하게 다른 거거든요. 욕구도 다르고, 정치 성향도 다르고, 일상적으로 무엇을 어떻게 지원해야 하는지도 다 다르고. 거기다가 또 장애인들 각자의 계급적 조건이나 성별, 학력 같은 것들도 고려를 안 하면 안 되는 거잖아. 그러니께네 이렇게 다양한 사람들이 모이고 나면은 그 안에서 유형별, 개인별로도 갈등이란 게 어마어마하게 생길 수밖에 없어. 서로의 존재가 다르고, 내고자 하는 목소리도 참 많이 다르니까, 이건 당연한 일인 거야.

어떤 사람들은 장애인운동 하면은 어떤 장애 유형이건 곧바로 다 같이 "야! 우리 모두는 장애인이니까 하나다!" 하고서 뭉쳐서 싸우는 줄 아는데요. 그러면 나도 참 편하고 좋겠지만, 이건 정말로 꿈같은 소리예요. 서로 진짜 다른 사람들끼리 지지고 볶고 어떻게 관계를 맺어갈 것인지를 고민해가면서, 일상을 버텨내기 위해 서로가 서로를 지원해가면서 겨우겨우 뭉치게 되는 거고, 우리 진보적 장애인운동의 역사도 그렇게 조금씩 우리의 뭉친 힘이란 거를 만들어온 과정이 있는 거거든.

절대 잊으면 안 되는 건요, 이 과정은 지금도 완성된 게 아니라는 거예요. 이건 정말로 끝이 없을 거고, 이게 끝나버리는 순간 우리 운동도 같이 망해버릴 거야. 나도 그렇고 동지들도 그렇고 부족한 게 참 많은 사람들이거든. 그러니 지금도 맨날 서로가 서로를 이해하는 과정 속에서 속도 때문에, 언어 때문에, 생활 방식과 관계 맺는 방식들 때문에 갈등도 겪어가면서 지지고 볶고 있는 거지. 우리가 완벽하지 않다 보니까는 어쩔 수 없이 놓치고 가는 것들이 생기면 계속해서 그걸 반성해보고. 새롭게 만나는 유형의 장애인들, 운동하면서 새롭게 연결된 개개인들의 존재랑 어떻게 관계를 맺어가야 하나 하는 고민이 끝나지 않은 채 이어지는 것도 그러니께네 당연한 거야.

그런데 이렇게 잘 보이지도 않던 사람들 개개인의 존재를 현미경으로 쫙 살펴보고 서로 지지고 볶고 매일같이 난리를 치다 보니까는 그 작은 거 하나하나에서 정말로 우주가 보이기도 하더라고. 장애인 당사자 한 명 한 명이 겪고 있는 아주 사적인 삶의 경험들 속에서, 이 사회 전체가 어떤 메커니즘을 가지고서 어떤 사람들을 어떻게 배제하고 있는지 같은 커다란 원리가 보이기 시작하는 거야. 그러면은 거기에서부터 우리가 장기적으로다가 무엇에 맞서 싸워야 하는지도 조금씩 보이기 시작을 하는 거고. 당사자의 존재를 재발견하고서, 당사자의 목소리를 현미경 들여다보듯이 세밀하게 바라본다는 거는요, 장애인운동에서 이렇게나 필수적이고 중요한 거예요.

비장애인들도 장애인과 맺는 관계의
당사자일 수 있는 거예요

오해가 있을까 봐 분명하게 말씀을 드릴게요, 저는 지금 '당사자주의가 최고다!' 같은 이야기를 하는 게 아니에요. 당사자주의란 거는 문제의 직접적 당사자만이 어떤 문제를 다룰 수 있다는 건데요, 이거는 당사자성이 반영되지 않으면 안 된다는 거랑 완전히 똑같은 건 아니거든. 그러니께네 장애문제에서도 '당사자성'을 세밀하게 감각하는 게 정말 중요하다는 말이랑 장애문제를 다루는 건 장애인 당사자여야만 한다, 이런 주장을 하는 건 완전히 다른 거야.

사실 장애인 당사자주의 주장하는 사람들 논리는 얼핏 보면은 좋아 보이기도 하거든? 장애인 당사자주의란 게 출발부터 이렇게 이야기를 하면서 시작이 됐거든요. 장애와 관련된 논의를 하는데, 장애인 당사자들의 목소리를 무시하고서 죄다 의사나 변호사 같은 전문가들 중심으로 결정을 해버리면 안 된다는 거야(과거에 실제로 그랬고, 지금은 이런 게 비판을 받지만은 그래도 여전히 그러고 있기도 하지). 그러니께네 장애인 당사자가 직접 자기 문제에 대해 논의하고 결정을 할 수 있어야 한다는 거지. 장애인 당사자만이 경험할 수 있는 것들이 있고, 그런 거를 무감각하게 바라봐온 사회를 비판해야 하는 것도 당연하니까 이 말도 틀린 건 분명히 아니야. 장애인운동이 그렇게 안 하면은 장애인운동이라고 볼 수도 없는 거기도 하고.

그런데 그렇다고 해서요, 장애인 당사자가 하는 말이 언제나 옳은 건 아니거든요. 장애인 당사자 개개인들만이 장애인과 관련된 이야기를 할 수 있는 것도 당연히 아니고. 어떤 운동이 기계적으로 이 운동은 이런 정체성을 가진 사람들만 할 수 있다라고 하고서 운동의 주체에 들어올 수 있는 경계를 딱 하고 좁게 설정을 해버리면은, 그 운동은 진짜 폐쇄적으로 변해버려요. 운동을 대중적으로 더 확장할 수 있는 가능성도 완전히 닫혀버리고 다른 운동들이랑 연대할 수 있는 가능성도 싹 다 사라져 버리겠지.

거기다가 장애라는 범주도 애초부터 딱 하고 고정된 채 주어진 게 아니잖아. 그러니께네 상황이나 사회적 조건에 따라서 장애 범주가 어마어마하게 바뀔 수도 있는 거야. 이 사회가 비장애인인 어떤 사람들을 '장애화'하면서 차별하는 경우까지 생각을 해보면 진짜 이 범주란 건 훨씬 더 넓어져 버릴 수도 있어요. 어떤 시대에는 흑인들이 백인들만큼 이성적이지 않다는 말도 안 되는 이유로 장애인 취급 받기도 했잖아. 어떤 시대에는 성소수자들도 정신장애인으로 여겨져서 탄압받기도 했고. 가난한 사람들은 또 '게으르다'고 장애인 취급을 받기도 하고. 그게 아니더라도 장애문제가 다른 억압들이랑 연결되어 있는 것도 분명 사실이니까, 장애문제는 정말로 (딱 고정된 범주의) 장애인들만의 문제가 절대로 아닌 거죠.

그런데 이런 건 싹 다 무시하고서, 내가 바로 당사자다! 이러면서, 내가 말하는 게 곧 장애인의 입장이니까 내 말이 맞는 거다, 이렇게 계속 우겨대 봐. 자기랑 다른 장애인들, 다양하게 억압받는 다른 사람들 계속해서 만나가는 과정도 없이 말이야. 그 장애인이 결정하는 게 정말로 모든 장애인들한테 다 맞는 걸까? 절대 그럴 리 없죠.

실제로 보면은 당사자주의 이상하게 사용해가지고, 다른 장애인들 오히려 억압하는 방식으로 정책 같은 거를 결정해버리는 경우도 정말 많아요. 이렇게 되면은 '당사자' 이름 걸고서 도리어 당사자의 존재를 현미경으로 세밀하게 들여다보질 않게 되어버리는 거야. 따지고 보면 장애인 당사자 일부의 판단일 뿐이니까, 전문가들이란 사람들이 장애문제와 관련된 사안들을 일방적으로 결정해버리는 거랑 딱히 다르지 않게 되기도 하지.

장애인운동이 단순하게 장애인 당사자가 참여했느냐 안 했느냐 차원에 그치는 게 아니라, 장애인들이 이 세상과 어떻게 관계를 맺어갈 것인가 하는 차원에서 싸움의 내용을 함께 만들어가는 게 정말로 중요한 이유도 바로 운동이 이렇게 되면 안 되기 때문이에요. 전체의 구조적 맥락 속에서 무엇이 진짜 당사자성에 부합하는 것인지를 계속 현미경 통해서 감각해가지 않으면은 졸지에 저렇게 되어버리는 거거든.

심지어 굉장히 폐쇄적인 당사자주의자들은 절대로 이걸 인정을 하지 않으려 하는 것 같은데요, 사실은 비장애인도 당연히 그런 역할을 주체적으로 잘해낼 수가 있어요. 장애인운동 활동가라면 비장애중심주의랑은 당연히 긴장 관계에 놓여야 하겠지만, 그렇다고 모든 비장애인들의 목소리를 완전히 무시할 필요는 전혀 없는 거야.

　서로 어마어마하게 다른 사람들끼리 지지고 볶아 가면서 어떤 존재들에 무감각했던 자기 감각을 깨워가고, 이후에 관계를 어떻게 만들어갈 건지, 세상을 어떻게 더불어 살 수 있는 방향으로 바꿔갈지를 고민한다는 건 비장애인 자신의 삶에서도 굉장히 중요한 일인 거잖아. 비장애인들이 이런 과정을 가져본다는 거 자체가 장애인 당사자들 해방에서 굉장히 소중한 거기도 하고. 또 그 과정을 잘 들여다봐야지만 비장애중심주의라는 기준이 비장애인들의 어떤 억압이랑 연결되어 있는지도 조금씩 드러나는 거거든. 이런 게 드러나야 장애인들의 해방과 비장애인들의 해방이 어떻게 연결되었나를 계속 발견해서 길을 찾아나갈 수가 있는 거기도 하고.

　그러고 보면 장애인들하고 같이 운동을 해온 비장애인들도, 장애인 당사자는 아닐지라도, 장애인과 맺는 관계의 당사자일 수는 있는 거예요. 그러니께네 장애인들과의 관계 안에서 함께 살아가는 세상이란 거를 계속 고민하는 사람들인 한에서는 이 사람들 입장이나 의견이란 것들도 절대 무시를 하면 안 되는 거죠. 비장애인들도 이미 장애인운동의 주체고, 앞으로도 그럴 수 있다는 걸 절대 잊으면 안 돼요.

살아 있다는 감각은요,
타인들과의 관계에서부터 마련이 되더라고요

그래서인지 진보적 장애인운동판에 오랫동안 있었던 비장애인 활동가들 말을 들어보면 이미 이 운동을 단순히 남 돕는 일쯤으로는 절대 생각을 안 하더라고. 이 사람들은 이걸 정말로 자기 운동으로 끌어안고 있는 거야. 물론 바깥에서 언뜻 보면은 무슨 활동가들이 자기 일도 아닌 거에다가 인생 바쳐가면서 희생을 하는 것처럼 보이기도 할 거야. 장애인 당사자도 아니면서 자기 일로 보이지도 않는 거에 시간만 어마어마하게 쏟아가면서 매일같이 온갖 힘든 일들 다 버텨내야 하니까 당연하겠지. 그렇다고 돈을 많이 벌어 가는 것도 아니고.

그런데요, 자기가 희생하고 있다고 생각하는 사람은 절대로 장애인운동판에서 오래 활동을 할 수가 없더라고요. 우리 쪽만이 아니라 어떤 운동이건 그렇지 않나? 그렇게 되면 활동가들 입장에서도 운동이 얼마나 재미가 없고 지치기만 하고 그러겠어. 또 우리같이 변방에서 운동하는 사람들은 성과가 빠르게 잘 나오지도 않는 거거든. 그러니께네 진짜로 희생한다고 생각하는 사람들은 금방 지쳐버리고 이 과정이란 걸 오래 버텨낼 수가 없는 거야. 그렇지 않으면 버티는 방법이란 게 고작해야 내가 너희 낮은 사람들을 위해 희생하니까 내가 얼마나 대단한 사람이냐 하면서 자기를 높이는 거에 그쳐버리겠지. 저는 활동가들이 이런 태도를 취하는 건 정말로 심각한 문제라고 봐요. 이런 사람들이 많아지면 운동이 진짜로 망가져 버릴 거니까.

그럼 비장애인 활동가들은 도대체 여기서 어떻게 버티는 걸까? 나도 예전에 이게 진짜 궁금한 적이 있었거든. 대강 생각해보면 이해가 가긴 하는데, 그래도 얘넨 비장애인이면서 왜 이렇게 이 운동을 열심히 하나 이상한 맘이 들기도 하는 거야. 그래서 언젠가는 김정하나 임소연같이 여기서 오래 활동한 비장애인 동지들한테 실제로 물어보기도 했어. "너는 장애인운동하면서 너 스스로가 희생하고 있다고 생각을 하냐?"라고. 그런데 둘 다 곧바로 비슷하게 대답을 하더라고. 내가 희생을 한다고 생각했으면, 여기 안 남아 있을 거라고.

김정하, 임소연이도 이게 워낙 쉽지 않은 질문이다 보니까는 아주 구체적으로 대답은 안 해주긴 했는데요, 저는 아마 이 동지들도 이미 이걸 알고 있을 거라고 봐요. 여기에 남아서 관계를 만들어간다는 거가 단순히 희생을 하는 게 아니라, 결국에는 나와는 다른 존재들을 확인하고 만나는 방법을 배우는 과정이란 걸 말이야. 운동은 그 배움에서부터 나와 다른 사람들과 함께 길을 만들어가는 과정이고, 그게 궁극적으로는 나의 해방이랑 연결된다고 보는 거겠지.

당장 나만 봐도 그래요. 난 지체장애인이니까 어쨌건 간에 장애인이지만, 그렇다고 절대로 모든 장애인들을 대표하는 당사자인 건 아니잖아. 거기에다가 대학원도 나오고, 일도 나름 잘하고, 짱구도 좀 굴릴 줄 알고, 파워포인트랑 엑셀도 잘하는 장애인이기도 해. 그러다 보니께네 같은 지체장애인이라고 하더라도 교육도 제대로 받지 못한 지체장애인 대다수하고 당연히 조건이 다르죠. 시설에서 한평생 살아온 장애인들은 당연하고, 뇌병변장애인이나 발달장애인, 시각장애인, 청각장애인 등등등 다른 장애 유형 사람들하고도 어마어마하게 다른 거야. 그런데 내가 이 사람들과 관련된 정책들을 맨날 고민하고, 또 이 사람들 존재가 반영된 정책으로 만들어가지고 실현하려고 매일같이 피 터지게 싸우고 있잖아요. 그렇다고 내가 희생을 하고 있는 건가? 저는 절대로 그렇지 않다고 봐요.

아니, 내가 뭐 하러 희생을 하겠어. 나 딱 봐봐. 내가 성자처럼 보이나. 전혀 안 그렇잖아요. 난 절대로 성자가 될 수 없는 사람이에요. 나 자신이 살아 있다는 감각이 제일 중요한 사람일 뿐이야. 그런데 내가 살아 있다는 감각은요, 나와 타인들과의 관계에서부터 마련이 되더라고요. 나는 부족하나마 현미경으로 세상을 들여다보려고 노력을 하면서, 나랑 다른 사람들과 관계를 맺어가면서 이 세상에 '다른 속도'라는 것이 있구나, 라는 거를 매일같이 새롭게 깨달아가고 있어요. 그러고서 이 서로 다른 속도를 가진 사람들을 조직해가지고 이 사회 전체랑 맞서 싸우는 데서 어마어마한 희망을 느끼고 있지.

나한테는 이 과정만큼 세상에 대한 감각, 그러니께네 내가 살아 있다는 감각을 이렇게 강렬하게 주는 게 아직까진 없는 것 같아. 내가 내 존재를 확인하려면 이 과정이 없으면 절대로 안 되는 거지.

누구든 그 '정상인'의 속도로부터 낙오가 되면은 그렇게 되는 거야

이렇게 싸움의 현장에서 자기가 살아 있다는 감각을 깨닫는 건, 아마 나만 경험하고 있는 일은 아닐 거라고 봐요. 할 일 하나 없이 무감각하게 방구석과 시설에 처박혀 있던 장애인들에게 할 일이 생긴다는 거, 거기다가 그 할 일이 이 사회의 무감각을 감각하고서 고걸 깨나가는 거라는 거, 요거는 정말 우리와 함께 투쟁하고 있는 장애인들이 어마어마하게 중요하게 생각을 하고 있는 거거든. 사실 지금 진보적 장애인운동 함께하고 있는 비장애인들도 마찬가지고 말이야.

사람들이 왜 너희들은 투쟁밖에 모르냐고들 하는데, 우리가 거리에서 투쟁을 통해서 계속 싸움을 이어가려고 하는 거는요, 이런 상황이랑 직접적으로 연결되어 있다고 봐요. 소수자들의 투쟁이라는 거는 결국 이 세상에서 제대로 감각되지 않던 존재들을 이 세상이 감각할 수 있게끔 드러내는 과정이잖아. 우리가 살아 있는 존재고, 존엄한 존재라는 거를 재확인하는 과정인 거지. 이 사람들이 딱 하고 이 사회에 드러나게 되면은 이 사회에 통용되는 기준이라는 게 얼마나 누군가를 배제하고 만들어져 왔는지가 아주 명확하게 보이는 거거든요.

이 세상에 통용되는 기준이라는 게 대부분 시간에 기초해서 만들어지는 거니까, 배제도 시간을 가지고서 이뤄지는 경우가 많지. 그러고 보면 시간이라는 게 참 무서운 건데요. 자본이 요구하는 경쟁의 시간, 생산성 있는 비장애인들에게 맞춰진 시간, 그 시간이란 거에 딱 맞춰서 이 사회의 '정상적' 속도라는 게 규정이 되고 있잖아.

당연히 빠른 속도가 필요한 부분들이 있죠. 급하게 해결해야 하는 것들, 그렇게 하지 않으면은 세상의 어느 부분이 망가져 버리거나 정체되어 버리거나 하는 것들. 그러니께네 저는 그 속도 자체를 완전히 다 부정할 생각은 당연히 없어요. 나도 빠르게 처리해야 하는 것들은 속도를 내서 빠르게 처리하는 거를 참 좋아하거든. 가끔은 그래서 너무 빨리빨리 진행한다고 동지들한테 욕을 먹기도 하고, 우씨.

그런데요, 이 세상에는 사회가 규정해놓은 '정상인'의 속도에 못 따라간다는 이유로 곧바로 더 이상 이 사회가 감각할 필요도 없다고 치부되어 버리는 존재가 정말 많잖아요. 이런 상황을 그대로 두면 정말로 안 되는 거죠. 장애인들이 딱 그렇게 사회에서 배제가 된 거고, 차별을 받고 있는 거고 그러니까. 이게 어디 우리한테만 적용되는 이야기겠어? 누구든 그 속도로부터 낙오가 되면은 그렇게 되는 거야.

그래서인지 우리들 투쟁이란 것도 대부분은 이 시간을 멈추는 방식을 굉장히 중요하게 생각하고서 만들어지는 것 같아요. 우리가 현장에서 맨날 불러대는 〈장애인차별철폐투쟁가〉에도 딱 그런 노랫말이 있잖아. "아, 개 같은 세상에 시계를 멈춰라!"라고. 시계를 멈춰가지고 당신들이 누리고 있는 그 시간이라는 게 절대로 당연한 시간이 아니다, 이렇게 다양한 속도를 가지고 있는 사람들이 있는데 이 사람들을 버려두고서 그렇게 '정상인'들의 속도대로 내달려 버리면은 정말로 문제가 심각해지는 거다라는 거를 정확하게 이 사회에 보여줘야 하는 거지.

우리가 그동안 정말 다양한 의제들을 걸고 싸워왔잖아요. 장애인 이동권 보장에서부터, 교육권 보장, 활동지원서비스 보장, 탈시설, 자립할 권리 보장, 노동권 보장 등등등. 이런 것들은 대부분 지금 당장 법이나 제도를 바꿔내고, 예산을 적절한 수준만큼 확보하는 거가 단기적 목표긴 하죠. 그런데 그게 절대로 끝이 아니에요. 이 투쟁의 의미는 사실 더 넓은 차원에서도 발견이 되는 거거든.

서로 다른 속도를 가진 사람들의 존재를 이 사회가 감각하게 하는 거, 이 사회에 통용되는 속도라는 거가 얼마나 문제적인지를 드러내는 거 자체에 사실은 더 큰 의미가 있는 거지.

우리는 오늘 이 사회에
다른 속도를 가진 사람들의 존재를
아주 확실하게 각인시켜 놨구나

2006년[4월 27일]에 장애인 마흔아홉 명이 한강대교를 딱 막아 세우고서 휠체어에서 내려와 여섯 시간을 긴 적이 있어요. 그전에 이동권 투쟁 하면서도 그런 감각이 생기긴 했지만, 나한테는 이때가 유난히 우리 같은 사람들이 이 사회의 시간을 멈춘다는 거가 얼마나 중요한 건지를 딱 되새기게끔 하더라고.

그때 우리가 한강대교를 긴 거는 서울시에다가 활동지원서비스를 제대로 보장하라고 요구하면서였거든요. 우리가 빡세게 요구를 해가지고 정부가 2005년 하반기에 15억을 들여서 활동지원서비스가 시범사업으로다가 시작이 되긴 했는데요. 그런데 다음 해인 2006년에는 2005년 하반기 액수 15억이 1년 예산으로 잡혀버린 거야. 그럼 어떻게 되나. 반년 동안 썼던 예산이 1년 예산이 되었으니까 사실상 예산이 반토막이 나버린 거잖아. 그 덕에 기존에 활동지원서비스 고작 하루 두 시간 받던 사람들이 이제 아예 한 시간만 받게 되니까 삶의 질이 어마어마하게 떨어져 버릴 테고. 어떤 장애인들한테는 이게 정말 생존까지 걸린 문제인데, 이러면 진짜 큰일이 나는 거잖아. 그래서 서울시에다가 정부에서 이렇게밖에 안 준다니까 너희가 절반을 책임지고 내놔라, 장애인도 서울시민인데 활동지원 깎이면 큰일 나는 사람 정말로 많다, 이 정도는 너희가 책임져야 하는 거 아니냐, 이렇게 요구를 하게 됐죠.

그런데 그때 이명박이 서울시장이었는데 딱 그렇게 말을 하더라고. 이제 장애인들한테 개인 비서 붙여주라고까지 요구를 한다고. 진짜 이놈의 장애인들 배불러 터졌다는 거지. 아니, 진짜로 예산 어마어마하게 가지고 있는 서울시가 고작 15억 안 주려고, 핑계를 대도 이런 핑계를 대나? 진짜 장애인의 삶에 아예 무감각하지 않고서는 이런 말 함부로 할 수 있는 게 아니잖아요. 아마 이명박이는 활동지원서비스가 뭔지에 대해서 이해해볼 생각도 전혀 안 했을 거야.

그래가지고 시청 앞에서 농성도 해가면서 열심히 싸웠는데 또 그 와중에 이명박이가 한강에 있는 노들섬에다가 수천억을 들여서 오페라하우스를 짓겠다고 하데? 그 말 들으니까 아주 눈깔이 뒤집히겠더라고. 우리한테는 목숨이 달린 문제인데, 너희한테는 줄 돈 15억도 없다고 그러더니, 수천억을 저렇게 전시적인 거에다가 한 번에 써버리겠다고? 진짜로 기가 차는 일이지.

그래서 동지들이랑 딱 결의를 하고서 한강대교를 기었죠. 그런데 나는 그때 경찰한테 출석요구서가 하도 많이 날라와 있어서 오늘도 잡혀가거나 그러면 안 되겠다 싶어 가지고 기어가기 투쟁할 때 선두에서 잠깐 참여했다가 금방 휠체어 올라와 가지고 차를 타고서 도망을 갔거든? 그래가 반대편에 한강 고수부지 있는데 차를 딱 대고서 우리 동지들 기는 거를 멀찍이서 우아하게 바라보고 있었지. 우리 투쟁하는 거 사회에서 어떻게 이야기되고 있나, 라디오 딱 틀어놓고서.

그런데 그동안에는 우리가 그렇게 싸워봐야 한 번을 언급을 안 하더니, 이제 와서 자기네들 속도가 막혀버리니까 라디오 뉴스에 우리가 나오기 시작하는 거야. 그래봐야 대부분 교통방송이었지만. 하하, 내용이야 뻔하죠 뭐. 장애인들이 한강대교에서 시위하고 있어서 시내 정체가 심하다, 한강대교 말고 다른 데로 우회해서 가라…….

고거 들으면서 우리 동지들 투쟁하는 거 보고 있으니까는 진짜로 딱 그런 생각이 드는 거예요. 당신들이 감각하지 않고 무시해온 우리 몸의 속도라는 거를 서울 한복판에다가 딱 드러내 보여준다는 게 참 중요한 거구나. 우리는 오늘 이 사회에 다른 속도를 가진 사람들의 존재를 아주 확실하게 각인시켜 놨구나. 우리의 존재, 우리의 속도를, 이 사회에 살아가는 사람들의 수없이 다른 속도들을 인정하는 사회로 나아가기 위해 우리가 씨앗을 뿌린다면, 우리는 정말로 이 체제의 속도를 멈추는 방식으로 나아가야 하는 거구나.

아마 그 장면이 어떤 사람들한테는 엄청 처절해 보이기만 했을 거예요. 우리 지지하는 사람들한테도 말이야. 굳이 저렇게 기어가야 하냐고. 저 투쟁 방식이 맞는 거냐고. 일단 장애인이 기면은 불쌍해 보일 수가 있는 거잖아. 그런데 장애인이 이렇게 직접 행동하면서 싸우는 과정에서 바닥에 내려와서 긴다는 거는 그 자체로 사실 그런 차원을 넘어서는 거예요. 사회가 가지고 있는 관점 자체를, 관계 자체를 완전히 뒤집는 거니까. 장애인이 긴다는 건 그동안 이 사회에서 장애인들이 자기 불쌍함을 부각해서 동정을 이끌어내는 방식이었죠. 실제로 장애인들이 먹고살려고 구걸을 할 때 그렇게 많이 하기도 했고. 그런데 긴다는 게 장애인들이 싸우는 수단이 되는 순간, 이 긴다는 행위의 성격 자체가 바뀌어요. 구걸하는 거에서 이 사회 질서에 저항하는 거로 바뀌고, 그거는 이제 더 이상 '불쌍'해 보이기만 하는 게 아니라 '불온'해 보이는 거야.

물론 어떤 장애인 당사자는 바닥을 기고 하는 걸 남들에게 보여주고 싶어 하지 않죠. 그거 자체를 어마어마하게 쪽팔려 하는 거야. 자기가 사회에 내보이지 않고 싶은 모습을 내보이는 거기도 하고. 아무리 절박하다지만, 이게 그냥 동정을 이끌어내는 구걸과 달라 보이지 않기도 하고.

하지만 어떤 장애인들에게는 꼭 그렇지만도 않거든. 구걸할 때랑 똑같이 기고 있는 건데, 목표가 다르고 옆에 함께하는 동지들도 있고, 그러면 이거는 자기한테는 자기 몸을 가지고서 이 사회의 정상 속도에 저항하는 제일 좋은 무기가 되는 거니까. 이거이 정도면 그 자체로 어떤 예술 같은 효과를 내는 거 아닌가? 머리도 좋고, 이빨 잘 까는 장애인들은 자기를 말로 표현해가며 주장할 수도 있어요. 그림 잘 그리고, 노래 엄청 잘 부르고 하는 장애인들은 다 그 나름의 능력을 사용해서 그렇게 할 수도 있죠. 그런데 그날 한강대교에 모인 장애인들은 대부분 그런 능력도 없었거든. 이 사람들이 말하면 사회가 말을 알아먹지도 못해. 그림도 어마어마하게 못 그려, 노래도 겁나게 못해. 그럼 이 사람들이 자기를 표현할 수 있는 방법이 무엇일까? 자기 목소리를 이 사회에 건넬 수 있는 방식은 무엇일까?

그건 자기 몸 자체로, 자기가 할 수 있는 몸짓으로 이 사회에, 이 사회가 요구하는 속도란 것에 경종을 울리는 거야. 긴다는 건이 사람들에게 결국 자기 언어였던 거고, 나아가서 새로운 시간성을 창조하는 무기이기도 했던 거야. 이거 정말이지, 엄청난 자부심이 될 수 있는 거거든. 사람들이 완전 무시해왔던 자기 몸의 속도로 세상 한복판을 기면서 이렇게 세상을 멈춰낼 수 있는 거구나. 나의 몸이, 나의 속도가 이렇게나 힘을 가질 수가 있는 거구나, 하고서.

이건 투쟁을 통해 존재가 전환되는 거야. 이렇게 장애인의 존재가 전환되면서 세상의 기준도 전환되고.

이 이야기를 듣고 있으면은
정말로 우리 사회를 보는 것 같아요

제가 고등학생 때, 《꽃들에게 희망을》이라는 동화를 본 적이 있어요. 그걸 보고서 그 어린 맘에도 어마어마하게 충격을 받았었던 것 같아. 그 이후 인생에서 이 동화가 알게 모르게 나한테 정말로 많은 영향을 미쳤거든. 운동을 하면서 힘이 들거나 어떤 중요한 결단을 내려야 할 때도 이 동화 내용이 내게 참 힘이 되어주기도 했고.

이 동화의 주인공은 애벌레인데요, 이 애벌레는 어떤 이파리에서 딱 부화해가지고, 그 이파리를 먹으면서 살고 있었어요. 그런데 맨날 이파리만 먹다 보니께네, 삶에 더 큰 의미가 있을 것 같다는 생각이 드는 거야. 그래서 그 이파리에만 머물러 있으면 안 되겠다, 여기를 떠나서 더 넓은 세상으로 가야겠다고 마음을 먹게 되죠. 그런데 그렇게 내려와서 여행을 하다 보니깐 다른 애벌레들이 죄다 한쪽으로 기어가고 있더라고. 그래서 뭐, 저기 대단한 게 있나 해서 거길 쭉 하고 따라가게 됐지.

가다 보니깐 어디선가 애벌레들이 막 어마어마하게 모여가지고 어떤 기둥을 만들고 있네? 서로 높은 데 도달하려고 막 다른 애벌레 밟고서 올라가고, 그렇게 뒤엉켜 가지고 하다 보니깐 그게 기둥처럼 쌓여 있었던 거지. 서로 올라가려고 하다가 떨어져서 죽

335

은 애벌레 시체들도 기둥 옆에 막 쌓여 있고. 그러고 있는데도, 정작 기둥 위에 뭐가 있는지 아는 애벌레도 없어. 그냥 다들 그렇게 하니까는 자기도 똑같이 올라가려고 발버둥을 치고 있는 거야.

그래서 주인공 애벌레도 열심히 거기를 기어 올라가기 시작해요. 꼭대기 가면 뭐라도 있는 줄 알았던 거지. 그런데 올라가다 보니까는 이게 완전히 지옥이더라고. 애벌레들끼리 서로 높은 데 올라가려고 막 안달이 나가지고 서로 짓밟고 뭉개뜨리고 경쟁을 하면서 그러고 있는 거야. 어떤 애벌레는 도중에 낙오가 되어가지고 기둥 밑으로 떨어져서 다치고 죽어나가고 있고. 그런데도 좀 올라온 게 아깝기도 하고, 조금만 더 가면 뭐라도 있을 것 같으니까, 그 고생을 하면서도 계속 기어오르긴 해야 할 것 같고.

그렇게 겨우겨우 다른 애벌레들 짓밟고서 기둥 정상에 올라가긴 했는데, 어떻게 됐을 거 같아요? 정작 거기에는 아무것도 없는 거야. 그런데도 정상에 오른 다른 애벌레들 보니까는 여태까지 거기 기 올라가려고 노력한 게 아까워서 거기 올라봐야 아무것도 없다는 거를 다른 애벌레들한테 말도 하지 않고 있어. 거기다가 정상에 올라서 보니까는 여기저기 이 애벌레 기둥이랑 똑같은 기둥들이 여러 개 세워져 있기까지 하네? 이야, 그럼 진짜 허무할 거 잖아. 이 기둥에 오른 수많은 애벌레들도 그렇고, 저 다른 기둥 위에 오르려고 난리를 치고 있는 애벌레들도 다들 뭐 하러 저렇게 살고 있는 건가 싶기도 할 테고.

이 이야기를 듣고 있으면은 정말로 우리 사회를 보는 것 같아요. 아주 다들 보면 높은 데 올라가려고 발버둥을 치고 있잖아. 높은 데 올라가려면 서로가 서로를 짓밟을 수밖에 없는 거고. 거기서 낙오되는 사람들은 계속 죽어나가는 거고. 그런데 정작 꼭대기까지 도달하는 사람이 몇 없기도 하지만은 올라가고 나도 남는 게 어마어마한 행복 같은 게 아닌 거야. 그렇게 올라가서도 계속 그 자리 지키느라 정신이 없고. 그런데 사람들은 뭔지도 모르고서 꼭대기 올라간 사람들 부러워하면서 계속 남들 짓밟고 올라서려고, 그 정상에 있는 자리를 빼앗으려 하고 있고.

특히나 무능력하고 쓸모없는 사람으로 취급되고 있는 장애인 같은 사람들은 말이에요, 아마 저 동화 속에서 제일 먼저 짓밟혀 죽는 애벌레쯤이 될 거예요. 그러니께네 어떤 사람들은 야! 장애인들, 우리 계속 기둥 타고 올라가야 되는데 방해는 되고 또 한편으로는 불쌍하기도 하니까 경쟁하고 있는 기둥에서 멀리 떨어진 데다가 시설 만들어가지고 가둬두자 하겠죠. 어떤 사람들은 기껏해야 그래도 같이 경쟁을 해야 되니까 장애인 할당제 좀 만들어가지고 경쟁하고 싶어 하는 장애인들 좀 기어 올라갈 수 있도록 해주자 정도 말을 하겠지(장애인 당사자주의 입장 표명하는 사람들이 주로 많이들 그러지). 그게 장애인들 권리를 보장하는 유일한 방향인 것마냥. 그런데요, 정말로 장애인 권리를 보장하는 방법이 이거뿐일까요?

저는 진보적 장애인운동이
나비처럼 사는 길을 열어주는 운동이 되어야 한다고 봐요

주인공 애벌레가 그렇게 꼭대기에 올라서서 기가 차 하다가 다른 애벌레들도 조금씩 설득해가며 기둥 밑으로 내려오게 되는 중요한 계기가 있어요. 기둥 꼭대기에서 예전에 자기랑 사랑을 나눴던 애벌레가 나비가 되어 날아와 가지고 자기를 막 붙잡으려고도 하고, 막 애잔한 눈빛으로 쳐다보고 있는 거야. 그러고 보면 그렇잖아. 꼭대기까지 이렇게 남들 짓밟아 가면서 기어 올라올 필요가 없었던 거죠. 나비가 되어서 날아다니면 될 걸 가지고.

주인공 애벌레도 딱 그때 이런 방식의 삶만 있는 건 아니구나, 하는 사실을 깨닫게 돼요. 이제 다른 기준이란 거를 발견하게 된 거야. 그래가 다시 기둥 밑으로 내려오기 시작하지. 다른 애벌레들한테도 같이 내려가자고 조금씩 설득해가면서 말이야. 물론 애벌레 대부분은 그 말 듣고도 바닥으로 내려오지 않고서 계속 기둥을 올라가고 있긴 했지. 그래도 주인공 애벌레는 결국 바닥으로 내려가서 번데기가 되었다가 나비가 되어버려. 그래서 자기가 사랑했던 그 나비랑도 다시 사랑 나누면서 잘 지내게 되고.

저는 진보적 장애인운동이 앞으로 이렇게 나비처럼 사는 길을 열어주는 운동이 되어야 한다고 봐요. 사실 장애문제를 근본적으로 해결하려면은 인간 존엄성을 위협하는 사회의 패러다임

자체가 바뀌어야 하는 거거든요. 이건 기준을 바꿔야 하는 거야. 할당제 같은 거 도입해가지고, 기존에 이 사회에 딱 마련되어 있는 기준에 어거지로 장애인의 존재를 끼워 맞춰가다 보면은 그게 저 애벌레 기둥 어디까지는 어떤 장애인들을 계속 조금씩 올려보낼 수도 있을 거긴 하죠. 당연히 대부분은 낙오해 버리겠지만. 그런데 그렇게 올라간다고 해봐야 행복이 보장되는 건 절대로 아닌 거거든요. 그 기어오르는 과정에서 당연히 자기도 누군가를 짓밟아야 하고 자기도 계속 짓밟히는 걸 견뎌내야 하고, 장애문제란 거를 고작 이 정도 목표만 가지고서 해결을 할 수가 있는 걸까? 저는 절대로 그렇지 않다고 봐요.

나비가 되어 날아오르듯이, 기준을 달리 설정하고서 생각을 해보면은 꼭 그렇게 살 필요가 없는 거거든요. 우리 같은 장애인들은 애초에 이 사회가 요구하는 기준에 적합하지 않은 존재니까는 더 그래. 이 존재들이 그 기준을 바꿔서 새로운 행복을 찾아가는 거, 삶의 의미란 거를 모두가 서로 짓밟지 않아도 함께 관계를 맺어가며 잘 살 수 있는 방법에서 찾아간다는 거, 여기서만이 진짜 장애인운동의 희망이 발견될 수 있는 건 아닐까?

비장애중심사회의 기준, 결국 그러니께네 능력주의와 경쟁주의의 야만성을 이 세상에서 감각도 잘 되지 않는 우리 자신의 몸으로 증명해가면서.

여러분과 함께 애벌레의 기둥들을
허물어뜨리고 싶어요

단숨에 이게 어마어마한 성과를 낼 리는 당연히 없어요. 주인공 애벌레가 다른 애벌레들한테 이 기둥이 정말 무의미한 거라고 아무리 이야기해 봐야 다른 애벌레 대부분은 계속 기둥을 올라갔던 것처럼 말이야. 내가 죽는 그날까지 평생을 박 터지게 싸워봐야 계속 똑같이 그럴 거거든.

그렇지만요, 지금 우리는 어떤 가능성을 만들고 있는 거예요. 씨앗을 심어두는 거죠. 다른 속도를 가진 존재들이 이 세상에 있다는 것을 딱 이 세상이 감각하게 만들어 놓는다면은, 이 싸움이 이후에도 계속 누군가에게 세상을 변화시킬 수 있는 영감을 안겨다 줄 수 있을 거라고 봐요. 이 사회의 기준을, 패러다임을 바꿔내겠다는 우리 싸움의 씨앗은 지금은 아주 작은 점일 수 있지만, 언젠가는 선이 될 수 있고, 면이 될 수 있고, 나아가서 이 세상 전체가 될 수도 있는 거야.

애벌레는 나비가 되어서 자기 자신만 해방된 게 아니에요. 《꽃들에게 희망을》에 이런 구절이 있죠. "그것은 아름다운 두 날개로 날아다니며 하늘과 땅을 연결시켜 주지. 그것은 꽃에 있는 달콤한 이슬만을 마시며 이 꽃에서 저 꽃으로 사랑의 씨앗을 운반해 준단다. 나비가 없으면 세상에는 곧 꽃이 없어지게 될거란

다."[트리나 포올러스, 《꽃들에게 희망을》, 김영무, 홍돌로레스 옮김, 분도출판사, 1975, 54~55쪽]

감히 말을 할게요. 우리는 이 세상의 속도를 멈춰가면서 우리 해방만 쟁취해내고 있는 게 아니에요. 세상이 정상적이라는 기준, 하지만 알고 보면 굉장히 야만적인 기준을 벗어나서 될 수 있었던 나비가 꽃들에게 희망을 줄 수 있듯이, 우리는 이 폭력적인 세상의 기준을 바꿔낼 수 있는 씨앗을 이 사회 곳곳에 조금씩조금씩 흩뿌리고 있는 거죠.

저는 여러분과 함께 이 사회에 쌓여 있는 애벌레의 기둥들을 허물어뜨리고 싶어요. 제가 싸움의 현장에서 느끼는 내가 살아 있다는 이 감각을 여러분에게도 선물로 안겨다 드리고 싶어요. 서로가 서로에게 무감각하지 않을 수 있는 세상, 모두의 다른 존재와 속도가 존엄한 것으로 인정되는 세상, 그러한 존엄이 돈 논리나 자본주의, 경쟁주의, 비장애중심주의의 속도보다 소중하다는 것을 함께 공유해가면서 말이지요.

제 이야기를 끝까지 들어준 여러분, 저와 함께 나비가 되어 그 길에 함께해주지 않으실래요?

기록의 말

　14~15년 전, 어느 투쟁 현장에서 그를 처음 만났다. 거칠게 다듬은 회색빛 수염과 같은 색 꽁지머리를 휘날리던 꽤 억세 보이는 상체는 수십 명 군중 사이에서도 유난히 눈에 띄었다. 급기야 그가 휠체어를 밀고 앞으로 나아가 발언을 시작하자, 나는 그에게 완전히 압도당하고 말았다. 열악한 음향 장비가 무색할 정도로, 그의 음성은 모두를 사로잡은 채 미세한 곳 구석구석까지 빈틈없이 스며들었다. 나만 그리 느낀 건 아니었던 것 같다. 예정보다 길어져 버린 집회에 다소 집중력이 흐트러져 있던 이들마저 어느샌가 정면을 똑바로 응시하고는 그가 던지는 물음 하나하나에 온 힘을 다해 응답을 건네기 시작했다.

　짧지만 꽤 인상 깊은 장면이었던 터라, 그 현장을 문자로 옮기려 잠시 분투를 해봤던 기억이 남아 있다. 그러나 그 시도는 몇 번의 실패 끝에 결국 중단됐다. 왜인지는 잘 모르겠지만 문자로 그대로 옮겨진 그의 말들에서는 현장에서의 울림이 전혀 느껴지지 않았고, 심지어는 아예 다른 이가 건네는 말처럼 보이기까지

했다. 존재와 언어의 괴리야 나뿐이 아니라 글을 쓰는 이라면 모두가 겪을 수밖에 없는 것이라곤 하지만, 이만큼이나 이 괴리감을 강렬하게 체험하게 만드는 사건도 흔치만은 않을 것이다.

수년 후, 공교롭게도 나는 그와 인연이 더 얽혀버렸다. 대학 강의만으로는 생계를 꾸리기가 힘들어 새 일자리를 찾던 중, 노들 장애인야학 김유미 선생의 소개로 급작스레 그의 활동지원사로 일을 하게 되었다. 그리고 시간이 더 흐르자, 어느덧 나는 그와 함께 장애인운동을 하는 활동가가 되어 있었다. 심지어 언제부터인가 내가 쓰는 글의 거의 대부분은 장애인운동과 관련된 글이 되어버렸고, 그래서인지 박경석은 때로는 장난스럽게, 때로는 진지하게 내게 이 말을 건네오곤 했다.

"나도 이렇게 바쁘게 '오늘', '내일'만 고민하며 살지 않고, 우아하게 차 마시면서 책을 쓰고 싶은데. 그런데 그럴 시간이 안 나겠지? 그럼 내가 말을 할 테니까 니가 내 말을 정리를 좀 해보면 어떨까?"

말도 안 되는 소리. 누굴 얼마나 고생시키려고. 매몰차게 반대 의사를 표하긴 했지만, 솔직히 박경석의 말과 생각을 글로 옮기는 작업에 대한 욕구가 없었던 건 아니다. 오히려 그를 겪으면 겪을수록 기록의 욕구는 점점 더 커져만 갔다. 그와 일상을 보내다 보면 문자 그대로 '사건'이라 부를 만한 일들이 끊임없이 터져 댔고, 그 중심에 자리 잡은 박경석의 말과 생각들을 그냥 나 혼자만의 기억에 간직한 채 흘려보내기에는 어딘가 아쉬웠다.

문제는 내가 그 작업을 잘해낼 자신이 전혀 없었다는 점이다. 박경석의 말과 생각을 정리하려 들 때면, 과거 박경석을 처음 마주했던 그 기억이 습관처럼 소환됐다. 게다가 8년 가까이 그를 곁에서 겪어가며 깨닫게 된 것은 당시 이 사람을 기록하기가 어려웠던 게 단순히 나의 역량 부족 탓만은 아니었다는 사실이다. 이 사람의 '존재'는 '글의 문법'과 유독 어울리지 않았고, 이는 비단 나만의 생각이 아니기도 했다.

그러고 보면 박경석이라는 존재의 독특성을 가장 잘 드러내주는 장면부터가 특히나 그렇다. 박경석은 정상성의 규범이 작동하는 시공간을 뒤틀어 버리는 장면 없이는 결코 설명할 수 없는 인간이다. 지하철, 버스, 도로 등에서 이 체제의 일률화된 속도를 멈춰 세울 때, 곳곳에서 이 문명의 상식에 어긋나는 '기이한' 장면을 상연할 때, 그의 독특한 존재감은 유난히 두드러진다. 그러나 이 장면들을 현장감을 그대로 살린 채 지면 위에 옮긴다는 건 사실상 불가능에 가깝다. 시공간의 뒤틀림은 기성의 언어로 쉽게 묘사할 수 없을수록 더 성공적인 '정치적 사건'이 되며, 그것들을 문자언어로 옮기는 순간 그 불온함의 수위는 어떻게든 얕아지기 마련이다.

한편 박경석의 발상들 대부분은 굉장히 직감적이고, 압축적이다. 전날 밤부터 머리를 싸안고 고민하던 주장의 복잡한 논리 구조마저 다음 날 아침에 그를 만나고 보면 아주 단순하게 바뀌어 있다. 그리고 그로부터 표현된 말들은 단 하나의 상징적 단어나 짧은 문장으로 선언될 수 있을 만큼 명료하다.

잘 알려져 있다시피, 박경석의 발상이 가진 이 '단순성의 미학'은 그동안 장애인운동 현장에서 엄청난 힘을 보여왔다. 그러나 이 힘은 사실 '말 자체'의 독자적 힘이라기보다는 현장의 말을 비로소 완성하는 어떤 관계와 맥락이 뒤섞여 발산된 것이라 봐야 할 것이다. 그날 모인 청중들의 수와 현재 그들이 놓인 처지, 그때그때의 정세와 경찰들의 대응, 장애인운동의 역사 속에서 죽어간 이들, 심지어 그날의 온도, 습도마저도 박경석이 표현하는 말의 일부에 녹아들기만 하면 엄청난 시너지를 일으킨다. 주어진 상황을 '동물적 감각'으로 재빨리 읽어내고 그것들을 자기 표현의 일부로 흡수하는 데, 활동가 박경석은 '지나칠 정도로' 탁월하다. 거기에 박경석이란 존재가 내뿜는 특유의 아우라까지 더해지면, 그의 말이 갖는 설득력은 다시금 몇 배나 더 커진다. 이런 상황에서 논리적 비약 따위는 더 이상 중요한 게 아니며, 좋은 글이라면 마땅히 갖추고 있어야 하는 최소한의 '구조화 과정'이 생략되는 것도 딱히 문제가 되지 않는다.

그러고 보면 박경석의 말들은 '일반적인 논리'로 정제되어 있지 않기에 더 매력적인 것이었는지도 모른다. 박경석을 오래 알고 지낸 어떤 이는 "글에서 박경석 말의 특성이 잘 드러난다는 건, 그만큼 정리되지 않는 글이 될 가능성이 큰 것"이라는 말을 한 적도 있는데, 돌이켜 보면 이는 단순히 우스갯소리로 한 말만은 아니었다.

그래서일까? 박경석 본인이 쓴 글이나 책도, 그의 일대기를 다룬 글도 이미 있고, 그의 생각을 잘 담아둔 인터뷰 기사들도 이미 꽤 있지만, 이 글들 중 박경석의 말이 가진 특유의 힘을 생생하게 담아낸 경우는 손에 꼽힌다. 이전에도 박경석의 '생각'과 '실천들'이 갖는 의미에 대한 책이나 글을 써달라는 제안을 몇 번 받았지만 선뜻 응할 수 없었던 건, 박경석의 말을 살아 움직이게끔 만드는 이 '현장감'을 대체할 수 있는 언어를 나로서는 도무지 찾을수가 없었기 때문이다. 나는 그동안 암묵적으로 이렇게 생각해왔는지도 모른다. '글은 박경석 특유의 언어가 가지고 있는 힘을 죽일 수도 있는 도구다. 책은 절대 박경석이란 존재를 잘 담아내는 그릇이 될 수 없다.'

그러나 2023년 봄, 위즈덤하우스의 이은정 편집자님의 책 기획을 전국장애인야학협의회 금문 동지로부터 전해 듣고는 더는 이 작업을 회피할 수만은 없겠다는 생각이 들었다. 마침 그때 박경석은 장애인운동에 대한 자신의 생각을 대중들에게 더 잘 알리기 위한 수단을 곳곳에서 찾아 헤매고 있었다. 전장연 '지하철행동'이 촉발한 전 사회적 논쟁 앞에서 그에게는 그 어느 때보다도

'장애인 권리 캠페인'의 수단들이 절실히 필요해 보였다. 그리고 그중에서도 박경석이 자신의 속 깊이 숨겨져 있는 이야기를 끌어 내 대중들에게 소개하는 데는 역시나 책이 가장 적절해 보였다.

결국 사나흘의 고민을 거친 끝에 나는 자의 반, 타의 반으로 박경석의 말과 생각을 담은 책을 만드는 데 함께해보자고 결심을 하게 되었다. 책에 대한 박경석 본인의 의지가 유난히 가장 강한 지금이야말로, 이 작업을 시작해야만 하는 적기로 보였다. 그는 앞으로 더 바빠질 것만 같았고, 그래서 이 작업에 대한 그의 의지도 언제든 사라져 버리고 말 수도 있을 테니 말이다. 그러나 장애인운동을 하는 우리에게 그의 말을 책으로 남겨두는 것은 꼭 필요한 작업이 아니던가.

어느 정도 예상은 했지만, 생각했던 것보다 훨씬 어려운 작업이었다. 일단 처음에는 가벼운 주제를 다루며 박경석의 존재를 최대한 생생하게 알리는 데 주력할 생각이었건만, 박경석이 이 책을 통해 이야기를 하고 싶다며 꺼내 든 주제들은 결코 가볍지 않았다. 전장연 '지하철행동'의 포괄적 의미와 거대한 하나의 '컨베이어 벨트'로서의 한국 사회, 나치의 장애인 학살 프로젝트 'T4'와 오늘날 한국 사회에서의 장애인 죽음의 메커니즘 비교, 비민주적인 사회적 자원의 분배권 문제와 기획재정부 중심의 국정 운영에 대한 비판적 분석, 탈시설과 자립, 그리고 자유, 장애인 노동권과 자본주의적 생산성 비판, 새로운 노동 세계에 대한 전망, 양당 중심 대의제 정치 비판과 '불가촉천민들'의 거리의 정치가 갖는 의의, 한국 장애인운동 특유의 시민불복종 행동이 갖는 가치와 장애인 혐오의 문제, 사회운동이 앞으로 나아갈 길과 참된 연대의 의미, 당사자주의 및 정체성 정치 비판, 비장애중심주의적 속도 비판과 패러다임을 바꾸는 투쟁의 소중함 등등에 이르기까지.

수차례 인터뷰가 진행되는 동안, 박경석이 평소 이런 것까지 생각하고 있었나 싶을 만한 말들이 속속 튀어나왔다. 그러나 이야기 주제의 무거움보다도 가장 크게 문제가 되었던 것은 역시나 예상했던 대로 박경석의 말들이 당장 그와 마주하고 대화를 나눌 때는 더없이 완결적으로 보이다가도, 그것을 글로 옮겨놓고 보면 어딘가 잔뜩 빈 것 같은 느낌이 들었다는 점이다. 하필이면 이 책에서는 박경석을 '정제된 논리를 펼쳐내는 작가'의 모습이 아니라, 그가 실제로 내 곁에서 말을 건네고 있는 것처럼 생생하게 그려내자고 이은정 편집자님과 일찍이 굳건하게(?) 약속한 터였다.

따라서 이 공백이 생기더라도, 나는 여느 저자들이 이미 책들에서 반복해온 익숙한 논리 구성으로 그것들을 대체할 수가 없었고, 그러고 싶지도 않았다. 그 자리를 탄탄하게 메꾸기 위해서는 오직 '박경석 특유의 논리'가 사용되어야만 했다. '투사 박경석'의 면모뿐만이 아니라, 어딘가 천진난만하고 짓궂으며, 그래서 엉뚱하기까지 한 그의 일상적 화법들 역시 적극 사용해야만 했다. 덕분에 인터뷰 횟수는 애초 계획했던 것보다 훨씬 더 많아졌고,

이은정 편집자님은 물론 몇몇 장판 활동가(임지영 활동가, 장호경 영상활동가 등)까지 참여한 박경석과의 지난한 토론과 조언들(황상현 선생님, 서한영교 활동가, 임소연 활동가, 김정하 활동가, 고병권 선생님 등) 속에서, 박경석의 말과 말 사이 공백을 메우는 디테일도 점점 더 세밀하게 채워져 갔다. 물론 나는 흐릿해진 기억들을 뒤져가며, 그와 겪어온 사건들과 공적 발언들, 심지어 사적으로 나눠온 대화들을 주변 활동가들과 하나하나 확인해가며 되짚어 가기도 해야 했다.

그러고 보면 이 책의 모든 문장들은 화자인 박경석 개인만의 힘도, 기록자인 나만의 힘도 아니라, 수많은 이들 간의 협업 과정에서만이 비로소 발명될 수 있었던 것인지도 모른다. 박경석의 평소 말들이 그러한 것처럼, 이 책의 문장들도 관계와 맥락 속에서 만들어졌고, 이 책이 감사하게도 독자들에게 어떤 울림을 준다면 이 역시 이러한 공동의 노력 덕에 가능한 것일 게다.

그러나 나는 이 책을 통해 과연 박경석이라는 존재와 언어 사이의 괴리를 극복하는 데 온전히 성공했을까? 저자로서 이런 말을 하는 것도 우스운 일일 수 있으나, 이 작업을 진행하면서 새롭게 깨달은 것은 책이 지면 위에만 쓰여야 한다는 것 자체가 일종의 편견일 수도 있겠다는 사실이다. 특히 박경석 같은 인물의 책은 지면 안에만 담아두기엔 여전히 아쉬운 점이 있다. 사실 그동안 그의 '책'은 문자로 옮겨지지 않았을 뿐, 현장 곳곳에서 이미 차근차근 쓰이고 있었고, 따라서 우리들의 일상과 더 직접적으로 만나가면서 더 큰 영향력을 행사해왔다.

어쩌면 이런 의미에서 이 책은 '더 실감나는 박경석의 책'을 만나기 위한 연습인지도 모른다. 박경석이 스스로 매일 새롭게 써내려가고 있는 책을 더 진실되게 만나기 위해서는 이 책의 독서에 그쳐서는 안 될 것 같다. 그의 책은 지금껏 그래왔듯, 앞으로도 현장에서 계속 쓰여갈 것이며, 거기에 어떤 내용이 적힐 것인지는 여러분들이 그곳에 어떻게 나타나는가에 따라 매번 다르게 결정될 것이다.

박경석이 앞으로도 써갈 '현장의 책'의 '공동 저자'로서 독자 여러분들이 지하철행동 현장에, 거리에서의 온갖 싸움들에 함께해주기를 부탁드린다. 그곳에서 그와 우정을 나누며, 함께 새로운 세상을 꿈꿀 수 있을 때, 당신의 독서도 비로소 완성될 것임을 확신한다.

현장이라는 지면에 새로 쓰일 다른 세상을 꿈꾸며

2024년 6월

정창조

지지의 말들

○ ○ ○

이 책을 읽으며 마음속으로 얼마나 많은 말들을 받아 적었는지 모른다. "나치가 죽이는 방식이 잔인하다고는 다들 인정하는데, 그럼 부모가 자식 때려 죽이는 방식은 안 잔인해요?" 처음에는 이 잔인성에 대해, 그러니까 장애인들의 살해와 감금, 방치에 대해 적었다. 다음에는 지난 20여 년의 장애운동에 대해, 출근길 지하철에서 이제 욕설까지 듣게 되었다고 자랑스러워하는 이 이상하고도 놀라운 운동에 대해 적었다. 그러다가 책의 어느 곳부턴가 나는 나의 삶에 대해, 나의 해방에 대해 무언가를 적고 있었다. 그리고 알게 되었다. 지하철의 닫힌 문 앞에서 그가 외쳤던 말들은 그의 해방이 아니라 우리의 해방에 대한 말이었다는 것을. '함께 나비가 되자'는 저자의 마지막 말까지 받아 적었을 때 내 마음에서 나비 떼가 날아올랐다. 우리 앞에 닫혀 있는 모든 문의 경첩들, 우리에게 특정 속도를 강요해온 컨베이어 벨트의 너트와 볼트들, 그러니까 우리들 모두가 나비가 되어 날아오른다면, 우리는 이 거대한 억압 장치가 힘없이 주저앉는 소리를 들을 수 있을 것이다.

— 고병권(노들장애인야학 철학교사)

○ ○ ○

박경석의 말과 행동은 20년 전부터 한결같이 내 주위를 맴돌았다. 나는 그를 만나면 종종 피하고, 그의 말이 들리지 않는 곳을 향해 숨고, 때로는 어떤 말에 대해 반론을 펼쳤다. 그러나 내가 어디를 향하고 무엇을 듣고 어떤 쟁점에 관해 동의하든 하지 않든, 사회적인 존재로 삶을 지속하는 모든 순간의 밑바닥에는 박경석의 몸이 있었다. 그와 그의 운동에 함께한 중증장애인들은 하나의 세계를 지어냈고, 그 위에서 비로소 집 안에만 갇혀 살던 어떤 장애인은 회사를 다니고, 글을 쓰거나 춤을 추고, 유튜브를 하고, 정치인이 되었다.

이 책을 박경석이 소수의 '장애인 집단' 안에 머물며 비현실적이고 이념에만 경도된 주장을 한다고 여기는 사람에게 특히 추천하고 싶다. 구체적인 삶 속에서 자신과 몸도 생각도 전혀 다른 타자를 끝없이 만나가며, 그들과 늘 투덕거리며, '현미경'처럼 개개인의 삶을 세부적으로 들여다본 사람이 결코 자신의 신념을 잃어버리지도 않았을 때, 이 책에 쓰인 말들이 탄생한다.

— 김원영(작가, 공연창작자)

○ ○ ○

각자도생의 대한민국에서 약함은 악함이다. 우리는 마치 악한 것을 밀어내듯 약한 것을 밀어낸다. 숫자화하고 서열화하고 분리하고 배제하여 이 사회의 끄트머리에서 간신히 살아가게 하거나 그저 내버려둔 채 잊어버린다. 약자에게 허락된 목소리는 오직 동정과 시혜를 베풀어달라는 읍소뿐이다. 이것이 우리 사회가 장애와 우리 안의 약함을 대하는 방식이다. 그러나 약하지 않은 인간은 없다. 그렇기에 우리는 매일 우리를 추방하고 있다.

전장연과 박경석, 정창조의 '출근길 지하철' 투쟁은 이 비인간적 추방에 맞서는 투쟁이다. 컨베이어 벨트 같은 지하철을 멈추며 이 사회의 구성원으로서 장애인의 인간다울 권리를 외치는 이 투쟁은 곧 우리 모두의 연약해도 존엄할 보편적 권리를 위한 투쟁이다. 모든 인간은 결국 연약하다. 연약하기에 불안하고 불안하기에 내달린다. 우리는 사실 매일매일 연약한 우리 자신을 위해 투쟁하고 있다. 출근길 지하철을 각자도생을 위한 투쟁의 길이 아닌 모두의 존엄을 위한 연대의 길로 변화시키고자 하는 이 투쟁에 연대하지 않는다면 우리는 어떻게 생의 마지막 순간에 존엄할 것인가.

— 장혜영 (21대 국회의원)

○ ○ ○

전장연 지하철 투쟁에는 경찰이 정말 많이 온다. 경찰은 비장애인(혹은 그렇게 보이는 사람)에게는 퇴거해달라고 정중하게 말한다. 퇴거하지 않으면 경찰은 나가는 방향을 가리키거나 팔을 가볍게 잡고 이끈다. 그러면 나는 팔을 뿌리친다. 경찰은 더 이상 강요하지 않는다.

반면 휠체어 사용자는 위에서 덮치고 사방에서 찍어 누른다. 휠체어에서 강제로 분리해서 사람을 짐짝처럼 들어서 강제로 가지고 나간다. (데리고 나가는 게 아니다.) 이 과정에서 휠체어 사용자 활동가들이 다치고, 그들의 몸이자 발인 휠체어는 고장 나고 부서진다.

강제 퇴거의 과정, 연행의 과정을 보면 국가권력이 장애인을 어떻게 취급하는지 알 수 있다. 장애인은 물건이고 짐짝이다.

그래도 전장연은 포기하지 않는다. 박경석 대표는 구속돼도 수감돼도 벌금형을 받아도 지하철 투쟁을 한다.

"사람의 존엄이 돈의 논리를 이겨먹는" 세상을 위해 박경석 대표는 그 렇게 버티고 또 버틴다.

지하철역에서 강제 퇴거 당할 때마다 나는 뒤에 남는 휠체어 사용자 동지들이 무척 걱정되었다. 길 건너 출구에서 경찰에게 강제로 들려 운반되어 나오는 박경석 대표님, 이형숙 대표님을 보며 비명을 지르 기도 했다.

그래서 나는 《출근길 지하철》 지지의 말을 쓰겠다고 해놓고 막상 본 문을 펼치자마자 울기 시작해서 한동안 아무것도 쓰지 못했다. 하고 싶은 말이 정말 많지만 무엇보다도 한국어를 읽을 수 있는 사람이라 면 모두 다 《출근길 지하철》을 읽어주시면 좋겠다. 이 투쟁에 참여하 시는 분들이라면 나와 함께 울고 함께 자랑스러워하고 함께 지지하 는 경험을 하셨으면 좋겠다. 그리고 장애인 권리 투쟁에 참여해보지 않은 분들이라면 지금이라도 전장연을 후원하자. 국민은행 009901-04-017158 예금주는 전국장애인차별철폐연대.

— 정보라(《아무튼, 데모》 저자)

∘ ∘ ∘

출근길 지하철 시위로 단숨에 대한민국 최고의 빌런이 된 박경석. 도 로를 막고 버스를 점거하고 지하철을 멈춰 세우며 전과 30범을 넘긴 그의 오랜 꿈은 장애문제가 〈100분 토론〉의 주제가 되는 것이었다. 그 가 그토록 원했던 토론의 공간은 그가 '욕의 무덤' 속으로 기어이 '기 어서' 들어간 후에 만들어졌다. 그가 위험을 무릅쓰고 만든 공간에서 사람들은 마음껏 소리치고 울고 웃고 춤추고 노래했다. 쏟아지는 비난과 조롱, 모욕과 멸시 위에 찬란한 권리의 언어가 향연을 펼쳤던 그 아름답고 토할 것 같았던 봄을 잊을 수 없다.

차별받은 자들 사이에서 태어나 거리에서 끊임없이 세상과 부딪치며 다듬어진 박경석의 말은 구체적이면서 생생하고 자유분방하면서 논리적이며 현란하고 전복적이고 통쾌하다. 어떤 사람은 태어나자마자 당연하게 선물처럼 받는 권리를 어떤 사람은 평생 싸워서 얻고, 평범한 사람들의 작은 상식을 바꾸는 데 누군가의 평생이 필요하다. 하지만 그건 비참한 게 아니라 인생을 걸 만큼 근사하고 가치 있는 일임을 나는 박경석에게 배웠다.

— 홍은전(기록활동가)

○ ○ ○

내가 살고 싶은 삶을 생각한다. 좋아하는 일을 하러 다니고, 재미있게 놀러 다니고, 뭔가 배우러, 보고 싶은 사람들을 만나러 세상을 자유롭게 쏘다니는 삶. 그리고 나만큼이나 다른 사람들도 그렇게 살고 싶을 거라 생각한다. 그 사람이 몸이 불편한 노인이거나 어린이거나 장애가 있거나 말이다. 교통 약자들이 나다닐 권리를 보장하는 사회라면 당연히 모두에게 더 안전하고 편리할 거다. 전장연의 출근길 지하철 시위를 부당하다고 생각하는 사람들이야말로 이 책을 꼭 읽었으면 좋겠다. 그리고 함께 이야기해보고 싶다. 당신이 살고 싶은 삶, 꿈꾸는 세상은 과연 어떤 모습인지.

— 황선우(작가, 팟캐스터)

박경석 상임공동대표의 이야기를 추천할 수 있는 영광과 함께 책을 먼저 읽어볼 기회를 가질 수 있어 기뻤다. 지하철 타기 운동과 관련한 뉴스가 단 한 번이라도 당신의 관심을 끌었다면 이 책을 꼭 읽어보길 바란다.

책에는 "비장애인들만 누리던 영토에 우리의 존재를 새겨둔 거야"라는 문구가 나온다. '출근길'이 바로 '비장애인들만 누리던 영토'의 가장 대표적인 공간이다. 전장연의 '출근길 지하철 타기 운동'은 비장애인들만 있어야 한다고 여겨지는 공간에 장애인들이 나타나서 '우리도 지금 이 시간에, 지금 이 공간에 있을 수 있다, 있을 수 있어야 한다'고 주장하는 운동이다.

이 책에서 말하는 운동은 기존의 사회질서에 대해 질문하고 도전하는 것을 말한다. 기존의 사회질서를 편하게 받아들인 이들에게는 이런 운동은 불편할 수밖에 없다. 여성운동은 남성중심의 사회가 익숙한 남성들에게 불편할 수밖에 없고 노동운동은 자본중심의 사회가 익숙한 자본가들에게 불편할 수밖에 없다. 장애운동은 비장애인중심의 사회가 익숙한 비장애인들에게 불편할 수밖에 없다.

그렇다면, 나의 일상을 흔드는 장애운동에 연대해야 하는 이유는 무엇일까? 이 운동은 이 세상이 정해놓은 '표준의 몸과 정신' 즉 '정상인간'의 기준을 해체하고자 하기 때문이다. 자본주의가 당연한 세상에 살고 있는 우리는 자본이 원하는 능력을 갖추고 자본이 원하는 속도를 낼 수 있는 '효율적인 인간'이 되길 바라게 된다. 그래야 이 세상에서 '능력 있다'는 평가를 들으며 '잘나갈 수' 있기 때문이다.

우리는 누구든 그 '정상인'의 속도로부터 낙오되는 날이 온다. '일시적 비장애인'이라는 표현이 알려주듯, 지금 현재 비장애인으로 살고 있는 사람들도 그저 일시적으로 비장애인으로 살고 있을 뿐이다. 우리는 누구나 늙는다. 노화되는 과정은 장애를, 또는 질병을 가지게 되는 과정이다. 우리는 누구나 자본주의가 요구하는 '정상적인 속도', '생산성'이나 '효율성'이라는 잣대에 맞출 수 없는 사람이 된다.

이렇게, 장애운동은 사회가 작동하는 방식에 대한 전제 자체를 질문하고, 나아가 바꾸는 운동이다. 우리가 익숙하게 받아들여온 자본의 논리에서 모두가 함께 벗어날 수 있는 방법을 제안하는 운동이다. 당신도 그런 세상을 꿈꿔본 적이 있다면 전장연과, 박경석과 함께하자.

박경석 전장연 상임공동대표는 국제앰네스티가 주최하는 'Write for Rights(편지쓰기 캠페인)'의 올해 사례자로 선정되기도 했다. 국제앰네스티, 그리고 전국장애인차별철폐연대와 함께 한국을 비롯한 전 세계에 집회시위의 자유, 이동권운동, 장애권리운동을 널리 알리며 '누구도 남겨두지 않는' 세상을 위한 이 운동에 동참하자.

— 김지학(국제앰네스티 한국지부 이사장)

출근길 지하철 : 닫힌 문 앞에서 외친 말들

초판 1쇄 발행 2024년 6월 26일
초판 2쇄 발행 2024년 7월 10일

지은이 박경석, 정창조
펴낸이 최순영

출판2 본부장 박태근
스토리 독자 팀장 김소연
편집 이은정
디자인 함지현

펴낸곳 ㈜위즈덤하우스 **출판등록** 2000년 5월 23일 제13-1071호
주소 서울특별시 마포구 양화로 19 합정오피스빌딩 17층
전화 02) 2179-5600 **홈페이지** www.wisdomhouse.co.kr

ⓒ 박경석, 정창조, 2024

ISBN 979-11-7171-225-0 03330